Haroldo de Campos, Tradutor e Traduzido

Coleção Estudos
Dirigida por J. Guinsburg
(*in memoriam*)

ESTA PUBLICÇÃO CONTOU COM O APOIO DE

UNIVERSIDADE FEDERAL
DE SANTA CATARINA

Coordenação de texto Luiz Henrique Soares e Elen Durando
Preparação Iracema A. de Oliveira
Revisão Luiz Henrique Soares
Capa Sergio Kon
Editoração A Máquina de Ideias/Sergio Kon
Produção Ricardo W. Neves e Sergio Kon.

Andréia Guerini,
Simone Homem de Mello
e Walter Carlos Costa
(organizadores)

HAROLDO DE CAMPOS, TRADUTOR E TRADUZIDO

PERSPECTIVA

Dados Internacionais de Catalogação na Publicação (CIP)
(Câmara Brasileira do Livro, SP, Brasil)

Haroldo de Campos, tradutor e traduzido / Andréia Guerini, Simone Homem de Mello e Walter Carlos Costa, (organizadores). – São Paulo : Perspectiva, 2019. – (Coleção Estudos ; 370 / coordenação J. Guinsburg [in memoriam])

Vários autores.
Bibliografia.
ISBN 978-85-273-1164-9

1. Campos, Haroldo de, 1929-2003 2. Poesia – Traduções 3. Poética 4. Tradução e interpretação I. Guerini, Andréia. II. Mello, Simone Homem de. III. Costa, Walter Carlos. IV. Guinsburg, J. V. Série.

19-30189 CDD-418.02

Índices para catálogo sistemático:

1. Tradução poética : Linguística 418.02
Cibele Maria Dias – Bibliotecária – CRB-8/9427

1ª edição

Rua Augusta, 2445, cj. 1
01413-010 São Paulo SP Brasil
Tel.: (011) 3885-8388
www.editoraperspectiva.com.br

2021

Sumário

Apresentação – *Andréia Guerini, Simone Homem de Mello e Walter Carlos Costa* IX

TRANSCRIAÇÃO

A Transcriação e o Transcriador: Haroldo de Campos, Coreógrafo de Poesia – *K. David Jackson* 3

Haroldo de Campos Tradutor: Entrevista a Simone Homem de Mello – *Boris Schnaiderman e Jerusa Pires Ferreira* . . 21

Aspectos Semióticos da Tradução: Roman Jakobson e Haroldo de Campos – *Antonio Vicente Pietroforte, Rodrigo Bravo e Thiago Moreira Correa* 31

HAROLDO TRADUZINDO

Haroldo e Seus Precursores: Um Ensaio Sobre Fontes Poéticas e Musicais – *Andrea Lombardi*. 43

Além do Literalismo: A Tradução da *Bíblia* Por Haroldo de Campos – *Cyril Aslanov* 63

"Yûgen" de Haroldo de Campos e Tomie Ohtake: Transcriações Cruzadas – *Inês Oseki-Dépré* 71

Ana-Ideograma e Translinearidade: Uma Reimaginação de Li Shang-Yin Por Haroldo de Campos – *Inez Xingyue Zhou* 87

Transcriar a Poesia Chinesa: *Escrito Sobre Jade* – *Ting Huang e John Corbett* 103

Uns Tantos Dados Sobre o *Lance de Dados* de Haroldo de Campos – *Júlio Castañon Guimarães* 119

Trans-Helenizações – *Marcelo Tápia* 137

Reimaginando Homero – *Robert de Brose* 161

Similitude Alheia: A Poesia Alemã Como Fio Condutor da Teoria Poético-Tradutória de Haroldo de Campos – *Simone Homem de Mello* 177

Legado Homérico – *Trajano Vieira* 197

TRADUZINDO HAROLDO

Yûgen em Espanhol – *Andrés Sánchez Robayna* 209

Aula de Samba: A Articulação da Modernidade no *Finismundo* de Haroldo de Campos – *Antonio Sergio Bessa* 213

Os Dez Mandamentos de Haroldo de Campos e o Barroco da Contraconquista – *Carlos Pellegrino* 233

"Eu Era o Seu Dicionário Falante": Entrevista a Daniela Ferioli – *Katia Zornetta* 237

Desafios e Oportunidades na Tradução Inglesa das *Galáxias* de Haroldo de Campos – *Odile Cisneros* 241

Trânscrito Galáctico: Apontamentos em Torno de uma Versão de *Galáxias* – *Reynaldo Jiménez* 253

Galáxias, Work in Progress Barroco – *Roberto Echavarren* . 269

Algumas Palavras Sobre *Galáxias* n. 1– *Suzanne Jill Levine* . 281

Haroldo de Campos na Escócia nos Anos 1960 e o McConcretismo – *Virna Teixeira* 285

Bibliografia 293

Apresentação

A trajetória de Haroldo de Campos (1929-2003) como tradutor – desde *Cantares* de Ezra Pound (1960), em colaboração com Augusto de Campos e Décio Pignatari, até os dois volumes da *Ilíada*, de Homero (2001-2002) – foi desde cedo marcada pela vinculação a um programa poético de vanguarda e por uma elaborada reflexão sobre a arte tradutória, à qual novos referenciais teóricos foram sendo gradativamente incorporados. Além dos comentários críticos que acompanham grande parte de suas traduções, há inúmeros ensaios escritos por Haroldo para fundamentar seu conceito de "transcriação", publicados em jornais e revistas entre os anos 1960 e 1990 e reunidos postumamente, em 2014, no volume *Transcriação*. Considerando que Haroldo concebia a tradução como uma atividade crítica, postulado esse fundamental para o seu pensamento teórico, e considerando que ele muitas vezes analisou suas próprias traduções com uma minúcia ímpar, pode-se dizer que a primeira recepção de sua obra tradutória foi diretamente mediada por ele mesmo. Dada a consistência de suas ideias sobre tradução literária e a respectiva coerência com sua produção poético-tradutória, a apreciação de suas traduções durante os anos subsequentes à sua morte ainda tem se mantido bastante ligada aos parâmetros de reflexão definidos pelo próprio tradutor. Desse modo, não seria descabido dizer que a recepção crítica das traduções de Haroldo de Campos e de seu pensamento teórico-tradutório ainda está se iniciando. Este volume de ensaios de autores diversos representa mais um passo nesse sentido.

A diversidade deste livro não reside apenas no quadro de autores, composto por pesquisadores e professores, tradutores e poetas de diversas nacionalidades e gerações, mas também no foco que abrange reflexões sobre o conceito de tradução poética, a avaliação da contribuição de Haroldo (ao lado das de Augusto de Campos e de Décio Pignatari) para a assimilação no Brasil de uma certa linhagem da poesia de invenção estrangeira, bem como o alcance intercultural e internacional de suas ideias ("Transcriação"), análises e comentários sobre suas traduções de autores e textos de diversos idiomas ("Haroldo Traduzindo"), e reflexões de/sobre tradutores de sua obra poética para outras línguas ("Traduzindo Haroldo"). Variam não só os pontos de vista e as abordagens como também a extensão e o tipo de texto, desde ensaios críticos ou literários até entrevistas, além de depoimentos e comentários mais breves.

Na seção "Transcriação", pesquisadores de sua obra, mas também amigos e interlocutores seus em vida apontam o alcance e as diversas direções do intercâmbio teórico e literário-histórico que Haroldo promoveu por meio de suas traduções e de sua conceituação da transcriação. K. David Jackson traça um panorama da trajetória de Haroldo como tradutor e pensador da tradução, mostrando a associação das atividades poética e crítico-teórica e a colaboração entre "o pesquisador, o *scholar*, o historiador, o comparatista e o músico na mesma pessoa". Jackson explora, sobretudo, desdobramentos e implicações do prefixo "trans", como o "hibridismo estético", a "apropriação transgressiva" que culminaria numa expropriação dos textos traduzidos e na consequente alteração de seu significado, associando essas técnicas a uma "atualização do cosmopolitismo inerente ao modelo barroco". Ao apontar a "transcriação" como "um dos máximos exemplos literários de transculturação nas letras contemporâneas", K. David Jackson revela significativos efeitos histórico-literários, como o reposicionamento da "língua brasileira" como "receptora e propagadora de tradições literárias de vanguarda" e o recentramento do "diálogo entre a criatividade brasileira e a literatura internacional".

O modo de atuação haroldiano em sua prática da *mélange* se revela concretamente nos depoimentos de Boris Schnaiderman (1917-2016) e Jerusa Pires Ferreira (1938-2019), ambos falecidos durante a produção deste livro, que relatam sobre o contato de Haroldo com alguns teóricos estrangeiros como Roman Jakobson, Mikhail Bakhtin e Henri Meschonnic, importantes interlocutores no desenvolvimento de sua teoria da tradução. A entrevista, que relembra vivamente a personalidade "transcriadora" de Haroldo ao lidar com diferentes estímulos culturais, enfoca sobretudo seu contato com escritores e intelectuais russos, mediado por Boris, um de seus professores de língua russa, rememorando também a colaboração de ambos com Augusto de Campos em *Poemas de Maiakóvski* (1967) e *Poesia Moderna Russa* (1968).

Em sua contribuição à primeira seção deste volume, Pietroforte, Bravo e Correa fazem uma abordagem linguística da origem do pensamento jakobsoniano sobre linguagem e tradução, com o resgate de referências como Hjelmslev e Greimas, e estabelecem uma relação com a teoria da transcriação de Haroldo de Campos. Trata-se de uma recapitulação dos pressupostos linguísticos que estão na base da visão de Jakobson sobre a tradução literária, à qual Haroldo associou um fazer tradutório cultivado no Brasil desde o Grupo Noigandres, atribuindo a ela o *status* de uma "física da tradução", como contraparte a uma "metafísica da tradução", supostamente representada pelo pensamento de Walter Benjamin.

A seção "Haroldo Traduzindo" é composta por textos dedicados às suas traduções de línguas específicas. Se, por um lado, a voracidade inclusiva de Haroldo não permite que se segmente sua atividade tradutória em âmbitos linguístico-culturais estanques, este seccionamento, por mais artificial que seja, possibilita, por outro lado, evocar campos de interesse ligados a culturas e literaturas específicas e permite refletir sobre a particularidade de recursos tradutórios eventualmente descobertos em contato com tradições poéticas de certos idiomas. Afinal, sabe-se que Haroldo se deixava motivar pelo funcionamento de línguas estrangeiras para ampliar seu repertório de procedimentos poéticos, tanto em sua poesia como em suas traduções.

Como mostra o artigo de Inês Oseki-Dépré – ela mesma tradutora de Haroldo para o francês –, o interesse do poeta pelo

Japão, por exemplo, se revela não apenas em poemas com referências trazidas de viagens, mas também no seu trabalho com diversas tradições artísticas, desde o teatro nô até a poesia de vanguarda japonesa, subjazendo também à sua leitura/reescrita de gravuras de Tomie Ohtake. A síntese poética, a que Haroldo recorre ao "transcriar" essas obras, é indissociável da reflexão sobre a escrita ideogramática, que – via Ernest Fenollosa e Ezra Pound – marcou a conceituação da Poesia Concreta pelo Grupo Noigandres, tendo se tornado a partir de então um referencial recorrente na produção poético-crítica de Haroldo.

Suas traduções da poesia clássica chinesa, publicadas em *Escrito Sobre Jade* (1996), são objeto de dois estudos sobre a especificidade do método tradutório haroldiano em relação à escrita ideogramática. A contribuição de John Corbett e Ting Huang sobre essa coletânea de traduções do chinês recapitula a conceituação do ideograma por Fenollosa e Pound incorporada ao programa poético-tradutório do grupo Noigandres, destacando, contudo, a singularidade e a soberania da prática tradutória de Haroldo com a língua chinesa. O artigo faz uma articulação nítida entre a priorização da materialidade e da concretude na Poesia Concreta e a opção consciente e programática pela ultraliteralidade encontrada nas reimaginações haroldianas na poesia chinesa. Essa opção pelo resgate da figuratividade dos ideogramas, da presentificação de imagens já sedimentadas na escrita chinesa, e talvez imperceptíveis a um falante nativo, também é o ponto de partida das reflexões de Inez Xingyue Zhou, que – escolhendo como objeto uma tradução de Li Shang-yin por Haroldo de Campos – recorre à releitura haroldiana de Pound e Fenollosa, Saussure e Peirce e conjuga os campos conceituais do ideograma, anagrama e diagrama, a fim de mobilizá-los para uma nova compreensão teórica da poética haroldiana da tradução.

A apreciação da obra tradutória de Haroldo em âmbitos linguísticos distintos também permite que se tematize com maior propriedade a função do literalismo em suas traduções. Esse também é o tema da leitura das traduções bíblicas de Haroldo por Cyril Aslanov, que destaca a assimilação de características da língua hebraica como recurso poético e a reprodução da linha prosódica do original, constatando, no entanto, um literalismo com flexibilidade. Essa também é a percepção de Robert de Brose, que reconhece nas traduções de Homero por Haroldo "uma literalidade mais profunda, válida topologicamente (isto é, inalterada por quaisquer transformações interlinguais), porque se baseia nas regras arquitetônicas do original". Em outras apreciações críticas deste volume também se confirma a distância da proposta haroldiana em relação à "tradução à letra" reivindicada por teóricos como Antoine Berman.

A indissociabilidade entre poesia, tradução, crítica literária e reflexão teórica na obra de Haroldo de Campos também se torna visível nas abordagens desta coletânea. Os textos aqui reunidos tocam inevitavelmente no diálogo haroldiano com interlocutores – em grande parte contemporâneos – como Ezra Pound, Jacques Derrida, Martin Buber, Roman Jakobson, Walter Benjamin, Wolfgang Iser, entre outros.

Princípios tradutórios articulados por Haroldo em seus ensaios críticos e teóricos servem de base para a análise de suas traduções de Homero por Marcelo Tápia e Robert de Brose, sendo que este se atém ao conceito de isomorfismo para apontar a correspondência com o "mecanismo de relojoaria" e a reinvenção da "velocidade" do texto grego no ritmo da tradução, enquanto aquele demonstra em sua análise as consequências da opção versificatória e a riqueza da rede sonora recriada por Haroldo. O testemunho de Trajano Vieira sobre seu acompanhamento da tradução da *Ilíada* por Haroldo torna tangível o modo de trabalho do tradutor, mais especificamente as formas de ele esboçar relações lexicais e textuais no processo de tradução.

A singularidade das soluções poéticas nas traduções de Haroldo torna as suas transcriações um objeto propício para análises textuais em diversos níveis de minúcia. Após destacar a recriação da visualidade como principal tônica da tradução de *Un coup de dés*, de Mallarmé, por Haroldo de Campos, Júlio Castañon Guimarães submete a tradução haroldiana a uma análise filológica, recorrendo a importantes fontes de crítica textual, como diferentes versões da tradução e anotações de leitura por parte do tradutor.

Entre os textos deste volume que abordam a relação de Haroldo de Campos com as literaturas europeias em línguas modernas, inclui-se o panorama das traduções haroldianas de poesia alemã traçado por Simone Homem de Mello. O artigo permite vislumbrar que alguns princípios fundamentadores da teoria da transcriação são extraídos do repertório conceitual das próprias obras traduzidas. Seja em suas traduções de poesia moderna de vanguarda, seja na recepção do Hölderlin tradutor e poeta ou do Goethe do *Fausto* e do *Divã*, Haroldo destila da configuração estética das obras traduzidas os mecanismos da ação tradutória, abstraindo alguns desses procedimentos como princípios operacionais da transcriação.

Em sua contribuição sobre o espaço linguístico italiano na obra tradutória de Haroldo de Campos, Andrea Lombardi se dedica a estudar a representação de Arnaut Daniel na *Divina Comédia*, enfocando a relação de Dante com a linhagem poética a que ele próprio se filia. A referência ao postulado de uma tradição "expressionista" na história da literatura italiana (à qual Dante pertenceria), elaborado pelo crítico italiano Gianfranco Contini, serve como paralelo mais recente à visão alinear da tradição literária derivada de Ezra Pound pelo Grupo Noigandres e ampliada nas reflexões de Haroldo de Campos sobre linhagens literárias "transepocais" e uma história sincrônica da literatura.

A seção "Traduzindo Haroldo" inclui uma parte significativa dos tradutores de sua poesia para outros idiomas. Trata-se de depoimentos, entrevistas, análises e diálogos travados *a posteriori* com o autor traduzido.

Os desafios que a obra poética de Campos impõe a seus tradutores e a possibilidade de se lidar com esses desafios seguindo a própria vertente transcriadora proposta por Haroldo são temas recorrentes nos ensaios e/ou depoimentos de seus tradutores para o espanhol (Andrés Sánchez Robayna, Reynaldo Jiménez, Roberto Echavarren), para o inglês (Antonio Sergio Bessa, Odile Cisneros, Suzanne Jill Levine) e para o italiano (Daniela Ferioli).

A recepção dos poemas concretos de Haroldo em língua inglesa, sobretudo em traduções do poeta escocês Edwin Morgan, é rastreada por Virna Teixeira em um artigo que inclui fragmentos da correspondência entre o grupo Noigandres e o poeta escocês e demonstra o impacto da Poesia Concreta brasileira sobre a vanguarda poética do Reino Unido, sobretudo da Escócia, nos anos 1960.

Já entre os tradutores contemporâneos de Haroldo representados nesta coletânea, pode-se dizer que o enigma poético-tradutório mais abordado é *Galáxias* (edição definitiva de 1984), a obra sua que mais teve traduções parciais ou integrais para outras línguas. Roberto Echavarren aponta a afinidade de *Galáxias* com o projeto joyceano, ao mesmo tempo que insere a obra na tradição histórico-literária do barroco hispânico e hispano-americano, qualificando-a, por um lado como "transcriação de Finnegans Wake" e, por outro, como "anagnórise do barroco fundador". A inserção da obra haroldiana na linhagem do barroco também é a tônica da contribuição de Carlos Pellegrino (1944-2015), fundador da revista *Maldoror: Revista de la Ciudad de Montevideo* em meados dos anos 1970 e falecido durante o processo de edição deste livro. Pellegrino delineia, numa súmula de dez mandamentos, o movimento de "contraconquista" que perfaz a reelaboração haroldiana da tradição.

Se Echavarren, como tradutor, encara *Galáxias* como "uma partitura com execuções possíveis", apontando para as matrizes de sua composição, Reynaldo Jiménez descreve o embate do tradutor com a "partitura matérica" da obra, registrando, sobretudo, seus movimentos sísmicos. É nos movimentos proteicos e no pulsar rítmico da obra que Jimenez inscreve o projeto tradutório, na descoberta do "têxtil que se edita à medida que se escreve". O que também requer uma postura e uma resposta do tradutor de *Galáxias* – este "Baedeker haroldiano que abrange vários lugares e climas" (Echavarren) – é a coexistência de várias línguas, registros linguísticos e referências cruzadas. Entre suas estratégias tradutórias diante de *Galáxias*, Odile Cisneros menciona os recursos a serem inventados para se traduzir esse "texto poliglota e até babélico". Mas não se trata apenas de se posicionar em relação a referências pontuais, cujo desvendamento, segundo Cisneros, requer um "espírito detetivesco"; trata-se também de vislumbrar nessa rede de referências interculturais e interlinguísticas aquilo que o poeta e tradutor espanhol Andrés SánchezRobayna, na reflexão sobre *Yûgen, Cuaderno Japonés* (1993), reconhece como "valor de um universo sígnico", "uma visão que se converte em signo, em poema, em 'ideoplastia', em um mundo de signos ou em um signo-mundo".

Há mais um aspecto do "mundo de signos" haroldianos que desafia os tradutores. Trata-se da coexistência de alusões e registros linguísticos populares e eruditos investigada por Odile

Cisneros e por Antonio Sergio Bessa, ambos cotradutores dos textos poéticos e ensaísticos de Haroldo para o inglês reunidos na antologia *News Selected Writings*, organizada por ambos e publicada em 2007. Sergio Bessa analisa *Finismundo* (1990), poema por ele traduzido para o inglês, tomando como eixo a mistura de registros linguísticos e culturais e rastreando o resgate de elementos populares em traduções que Haroldo fez de autores canônicos. O trabalho conjunto dos tradutores de Haroldo para o inglês também está registrado no depoimento de Suzanne Jill Levine, que colaborou com Cisneros na tradução de *Galáxias*. Da mesma forma que Jill Levine, a tradutora italiana Daniela Ferioli conviveu com Haroldo como tradutora, testemunhando, em entrevista à pesquisadora Katia Zornetta, sobre seu desempenho como "dicionário falante" em sua cooperação com o poeta.

A diversidade de pontos de vista compilados nesta coletânea certamente corresponde à multilateralidade da obra haroldiana, em sua construção poliédrica de poesia, tradução, crítica e teoria. Tentar corresponder, em uma publicação, à abrangência da contribuição de Haroldo inevitavelmente se reverte na sensação de que pouco foi dito em relação a tudo o que ainda se teria a dizer. É por isso que este livro pode ser visto como um recorte contingente entre muitos que ainda estão por vir. Nessa contingência, um de seus principais méritos talvez seja registrar vozes de contemporâneos, amigos e interlocutores de Haroldo, e combiná-las com a visão de leitores mais recentes, ligados estritamente ao texto haroldiano, marcando assim uma passagem da recepção de sua obra tradutória sob a marca da presença para a da ausência.

Os Organizadores

TRANSCRIAÇÃO

A Transcriação e o Transcriador

Haroldo de Campos, Coreógrafo de Poesia

K. David Jackson

"Transcriação" é o neologismo inventado por Haroldo de Campos para descrever a filosofia e a prática de tradução de textos literários de invenção, escolhidos sincronicamente da literatura mundial, de Christian Morgenstern a Oliverio Girondo, de Homero e Dante a Octavio Paz. No *ateliê* poético de Haroldo de Campos, a tradução era sempre considerada uma atividade criativa que merecia uma designação nova e diferente. É um duplo indicador: de um método científico ou filosofia da tradução, com antecedentes e referências teóricas, atento às qualidades fonossemânticas do texto; e da criatividade artesanal do artista-criador, Haroldo de Campos, que deixava patentes as marcas da sua criatividade em cada obra, como se fosse assinatura de artista plástico na tela. Transcriação, transluciferação, transtextualização, transficcionalização, transfingimento, transparadização, transluminura: são vozes de uma sinfonia barroca ligada à *re-imaginação* de textos poéticos mundiais. São todos termos ligados pela musicalidade, pelo movimento (o trans) e pela apropriação criativa; representam uma fé universalista, afirmação de uma visão neobarroca, aberta à tradução de tudo. Acrescentou ao conceito de literatura mundial uma teorização linguística e poética orientadora. No método transcriativo a crítica Thelma Médici Nóbrega encontra um ritmo de aproximação e afastamento, um vaivém que oscila num mar de letras entre a atenção à composição linguística do original e a sua reescritura criativa[1]. O tradutor procura ferramentas precisas para discernir os parâmetros linguísticos de um texto, para depois submetê-lo a uma inteligência poética e ação criadora; a transcriação revelará o que os dois textos têm verbivocovisualmente em comum[2].

Contando com o seu preparo multilinguístico, de um lado, e a sua ampla leitura numa biblioteca universal de textos, de outro, Haroldo praticou a transcriação, em termos poundianos, como uma dança do intelecto por entre as línguas, como um movimento que pôs em contato elementos expressivos considerados equivalentes, no papel de coreógrafo da poesia. Pound contribuiu para o conhecimento de uma literatura mundial, da estética *make it new* e do desafio de traduzir de línguas, culturas e períodos históricos diferentes, com todos os desafios que isso implica. Ao traduzir Dante, por exemplo, Haroldo comenta:

> o uso caracterizado da rima como suporte da informação estética: a rima, elemento de redundância, função-lastro, passa a produzir informação original, dado o inusitado do seu esquema [...] fugindo à normalidade da expectativa, acaba se convertendo em fator de surpresa e gerando informação original [...] [Dante] inventa uma sextina dupla [...] 60 versos, em 5 estâncias de 12 versos cada uma, sobre 5 palavras-rima (donna, tempo, luce, freddo, petra), rematando com uma coda de 6 versos[3].

A transcriação – nascida num ambiente de vanguarda e em trabalho de equipe, com Augusto de Campos e Décio Pignatari – foi anunciada nas revistas *Noigandres* e *Invenção* do movimento da poesia concreta. No lançamento oficial do movimento, em dezembro de 1956, numa exibição no Museu de Arte Moderna de São Paulo, a tradução inter-artes misturava esculturas, quadros e poemas num ambiente de internacionalização estética. A série de traduções poéticas a seguir focalizou princípios da linguística saussuriana, escolhendo textos densos, desafiantes e significativos

1 Transcriação e Hiperfidelidade, *Cadernos de Literatura em Tradução*, n. 7, p. 249-255.
2 H. de Campos, Acredito no Rigor e Exijo Competência, entrevista com Juremir Machado da Silva, abril de 1991, em *Correio do Povo*, 17 set. 2014.
3 Petrografia Dantesca, *Pedra e Luz na Poesia de Dante*, p. 23.

pela sua linguagem considerada poética, a partir de Mallarmé, Pound, Joyce e Cummings[4]. Os três poetas abriram um *workshop* de tradução como forma de criação[5], de maneira que a tradução literária ocupava sempre um lugar central na sua produção, ao lado de ensaios e poemas. Não distinguiram entre poeta, crítico e tradutor. Haroldo se estabeleceu como teórico da tradução poética em dois livros, *A Arte no Horizonte do Provável*, de 1969, abrindo a questão em ensaios como "Comunicação na Poesia de Vanguarda," e *A Operação do Texto*, em 1976, onde observou que a classificação de diferenças textuais poderia servir de guia para estratégias de tradução: construção (os textos-espelho de Poe), produção (Vladímir Maiakóvski) e desconstrução (Friedrich Hölderlin). Esses livros também formaram a biblioteca mundial de autores e gêneros que seria o núcleo do qual Haroldo iria traduzir[6]. Depois de quatro décadas dedicadas à análise e prática da tradução poética, publicou em 1997 *O Arco-Íris Branco*, onde revisita problemas de tradução com atenção especial ao alemão de Goethe, Arno Holz e Christian Morgenstern. Seguiu *Crisantempo: No Espaço Curvo Nasce Um* (1998), livro repleto de transcriações de múltiplas línguas e literaturas. A última obra de tradução é a edição bilíngue grego-português, em dois volumes, da *Ilíada* de Homero (1999-2002).

Haroldo selecionava para tradução obras literárias com alto grau de criatividade e originalidade, uma seleção sincrônica, um *paideuma* pessoal centrado na modernidade literária. Para Haroldo, o transcriador é coreógrafo de semântica, sempre em movimento multidimensional. Atua como regente de uma semântica móvel, coordenando uma nova distribuição espacial e orquestração do texto, renovando os movimentos e a instrumentação, mudando o timbre e registro. Primeiro avalia as qualidades lexicais, sonoras, visuais e rítmicas, que depois serão reinventadas e reescritas em português:

4 O contexto comparativo, apoiando o conceito de *Weltliteratur*, é característica da literatura brasileira, quer da *bricolage* de um Machado de Assis, quer de figuras-chave da crítica literária, como Paulo Rónai, Otto Maria Carpeaux, Sérgio Milliet e Patrícia Galvão, entre outros

5 H. de Campos, Da Tradução, Como Criação e Como Crítica, *Tempo Brasileiro: Revista de Cultura*, n. 4-6.

6 Os temas vão de Píndaro a Ungaretti e Leopardi, do *haicai* e poesia visual japonesa ao trabalho de Kitasono Katue.

a tradução de textos criativos será sempre recriação, ou criação paralela, autônoma, porém recíproca. Quanto mais inçado de dificuldades esse texto, mais recriável, mais sedutor enquanto possibilidade aberta à recriação. Numa tradução dessa natureza, não se traduz apenas o significado, traduz-se o próprio signo, ou seja, sua fisicalidade, sua materialidade mesma (propriedades sonoras, de imagética visual, enfim, tudo aquilo que forma [...] a iconicidade do signo estético) [...]. O significado, o parâmetro semântico será apenas e tão-somente a baliza demarcatória do lugar da empresa recriadora. Está-se, pois no avesso da chamada tradução literal[7].

A tradução criativa é uma forma de hibridismo estético ou artístico, atuando pela apropriação transgressiva levada aos seus limites, onde quase qualquer texto pode ser expropriado e seu significado alterado. Haroldo recomenda uma atitude não-reverencial diante da tradição, atuando por expropriação, reversão e deshierarquização, método que reflete o "Manifesto Antropófago" de Oswald de Andrade (1928) e o tema da devoração cultural (Haroldo confessa que a transcriação poderia ser uma "modalidade cultural da antropofagia oswaldiana, talvez"[8]). Numa conferência na Universidade de Oxford (1999), defendeu a sua posição ao colocar a transcriação entre o hibridismo barroco brasileiro e a transculturação globalista: "assimilação não-reverencial do legado cultural universal"[9].

Depois do meio século de atividade literária de Haroldo de Campos, a transcriação, "que enracina e desraíza [...] que centra e descentra"[10], encontra-se hoje firmemente enraizado no vocabulário literário brasileiro, referência à vasta obra de tradução de Haroldo de Campos e à sua contribuição à teoria e prática da tradução em nível internacional. Duas antologias recentes, *Da Transcriação: Poética e Semiótica da Operação Tradutora* de Sônia Queiroz, e *Haroldo de Campos: Transcriação* organizada por Marcelo Tápia e Thelma Médici Nóbrega, com ensaios fundamentais do tradutor, atestam a aceitação plena do termo e, sobretudo, o reconhecimento da tradução como criação, orientação à raiz da

7 Da Tradução Como Criação e Como Crítica, op. cit., p. 35.
8 *O Arco-Íris Branco*, p. 56.
9 K. David Jackson, The Ex-Centric's Viewpoint: Tradition, Transcreation, Transculturation, *Reflejos: Revista del Departamento de Estudios Españoles y Latinoamericanos*, n. 3, p. 3-13.
10 H. de Campos, Opúsculo Goetheano, *A Educação dos Cinco Sentidos*, p. 38-41.

longa e influente carreira literária de Haroldo de Campos. A filosofia da "criação paralela, autônoma em relação ao original"[11], está sendo reafirmada pela presença no mercado de reimpressões ou edições ampliadas de suas obras (*A ReOperação do Texto*, 2013; *Metalinguagem e Outras Metas*, 2013; *Deus e o Diabo no Fausto de Goethe*, 2008, todas pela Perspectiva) e por uma série de homenagens, ensaios e teses universitárias (*Céu Acima: Para um "Tombeau" de Haroldo de Campos*, organização de Leda Tenório da Motta, Perspectiva, 2005).

A Coreografia Transcriativa

A transcriação promove o diálogo e constitui um intertexto entre as línguas. A tradução criativa dessa maneira se torna uma forma de leitura crítica; trabalha a partir da etimologia de formas simbólicas em metamorfose, encontradas dentro e entre as línguas. Nas suas intervenções como tradutor, Haroldo explorava possíveis intercâmbios visuais e rítmicos, correspondências paralelas e paratáticas. Assim substituiu o original por um jogo de espelhos, por meio de equivalências descobertas pela diferença. Ao comentar o "Canto Noturno do Viandante" (Wanderers Nachlied, 1780) de Goethe, por exemplo, poema que considera um "verdadeiro *haicai* ocidental" de precisão e flexibilidade, Haroldo põe em movimento o mecanismo e o espírito da reescritura criativa:

> Abordá-la, somente a fio de navalha, com um instrumento de precisão e concisão capaz de repropor em nossa língua a sutil dialética de sopro e som que pulsa nessa peça talismânica e que, ao mesmo tempo, num duplo movimento, progressivo-regressivo, projeta-a em cheio no futuro e repristina, através dela, o passado do próprio gênero lírico [...]. Acompanhe-se esse revivescer, segundo o processo "metamórfico" [...] que eu chamo "transcriação".[12]

Para Haroldo, o transcriador é também coreógrafo de palavras e signos: "reconhecê-los com sua mirada aléfica e, por través deles, redesenhar a forma semiótica dispersa, disseminando-a,

11 S. Homem de Mello, Haroldo de Campos, o Constelizador, *Revista Cult*, n. 180.
12 H. de Campos, *O Arco-Íris Branco*, p. 24

por sua vez, no espaço da sua própria língua"[13]. A coreografia dramatiza e acompanha uma metamorfose, em que um poema sai de suas roupagens velhas e aparece na página com vestimentas novas. Do poema "Herbstgefühl" (1775), de Goethe, Haroldo faz um novo arranjo em 16 versos (quatro frases divididas em 3, 3, 4 e 6 versos), abrindo o poema em fragmentos ou movimentos.

Herbstgefühl

Fetter grüne, du Laub,
Am Rebengeländer,
Hier mein Fenster herauf?
Gedrängter quellet,
Zwillingsbeeren, und reifet
Schneller und glänzend voller!
Euch brütet der Mutter Sonne
Scheideblick, euch umsäuselt
Des holden Himmels
Fruchtende Fülle.
Euch kühlet des Mondes
Freundlicher Zauberhauch
Und euch betauen, ach!
Aus diesen Augen
Der ewig belebenden Liebe
Wollschwellende Tränen.

Gordura verde, tu
folhagem de treliça, aqui,
subindo da videira ao meu balcão!

Tufa, amadura, mais
denso ainda colar
de bagas geminadas, plenibrilha!

Te incuba o sol – mãe
sol – olho extremoso, circum-
zumbe a teu redor o pleno
pulso frutal do amável céu.

Te esfria a lua – sopro
cordial, magia.
E desses olhos onde Amor – ah!–
semprevive sempre –
demora, e mais, cai sobre ti agora
o orvalho: túmidas lágrimas.

As duas exclamações terminam com uma palavra só (balcão, brilha), nesse balé de cinco atos, ou movimentos. Com o espaço aberto vem a liberdade de reescrever o texto criativamente e até brincar com a morfologia, criando os neologismos "pleni-brilha" e "circum-zumbe," com separação de verso. Para a última grande expressão de desabafo do poema, "ach!" o tradutor escreve "ah!" numa posição sintática com duas possíveis leituras, "onde Amor – ah! –" ou "onde Amor há," abrindo uma distância e acrescentando um tom de leveza entre tradutor e texto. Uma recitação das últimas palavras dos movimentos transcriativos (quadras) constituiria uma leitura concisa do fio condutor do original: "balcão, brilha, céu, magia, lágrimas."

13 Idem, Post-Scriptum: Transluciferação Mefistofaústica, *Deus e o Diabo no Fausto de Goethe*, p. 189.

A partir do ensaio "Da Tradução Como Criação e Como Crítica" (1962), Haroldo começou por ligar a teoria da tradução poética ao conceito de uma prática isomórfica, isto é, um "canto paralelo" dialógico, operando paralelamente dentro do mesmo sistema semiótico. No ensaio "Tradução, Ideologia e História"[14] cita dois teóricos, Paulo Valesio e Henri Meschonnic[15], pelo apoio a uma tradução icônica, no primeiro caso, privilegiando as relações morfossintáticas e, no segundo, de uma reinvenção do original a partir da desconstrução e reconstrução. Partindo de estruturas morfofonêmicas e sintáticas, o tradutor tenta se aproximar da função e da experiência histórica do texto. O alvo teórico da transcriação era conseguir para o texto a ser traduzido uma equivalência fonética, sintática e morfológica, uma solução apoiada pela inerente flexibilidade e musicalidade da língua brasileira. Enfatiza o conhecimento linguístico, à base de estudos do formalismo russo, do Círculo Linguístico de Praga e das contribuições teóricas de Charles Sanders Peirce (1839-1914) para a semiologia e de Roman Jakobson (1896-1982) para o estruturalismo. Produz, na linguagem jakobsoniana, uma nova versão isomórfica do texto original. Estimula a criação de formas poéticas inusitadas e amplia a prática da chamada linguagem poética. Junta a linguística às artes, sobretudo à música, ao privilegiar a fonética, ligada à rima, ao ritmo e à paronomásia. Numa entrevista, Haroldo declarou: "A minha relação com a tradição é musical."[16] Considera esteticamente inseparáveis o léxico, a voz e a forma, unidos no verbivocovisual joyciano. Olhando o texto como entidade expressiva e móvel, procura encontrar soluções inovadoras e insólitas, espontâneas, e às vezes reconhecidamente, surpreendentemente poéticas. O ensaísta João Alexandre Barbosa cita o ensaio "O Fabulário Linguístico de Christian Morgenstern" (1958) sobre tradução da poesia de Morgenstern (1871-1914), ao comentar que, em vez de reproduzir facilmente o não senso, Haroldo trabalha com "deformação de palavras, palavras-valise, efeitos de humor gerados no absurdo e no paradoxo, invenções

14 *Cadernos do MAM*, n. 1, dez, p. 58-64.

15 Cf. The Virtues of Traducement, *Semiotica*, n. 18, p. 1; Propositions pour une poétique de la traduction, *Pour la poétique II*.

16 K.D. Jackson, *Transformations of Literary Language in Latin American Literature*, p. 145-147.

tipográficas, aproveitamento do material sonoro e das possibilidades do campo visual"[17]:

Das ästhetische Wiesel	**O Teixugo Estético**
Ein Wiesel *sass auf einem Kiesel* *inmitten Bachgeriesel.*	Um teixugo sentou-se num sabugo no meio do refugo
Wisst ihr, *weshalb?*	Por que afinal?
Das Mondkalb *verriet es mir* *im Stillen:*	O lunático segredou-me estático:
Das raffinier- *te Tier* *tats um des Reimes willen.*	o re- finado animal acima agiu por amor à rima.[18]

Ao unir a construção no espaço no tempo, conclui Barbosa, "a função poética é intensificada pela metalinguística."

A transcriação abre as portas para uma compreensão profunda do texto. No caso do conhecido poema do norte-americano William Carlos Williams, "The Red Wheelbarrow" (Carrinho de Mão Vermelho), era essencial manter a simplicidade do vocabulário e da estrutura de oito versos, quatro dos quais acabando com apenas uma palavra de duas sílabas:

tanto depende de um	*so much depends* *upon*
carrinho de mão vermelho	*a red wheel* *barrow*
vidrado pela água da chuva	*glazed with rain* *water*
perto das galinhas brancas	*beside the white* *chickens*

Como no original, há uma desconexão entre cada par de versos, uma demora para completar a frase, e assim a ideia; o transcriador espelha essa estrutura incompleta, ao limitar o último verso dos dísticos a duas sílabas.

17 J.A. Barbosa, *Meio Século de Haroldo de Campos*, p. 307-322.
18 H. de Campos, O Teixugo Estético, *O Arco-Íris Branco*, p. 100.

Com a transcriação, há uma maior consciência do papel do tradutor como criador, de uma intervenção à procura de soluções que espelhem tanto a expressividade estética do original quanto a estrutura linguística e a forma gráfica. No ensaio sobre Edgar Allan "Poe, Engenheiro de Avessos"[19], contempla a sonoridade da palavra-refrão *Nevermore* e a sua posição no final das estrofes, onde o poema, segundo seu autor, na verdade começa, num método regressivo. Jakobson identifica as qualidades expressivas desse poema, destacando as aliterações, a sonoridade das vogais, os efeitos claro-escuro, o uso de eco e de estruturas espelhadas (*raven-never*). Na solução que propõe, Haroldo mantém a "configuração fonossemântica" dos acentos do ritmo trocaico, com sete sílabas em português: "E-o-cor-vo-sem-re-vo-o / pá-rae-pou-sa,-pá-rae-pou-as"[20]. Capturar a expressividade do texto exige antes uma análise formal e estética, enquanto traduzi-lo exige recriação, reescritura à base de significados e correspondências profundas entre fundo e forma. Na tradução do poema "A Aranha", do francês Francis Ponge, Haroldo mantém a densidade da teia de palavras e encontra equivalente em português para os fonemas:

Moscas e moscarrões	*Mouches et moucherons,*
efêmeros, abelhas	*abeilles, éphémères,*
vespas, zangões, ferrões	*guêpes, frelons, bourdons,*
cupins, carunchos, traças	*cirons, mites, cousins,*
espectros, silfos, trasgos	*spectres, sylphes, démons,*
monstros, duendes, diabos	*monstres, drôles et diables*[21]

Um curioso exemplo mencionado por Haroldo é a tradução do poema "The Rubaiyat", de Omar Khayyam, por Edward Fitzgerald: o caso de um tradutor que não conhecia uma só palavra da língua persa fazendo a sua tradução com base no inglês e no francês, auxiliado pelos conhecimentos do orientalista Franz Toussaint. Haroldo repara como Jorge Luis Borges, no ensaio "El Enigma de Edward Fitzgerald", confirma a tresleitura do Fitzgerald, que certamente não entendia completamente o texto

19 H. de Campos, *A Operação do Texto* (escrito em Austin, fev.-mar. 1971, p. 151); *A ReOperação de Texto*, p. 28.

20 Ibidem, p. 37.

21 *O Arco-Íris Branco*, p. 223.

original e, portanto, reinventou uma tradição e nos deixou um grande clássico em língua inglesa. Era prática comum traduzir a partir de terceiras línguas, sem conhecimento da língua original, guiado por outros conhecimentos, como fizera Machado de Assis com a "Lyra Chinesa" (de traduções de Judith Gautier) e o romance *Oliver Twist*, de Dickens, (da tradução francesa de Alfred Gérardin). Haroldo também reinventava a expressividade e o momento do texto, o seu "esplendor transitório" nas palavras do tradutor Octávio Tarquinio de Sousa, por meio da reinvenção de um original de uma língua desconhecida. Traduziu de línguas desconhecidas, no caso da poesia clássica chinesa do T'ang. O poema "re-imaginado" segue uma transliteração fônica dos caracteres por François Cheng (*L'Écriture poétique chinoise*). Ele faz dos caracteres uma dança em dez cenas ou movimentos:

A Dama da Lua

o para-vento de nuvem
ensombra o lume da lâmpada

se inclina lenta a Via-Láctea
a estrela da manhã declina

Ch'ang O agora arrependida
do roubo do filtro celestial?

Entre o mar esmeralda e o céu azul
Noite-após-noite um coração absorto

Haroldo é um dos primeiros tradutores do chinês para uma língua românica a basear as suas traduções no significado e na leitura dos caracteres. As transcriações do japonês, do hebraico e do grego antigo, e algumas outras línguas, também se apoiaram numa comparação de traduções, em extratos fonéticos e estudos interpretativos. Verifica-se que uma das principais características da transcriação, que quase não se comenta, é a pesquisa, o estudo comparado de fontes e a análise da construção de significados. No trabalho da transcriação, colabora o pesquisador, o *scholar*, o historiador, o comparatista e o músico na mesma pessoa.

SCRIBBLEVAGANZA NA AUSTINEIA

Como prática, a transcriação foi sempre fruto da experiência imediata. Durante a sua permanência como professor visitante "Tinker" na Universidade do Texas em Austin, em 1981, Haroldo me acompanhou numa visita a uma madeireira para seleção de uma nova porta para a minha casa. O poema "The Front Door," que mais tarde saiu na série "Austineia Desvairada" (em *A Educação dos Cinco Sentidos*), dedicado a mim, é um *poème objet trouvé* oral, sendo uma transcrição precisa da fala de um velho texano, muito experiente em madeiras, que nos advertiu que, na seleção de uma porta de madeira, era essencial aplicar dez camadas de verniz, sem as quais iria ressecar sob o sol do Texas como escamas de peixe. Haroldo registrou o significado poético do interlocutor, transcriado do inglês num poema cujas qualidades estéticas se aproximam ao *haicai*. Os poemas da "Austineia Desvairada" – um exílio poético lembrando a *Pauliceia* do Mário – acompanham o poeta na urbe como transcriador, outra excursão de um ocidental pela cidade na tradição de Cesário Verde, à procura de deslumbramentos poéticos entre as formas populares orais, transformados aleatoriamente em poesia. Foi durante a permanência em Austin que Haroldo traduziu o poema épico em fragmentos *Blanco*, de Octavio Paz, e organizou, com o poeta inglês e especialista em alemão Christopher Middleton, a "Scribblevaganza on Theory and Practice of Translation", um *workshop* sobre a prática de escrever e traduzir a poesia, que contava com tradutores representando mais de sete línguas[22].

22 Com o poeta holandês Hans Ten Berg; para o espanhol Emir Rodríguez Monegal, Julio Ortega, Stéphanie Merrim e Gonzalo Díaz-Migoyo; o israelense Itamar Even-Zohar, os norte-americanos Jean Longland e David Hayman, para o tcheco Frantisek Galan, para o alemão Claus Clüver e Christopher Middleton, entre outros. Veja C.A. Perrone, Laudas, Lances, Lendas e Lembranças: Haroldo na Austineia Desvairada, *Transluminura*, n. 1, 2013, p. 41-64.

Mesmo sendo experimentalista e universalista na literatura, Haroldo sempre se ocupou da literatura brasileira. Na foto da primeira aula que deu em Stuttgart em 1964, aparecem em primeiro plano as múltiplas referências a autores e obras brasileiras que anotara no quadro para os alunos. No ensaísmo de *Metalinguagem e Outras Metas*, defendeu uma tradição de criatividade na poesia brasileira moderna. Para ele, não existia tema ou texto que não pudesse ser transcriado em poesia de língua brasileira. Todo texto era possível alvo de tradução e a traduzibilidade um desafio linguístico. No seu ateliê, não havia limitações de escola, de língua ou de tema. Um dia, na Universidade de Yale, ele propôs a tradução "Prepóstero!" para a exclamação em inglês "Preposterous!", citando a raiz comum. Por que não podia existir em português? Colocou a literatura brasileira ao lado de outras literaturas como igual e mostrou a exemplaridade da língua brasileira não apenas para tradução poética, mas também para a criação de novas tendências e movimentos na vanguarda das literaturas românicas e ocidentais. O seu trabalho servia de plataforma para a recepção no Brasil da literatura mundial em tradução, assim como o debate sobre estética e teorias da tradução e da linguística. E nunca deixou de ficar consciente da obrigação social e histórica da poesia, comunicada nas formas mais novas das vanguardas poéticas ocidentais.

TRANSLITERATURAS

A transcriação é um dos máximos exemplos literários de transculturação nas letras contemporâneas. Interessa-se em recuperar os significados de textos que se perderam com o tempo, ou caíram em desuso. Foi assim que Haroldo procedeu na transcriação de textos bíblicos, o *Gênese* e o *Qohélet*, desafio para o qual passou anos no estudo da língua hebraica e grego clássico, para sua última edição bilíngue da *Ilíada*. Recuperou textos nacionais, caso de Sousândrade (autor do "Inferno de Wall Street"), do poema épico cujas referências históricas se tornaram desconhecidas com o tempo[23]. Com tradução da literatura mundial como missão, Haroldo, acompanhado por Augusto de Campos e outros

23 H. de Campos; A. de Campos, *Re-Visão de Sousândrade*, p. 202.

especialistas, resgatou para a literatura brasileira e a língua portuguesa um legado da literatura universal que, de outra maneira, teria ficado inalcançável para as próximas gerações de leitores.

Uma das maiores contribuições do *workshop* era trazer para a literatura brasileira e a língua portuguesa em tradução obras das principais figuras das vanguardas europeias, a partir das antologias *Cantares de Ezra Pound* (1960), *Panaroma do Finnegans Wake* (1962), *Maiakóvski: Poemas* (1967), *Poesia Russa Moderna* (1968) e *Mallarmé* (1974). A união de tradução, poesia, teoria e crítica é fruto dessas primeiras traduções poéticas, a partir da obra de Pound e de e.e. cummings, Joyce, Ungaretti, Maiakóvski, Wallace Stevens, Reverdy, William Carlos Williams, Poe, Mallarmé, Blake, Dante e outros inovadores na poesia. Por meio de uma visão sincrética, os tradutores se interessavam pelas inovações ou alterações à tradição. Nos anos 1970, participei do lançamento da segunda edição do *Panaroma do Finnegans Wake*, uma das mais bem-sucedidas transcrições de Joyce, dado o aproveitamento das qualidades poéticas da prosa e da flexibilidade com que as suas formas foram vertidas para a língua portuguesa. Essas técnicas foram sendo refinadas nos diversos volumes de transcrições subsequentes, desde os poetas russos construtivistas, ao poema icônico "Un coup de dés", de Mallarmé, ao *Fausto* de Goethe, à poesia clássica chinesa de Li Tai Po, à poesia hispano-americana de Octavio Paz e Oliverio Girondo e aos dois volumes da *Ilíada*.

A internacionalização da autoconsciência criativa, num contexto de vanguarda, é uma das principais contribuições da transcriação à literatura brasileira contemporânea[24]. Ao analisar o esgotamento do conceito-modelo de "formação" que marcou o autoconceito desenvolvimentista que permeava o século XX, desde *Minha Formação*, de Joaquim Nabuco (1900), o ensaísta Silviano Santiago julgou oportuno substituí-la por novo modelo comparado e internacional: "Cosmopolita, a nação está habilitada a tomar assento no plenário do planeta. Automodelado, o sujeito discursivo – confessional, artístico ou científico – pode e deve dar-se ao luxo da crítica e da autocrítica em novo paradigma."[25]

24 Ver ensaio de G.M. da Silva Guimarães, A Transcriação de Haroldo de Campos e a Identidade Nacional, *Zunái-Revista de Poesia & Debates*.

25 S. Santiago, Anatomia da Formação: Literatura Brasileira à Luz do Pós-Colonialismo, *Folha de S.Paulo*, 8 set. 2014.

A postura crítica da transcriação constitui uma resposta *avant la lettre* a essa nova demanda de diálogo internacional, uma vez que a transcriação vem marcada por um cosmopolitismo, uma exteriorização do saber e um discurso criativo e autocrítico que faz do leitor brasileiro um devorador do legado literário universal. Substituindo os "momentos formativos" na história literária nacional, a transcriação representa "*diferença* [...] um momento dialógico de diferença contra o pano de fundo do universal"[26]. E na abertura para o vasto mundo literário, na escolha de textos, há uma atualização do cosmopolitismo inerente ao modelo barroco e uma abertura para a universalidade dos textos. Na escolha de textos de invenção, de entre as obras-mestras da literatura mundial, a recriação autônoma do transcriador reposiciona e recentra o diálogo entre a criatividade brasileira e a literatura internacional. Marcado pelo "trans", retomando a viagem das naus da carreira da Índia e dos grandes transatlânticos da primeira modernidade, o tradutor viaja pelos mares para dialogar, e talvez para devorar as grandes obras inovadoras da criação mundial, numa travessia que necessariamente enfrenta e incorpora o além, o oposto. É o autor brasileiro, à guisa de argonauta e antropófago das letras, porém cosmopolita, quem faz a transfusão, o transplante, a operação do texto, para incorporar a diferença ao corpo literário brasileiro: "Só concebo o nacionalismo de um ponto de vista modal, não ontológico: a maneira brasileira de dialogar com o universal, articulando diferencialmente sua combinatória, especificando escolhas, renovando-se e também inovando."[27]

A transcriação permanece um projeto em constante fase de construção; além de procedimento estético e criativo, é uma viagem entre literaturas e línguas. A correspondência que os poetas concretos mantiveram com Pound, nos anos 1950, foi incentivo a se seguirem os caminhos mais diversos, de Li Tai Po a John Cage. A transcriação procurou fortalecer a visão sincrética da literatura, segundo a qual Haroldo se orientava, procedimento praticado por outros intelectuais e autores da modernidade internacional. A partir de uma leitura sincrética da tradição, a transcriatividade levou Haroldo ao *haicai*, ao teatro nô (*Hagoromo*), à poesia de Bashô, à *Ilíada*, a Dante e aos precursores e mestres da modernidade.

26 K.D. Jackson, The Ex-Centric's Viewpoint, op. cit., p. 3-13.
27 H. de Campos, *O Arco-Íris Branco*, p. 9.

A grande inovação da transcriatividade é que cultivou encontros linguísticos inusitados, aproximando línguas separadas no espaço e no tempo, como o chinês, grego e hebraico; confirmou a maleabilidade do português brasileiro na sua capacidade de criar novas formas de discurso; e tornou palpável na tradução a arte consciente do tradutor e a sua presença intelectual na operação. Com a crescente internacionalização do repertório da transcriação, Haroldo incorporou técnicas orientais e imaginou encontros utópicos mágicos através do tempo, de Dante com Pound, Joyce com Rosa, de e.e. cummings com a poesia isomórfica das novas vanguardas brasileiras. Tal projeto utópico, poundiano, era característico do modernismo literário; existem outros comparáveis, com o ideal de viajar numa biblioteca universal de textos, como é o caso da antologia *26 Séculos de Poesia* (1971-1972), de Jorge de Sena, *Le Musée imaginaire* (1947-1950), de André Malraux, *Museu de Tudo* (1975), de João Cabral de Melo Neto e *Biblioteca Imaginária* (1966), de João Alexandre Barbosa.

TRANSMODERNIDADE

Haroldo reescreveu os textos de sua biblioteca mundial para abolir a diferença, em um ato de brasileirização, como se tivessem sido pensados em português. Seguiu um procedimento estético e criativo, um projeto impulsionado pelo espírito de invenção e universalização de leitura, capaz de ligar os textos pela relação de isomorfia:

> Admitida a tese de impossibilidade em princípio da tradução de textos criativos, parece-nos que esta engendra o corolário de possibilidades, também em princípio, da recriação desses textos. Teremos como quer Bense, em outra língua, uma informação estética, autônoma, mas estarão ligadas entre si por uma relação de isomorfia: serão diferentes enquanto linguagem, mas, como os corpos isomorfos, cristalizar-se-ão dentro de um mesmo sistema.[28]

Viajou entre as muitas línguas e literaturas que dominava bem e outras que estudava: as clássicas, modernas, asiáticas e as do Oriente Médio. Começou com Mallarmé, Pound, Maiakóvski

28 H. de Campos, Da Tradução Como Criação e Como Crítica, *Metalinguagem e Outras Metas*, p. 34.

e Joyce, autores da vanguarda histórica, e em três livros tardios (*O Arco-Íris Branco*, 1997; *Crisantempo*, 1998; *O Segundo Arco-Íris Branco*, 2010) abriu a visão de sua transcriação para o mundo da imaginação ("camões revisto por bashô"), onde as formas se encontram e se misturam: *sinal de tráfego, greguerias, zen, yûgen, xênias, rime petrose*. A tradução poética ganhou um segundo nível de internacionalização pela interação e colaboração com as outras artes, em especial as artes plásticas e a música, incorporadas à poesia nas suas dimensões geométricas, gráficas e isomórficas:

Em *Ideograma: Lógica, Poesia, Linguagem*, Haroldo de Campos aumentou o seu trabalho com o ideograma via Pound e Fenollosa como princípio orientador da leitura e de estruturas semióticas. No ateliê se dedicou à descoberta de toda uma gama de funções poéticas, fazendo da tradução um princípio dinâmico do conceito da obra de arte aberta[29].

Haroldo serviu de porta-voz da literatura brasileira no exterior, nas várias universidades onde atuou como professor e escritor visitante, defendendo sempre a criatividade brasileira. Das principais literaturas do mundo, Haroldo deixou um panorama/*panaroma* amplo e significativo de autores e obras traduzidos/transcriados para o português. Nos meus encontros com Haroldo por mais de quarenta anos, sempre pude observá-lo formando ou avançando um dos seus inúmeros projetos ou invenções, empolgado, quase sempre tomado de uma felicidade e alegria transcriativas. Impulsionado por sua imaginação exuberante, trouxe das experiências e dos contatos no exterior nova informação estética; abriu para o Brasil uma visão sincrônica da literatura de inovação que não existia antes. Estimulou e possibilitou a presença da poesia e a continuidade do debate sobre temas poéticos no ambiente intelectual e na crítica nacional desde a década de 1950, debates que se estenderam por quase trinta anos, assegurando a presença da poesia em primeiro plano no discurso nacional.

29 Cf. Maiakóvski em Português: Roteiro de uma Tradução, *Revista do Livro*, n. 6, jul-dez., 1961, p. 23-50; Mephistofaustian Transluciferation: Contribution to the Semiotics of Poetic Translation (tradução do autor com Gabriela Suzanna Wilder), *Dispositio*, v. VII, n. 19-20-21, 1982, p. 181-187; Ezra Pound: La Vida, Texto, *Plural: Critica, Arte, Literatura* (México), n. 50, 1975, p. 23-27; Francis Ponge: Visual Texts, (tradução do autor com Maria Inês R. da Silva), *Books Abroad: An International Literary Quarterly*, v. 48, n. 4, p. 712-714; The Open Work of Art (tradução de Jon Tolman), *Dispositio*, v. VI, n. 17-18, p. 5-7.

A poesia concreta ultrapassou a polêmica, enfrentou uma tempestade da crítica que continuou ao longo de décadas. Mesmo essa polêmica contribuiu para o debate sobre o imperativo da tradução literária, recebeu a atenção dos suplementos literários e do grande público. Em vista da pouca atenção dada hoje à poesia ou à tradução na mídia, pode-se apreciar vivamente aqueles tempos em que havia nos suplementos um debate público e contencioso sobre a estética e a poesia. A transcriação promoveu uma consciência mais elevada da arte literária e do trabalho de escritores e tradutores; promoveu um conceito interativo, aberto, atemporal da função da literatura na sociedade. Popularizou a sua visão sincrônica da literatura de invenção entre a cultura jovem urbana, juntando a música popular, a poesia de resistência ao regime e a tradução. A teoria da tradução fazia parte dessa poetização da linguagem. Qualquer leitor podia acompanhar e participar na vanguarda nas artes e letras, desde uma periferia brasileira que tinha sido transformada em núcleo de criatividade, às vezes superior aos círculos internacionais.

"O grande Haroldo", como o chamava a minha filha Sophia enquanto menina, nunca deixou de mostrar o caminho, de representar um ideal que todos podem compartir, quando se trata de uma atuação crítico-literária de vanguarda e de uma consciência do fazer literário. Durante meio século, o seu trabalho como tradutor tornou acessível a leitores brasileiros uma leitura abrangente de poetas contemporâneos inovadores, enraizada em conceitos de semiótica e linguística estrutural. Na teoria e no exercício da tradução, ocupou uma postura de liderança internacional. Deixou-nos como herança a sua viagem galáctica e a sua visão de uma literatura brasileira participante, transcriativa, aberta ao mundo das letras e das línguas.

Haroldo de Campos Tradutor

Entrevista a Simone Homem de Mello

Boris Schnaiderman
Jerusa Pires Ferreira

SIMONE HOMEM DE MELLO: *Prof. Boris, eu gostaria de conversar com o senhor sobre o importante capítulo da tradução de poesia russa no Brasil que consistiu na sua cooperação com Augusto de Campos e Haroldo de Campos. Essa cooperação culminaria na publicação de livros fundamentais para a formação de poetas e tradutores no Brasil, como* Poemas de Maiakóvski *(1967) e* Poesia Moderna Russa *(1968). O senhor poderia falar um pouco desse trabalho?*

BORIS SCHNAIDERMAN: Em 1962 ou 1963, eu ainda era muito avesso à Poesia Concreta. Mas um dia, recebi o recado de que eles queriam me conhecer. Uma noite, os três poetas concretos de São Paulo – Haroldo, Augusto de Campos e Décio Pignatari – vieram à minha casa, acompanhados das respectivas esposas. A conversa foi muito animada, muito amiga. E ficou combinado que, aos sábados, eu daria aulas de língua russa ao Haroldo. O Augusto mais tarde se matriculou no curso de russo como ouvinte e chegou a cursá-lo uns dois anos.

Essas aulas com o Haroldo de Campos foram algo muito importante em minha vida. Na verdade, ele não se preocupava com a língua falada. Queria entrar em contato com a rica poesia russa. E foi o que aconteceu. Quando começamos as aulas com Haroldo, apareceu logo sua preocupação com os textos de poesia. Ele me mostrou uma tradução que havia feito do poema "A Sierguéi Iessiênin", de Vladímir Maiakóvski, apenas três meses depois de uma iniciação na língua russa que ele teve num cursinho mantido então pelo Consulado Soviético em São Paulo. A professora do curso não era muito versada em poesia, mas ele aprendeu o suficiente para se iniciar na língua. E apesar do pouco tempo que estava lidando com a língua russa, ele realizou uma tradução que me pareceu extraordinária do poema que Maiakóvski dedicou ao poeta Sierguei Iessiênin pouco após o suicídio deste. Modifiquei muito pouco a tradução e o poema acabou sendo incorporado à nossa antologia da poesia de Maiakóvski, que sairia pela Editora Perspectiva.

O meu contato com Haroldo e Augusto foi algo muito proveitoso para mim. No caso, eu é que era o verdadeiro aluno. Aprendi muito nesse convívio com os dois. Nas aulas de sábado à tarde, eu tinha contato com a personalidade extraordinária que era o Haroldo. Guardo a melhor lembrança desse tempo em que traduzíamos poesia russa. Muitas soluções a gente discutia por telefone. Esse foi o caso da tradução daquele poema extraordinário de Maiakóvski, "Carta a Tatiana Iakovleva". Lembro-me de quando o Haroldo me leu por telefone o final do poema, que me deixou muito entusiasmado.

SHM: *Na época em que conheceu o Haroldo, o Augusto e o Décio, o senhor já era um importante tradutor de literatura russa no Brasil, um dos primeiros a traduzir diretamente do original. Daria para dizer que esse contato com eles interferiu de alguma forma na sua maneira de traduzir?*

BS: Nem há dúvida. Eu aprendi muito com eles.

SHM: *Antes desse convívio com eles, o senhor já tinha traduzido poesia?*

BS: Não, eu não me atrevia a traduzir poesia. Eu tinha traduzido prosa. Dentro dessa prosa, às vezes, apareciam citações de poesia e eu fazia um esforço para traduzir, mas estava me dedicando mesmo à tradução de prosa.

SHM: *O senhor também sempre teve muito contato com os intelectuais russos e introduziu muitos deles no Brasil. Houve casos em que intermediou o contato entre esses intelectuais e os poetas brasileiros?*

BS: Participei muito disso. Naquela época, providenciei um convite para Roman Jakobson vir fazer conferências em São Paulo. Foi um fato cultural de extrema importância. Na ocasião, o Haroldo apresentou quatro traduções de poemas de Pasternak e nós as discutimos com Jakobson. Realmente foi muito importante a vinda de Jakobson e da esposa dele, Kristina Pomorska, que era polonesa e que faleceu alguns anos depois dele. A vinda de Jakobson a São Paulo se deu em um período em que a Faculdade de Filosofia da Universidade de São Paulo estava ocupada pelos alunos. Foi em 1968, no mais aceso dos problemas políticos do Brasil. O contato de Jakobson com Haroldo foi algo muito importante, tendo resultado inclusive num trabalho notável do Jakobson, "Os Oximoros Dialéticos de Fernando Pessoa". Jakobson escreveu aquele trabalho em colaboração com Luciana Stegagno Picchio, professora de Literatura Luso-Brasileira na Universidade de Roma.

SHM: *Roman Jakobson é uma referência central na fundamentação teórica da transcriação haroldiana. Sua abordagem da linguagem representaria, para Haroldo, a contraparte física, pragmática da "metafísica da tradução" que ele destilou de Walter Benjamin. O senhor chegou a intermediar o contato de outros autores com o Haroldo?*

BS: Eu também devo me referir com muita ênfase ao contato que tivemos com um grande pensador russo da linguagem: Viacheslav Vsevolodovitch Ivánov. Aconteceu o seguinte: Ivánov publicou, em uma revista na Rússia, um exame minucioso do poema de Velimir Khlébnikov que depois seria traduzido por Haroldo como "Eis-me levado em dorso elefantino". Bom, fiquei entusiasmado, e depois eu li um estudo sobre esse trabalho na revista de vanguarda francesa *Tel Quel*. Mas a tradução não me convenceu. Achei que estava faltando alguma coisa. Então, para tirar as dúvidas, escrevi ao Ivánov. Eu não tinha o endereço dele, mas escrevi no envelope "Prof. Viacheslav Vsevolodovitch Ivánov – Academia Russa de Ciências – Moscou". Só. E, por mais estranho que pareça, a carta chegou ao destino! Ele leu e me respondeu de um modo entusiasmado. "Que bom! Finalmente tenho um contato com o Brasil. Eu estou muito interessado no Brasil, em Cinema Novo, em Bossa Nova, e eu não tenho informações suficientes. Por isso, vamos manter correspondência." E assim começou toda uma correspondência. Em 1972, fui a Moscou para um seminário de língua russa que durou um mês. Na prática, era um cursinho de aperfeiçoamento para os professores de russo que trabalhavam no exterior. Foi então que o conheci pessoalmente, e ele me recebeu muito efusivamente, me convidou para almoçar na casa dele num domingo, onde conheci a sua esposa na época. Na correspondência comigo, Ivánov nos enviava comentários detalhados sobre as nossas traduções, além de fazer sugestões e críticas.

SHM: *O contato do Haroldo com a obra de Mikhail Bakhtin também foi fundamental para a conceituação da transcriação. Em* Deus e o Diabo no Fausto de Goethe, *o conceito bakhtiniano de carnavalização é constitutivo da argumentação teórica com a qual o Haroldo respalda as suas traduções da segunda parte de Fausto.*

JERUSA PIRES FERREIRA: Eu gostaria de ressaltar que a relação do Haroldo com os teóricos russos foi um diálogo também com Boris, na parte teórica. Isso é importante. Não foi só Haroldo ler Bakhtin, mas foi o Boris ter introduzido no Brasil a leitura de Bakhtin, de alguma maneira. Havia várias mediações que conduziam do Haroldo ao Boris e ao personagem. Era sempre uma tríade. Esse é um dado que não pode ficar de fora. Quando conheci o Haroldo, em 1981, em Lisboa, ele estava lançando *Deus e o Diabo no Fausto de Goethe*. Quando começamos a conversar sobre isso tudo, percebi o quanto ele era marcado por essa teorização: o que Haroldo faz nesse livro foi exatamente trazer para o mundo brasileiro, para ler as culturas tradicionais populares e culturas populares urbanas de massa, o fenômeno antropofágico e o da carnavalização. A introdução do registro paródico carnavalizante se faz a partir de Bakhtin. E isso contou com a mediação do Boris. Porque foi Boris que começou a introduzir isso tudo. Não só introduzir teoria, mas personagens. E ainda mais. Ele se dava ao trabalho de catar em jornais e em revistas, de fazer uma busca dos materiais que havia, e introduzia pela imprensa esses materiais encontrados. Não pelos livros, pela academia, mas sim pelos jornais, pelos diálogos, pelos amigos. Quando foi criada a *Revista USP*, um veículo novo comandado por Décio de Almeida Prado, com Boris no conselho editorial e Nelson Ascher como editor, materiais preciosos começaram a ser publicados nesse canal: um artigo do Boris sobre o Ivánov, um artigo do Ivánov sobre uma miniatura de Velimir Khlébnikov, a tradução dessa miniatura por Haroldo... Era uma cultura em repercussão permanente por vias não oficiais. Nesse contexto, o Haroldo também teve um impacto muito grande sobre o Boris. O Haroldo digerindo, carnavalizando, com aquela sua característica de captar tudo muito rápido dentro de um trocadilho, de uma percepção imediata.

SHM: *A* Revista USP, *como você disse, foi um espaço importante nesse intercâmbio intelectual. Mas a editora Perspectiva também teve um papel fundamental em publicar as teorias internacionais que estavam chegando ao Brasil, sobretudo em intercâmbio com intelectuais que estavam em contato direto com esses pensadores...*

JPF: A Perspectiva teve um papel mais que importante, porque ela apostou no novo. E de modo a "ocupar" a universidade com textos de arquitetura, de música, de antropologia, de semiótica... E o livro de Boris, *Semiótica Russa*, publicado pela Perspectiva em 1979, é exatamente um marco para a introdução de um pensamento dessa natureza no Brasil.

SHM: *No caso das traduções do russo feitas em conjunto, provavelmente dava para perceber bem essa captação imediata do Haroldo, que permitia que ele fizesse traduções excelentes com um conhecimento inicialmente restrito da língua.*

BS: Ele estava aprendendo a língua, mas não para falar. Não pretendia se comunicar em russo. Ele queria poder utilizar os textos.

SHM: *E o seu acesso à linguagem poética era evidentemente muito mais decisivo...*

BS: Não há dúvida. A linguagem poética está em tudo, na fala popular, em tudo. Ele conseguia captar isso.

JPF: O que eu acho de Haroldo em seu ofício de tradutor é o seguinte: Haroldo é a tradução, ele – pessoalmente – é a tradução, não é apenas um tradutor. É como se passasse por uma metempsicose. É um ato tradutório, um transcriador, um captador do mundo em outras linguagens, e não só verbais. A transcriação de Haroldo passa pela captação de muitas linguagens do mundo, por vários sistemas de comunicação. Nesse ponto, ele é intensamente semiótico... E gostava de encontrar muitas línguas. Aquele seu desejo de ter o mundo perto e de traduzir do grego, do hebraico... Cada língua dessas tinha um sentido diferente para ele. Isso é que é interessante. Traduzir do grego era o que ele chamava de "homeroterapia". O grego era para ele essa grande *Weltliteratur*... Pude perceber isso, porque passei a conviver bastante com ele. Não só vinha à nossa casa, e conversávamos muito, como frequentava na PUC o Centro de Estudos da Oralidade, que eu havia recém-criado. Quanto à tradução do alemão, do *Fausto*, por exemplo, os fragmentos que traduziu tinham um efeito paródico muito grande. Isso tudo se ligava à percepção múltipla que ele tinha das linguagens, dos atos tradutórios, da circulação da cultura, da quebra de limites entre popular e culto. É uma dessas captações que unem o cognitivo, o conhecimento poético, o sensorial, o ouvido... Porque ele tinha muito bom ouvido. Os dois, aliás: os dois irmãos têm uma ligação forte com a música, tanto Haroldo como Augusto. Também por causa do pai, me parece, que tinha piano em casa...

BS: O pai de Haroldo e Augusto é autor da letra e da música de várias canções!

JPF: Para Haroldo, traduzir do hebraico tinha um sentido muito grande de sonoridade, percepção de uma linguagem adâmica inicial e sonora, oral, portanto, em causa, o hebraico bíblico. Ele começou a estudar o hebraico para traduzir a *Bíblia*: o *Gênesis*, o *Bereshit*. Veja que traduzir a *Bíblia* não é um capítulo qualquer da tradução. Isso requer um conhecimento de toda uma tradição de estudos bíblicos, de uma complexidade de recomposição sonora, que é uma coisa extraordinária.

SHM: *Já que estamos falando da tradução da Bíblia, Jerusa, eu gostaria de perguntar sobre a relação do Haroldo com Henri Meschonnic, um pensador que você colaborou para introduzir no Brasil por meio da tradução de* Poética do Traduzir[1].

JPF: Quando Haroldo estava traduzindo a *Bíblia*, eu conheci Henri Meschonnic, de quem fui muito amiga. Haroldo inspirou-se, de certa forma, em Meschonnic. Mas havia também uma

1 Cotradução com Suely Fenerich, São Paulo: Perspectiva, 2010.

espécie de divergência conceitual entre eles, porque Meschonnic – aliás, tradutor de Iuri Lotman para o francês – acabou se distanciando muito cedo do discurso semiótico. A disputa foi porque o Haroldo tinha uma ligação muito forte com Jakobson. E Meschonnic passou a pensar a tradução numa dimensão poética e historicizante. Era na crítica que Meschonnic achava o pensamento. No momento em que ele apresentava uma tradução ruim é que começava a articular como seria a tradução boa. Os dois sabiam polemizar. Haroldo mais fosforescente, Meschonnic mais contundente. Tentei aproximar os dois várias vezes, pois eu sabia o quanto eles estavam próximos. Trouxe, por exemplo, o Meschonnic para o lançamento do *Bereshit* na Hebraica. Mas cada um seguiu seu rumo, porque o Haroldo tinha um projeto diferente.

SHM: *Na fase tardia de reflexão teórica sobre a transcriação, Haroldo se dedicou bastante a conciliar seu pensamento com pressupostos deconstrutivistas de Derrida. Em alguns artigos, a partir dos anos 1990, tenta mostrar que a "metafísica" da tradução que ele tinha destilado de Walter Benjamin não era tão logocêntrica como podia parecer.*

JPF: Derrida e Haroldo tinham um diálogo, um diálogo de sustentação. Os dois morreram com a mesma idade, mais ou menos. Havia em Haroldo essa busca de um filósofo-poeta, que ultrapassasse determinados caminhos de uma leitura apenas estruturante. E o Derrida, quando foi feita uma homenagem ao Haroldo na PUC, escreveu uma carta linda, dizendo que a vida levava as pessoas para longe, mas que Haroldo era essa aproximação permanente.

Quanto ao Benjamin, o seu lado maldito também foi muito importante, o lado de uma certa transgressão, o fato de ele tratar da memória a partir de elementos geralmente desprezados... Tudo isso se concilia com o modo de Haroldo pensar a cultura.

SHM: *A liberdade de Haroldo em associar referenciais teóricos tão distintos como Benjamin e Jakobson numa nova conceituação da tradução poética é algo que dificilmente ocorreria a um pensador europeu...*

JPF: O Haroldo é exatamente o tradutor que faz parte do nosso projeto de *mélange*. Eu não chamo de hibridização, porque fica estéril. É essa mistura das coisas. Haroldo era isso. Como já disse, ele era o ato tradutório em si. A essência era essa busca daquilo que poderia compatibilizar em seu pensamento como um todo. É um pensamento mais livre, que o europeu nem sempre aceita.

Eu gostaria de dizer que Haroldo tinha um projeto não só filosófico, mas também de leitura da cultura brasileira. Faz parte desse grupo de pensadores que eu acho que têm coisas em comum e muito... Por exemplo, o Meschonnic não gosta do conceito de tradução do Derrida. Mas há em sua operação crítica esse procedimento agônico. E nesse ponto Haroldo escolheu Derrida. E havia Jakobson nesse meio. E certa recusa momentânea um do outro. Mas sabe como resultou tudo isso? Meschonnic abriu na casa dele uma estante só para os livros de Haroldo de Campos, algo que Haroldo não pôde saber, pois ele já não estava mais aqui. Para mim, isso é um sinal de que havia afinidades mais fortes.

SHM: *Bem, já falamos de Jakobson, Bakhtin, Ivánov... Haveria outros intelectuais ou escritores russos com os quais Haroldo mostrou afinidade?*

JPF: O Haroldo tinha uma característica, como transcriador, de se fascinar por personagens que não fossem o poeta oficial. Ele se encantava por aqueles transgressores, meio postos de lado, e pelos inovadores... É o caso do Guenádi Aigui.

BS: Guenádi Aigui é um poeta chuvache. Os chuvaches são um povo de cerca de dois milhões de habitantes, descendentes dos hunos. Quando Átila, no século V, avançou para a Europa e para o Ocidente Europeu, ele se deteve no Volga e ali estabeleceu uma base. Depois, quando foi repelido, uma parte dos outros hunos que estavam avançando com Átila se fixou na Hungria. Os húngaros são descendentes dos hunos. E outra parte refluiu para o Volga. E lá no Volga, eles se estabeleceram num lugar que passaria a ser a república dos chuvaches, a Chuváchia. E eu tive contato com o grande poeta que era Guenádi Aigui, que era chuvache e passou a escrever em russo. O primeiro livro dele, em chuvache, eu não li. É uma língua fino-húngrica que não domino. Mas eu me fascinei pelos textos do Guenádi Aigui em russo. E Haroldo também.

JPF: Haroldo se encantou por uma poesia extraordinariamente inovadora, musical, gráfica, experimental, não amada no seu espaço de uma ideologia coesa, rígida... Quando conheceu

Aigui, neto de um xamã, isso para o imaginário dele foi uma coisa extraordinária... Quase miserável, lúmpen, sem emprego, passou fome, e ainda por cima, neto de um xamã, na luta pela preservação de uma poesia que discordava do *establishment*...

BS: O Aigui escrevia em chuvache. Depois ele fez um curso em Moscou e passou a escrever em russo. Enquanto escrevia em chuvache, os poemas dele eram publicados. Passou a escrever em russo, silêncio total: não publicavam nada. Houve um grande período em que só conseguiu ser publicado no Ocidente. Era muito conhecido na Iugoslávia, Polônia, Romênia, Alemanha Oriental... Durante muitos anos só era publicado no Ocidente. Eu me lembro que, numa conversa comigo, ele disse: "Bom, você quer saber de uma coisa? Minha única diferença com o poder soviético é apenas estilística. Eu não escrevo nada contra o sistema, não tenho nada contra o sistema soviético. E eles não me publicam por uma diferença estilística." (risos)

JPF: Era bem típica do Haroldo essa abertura para um poeta chuvache, com um ritmo próprio, daquela terra e cultura que não tinha alfabeto até o século XIX. O Haroldo era marcado exatamente por essas descobertas. São elas que engrossam o caudal, junto com o barroco, e que vão explodir, não só na obra tradutória, na obra poética e em sua pessoa.

SHM: *Depois que vocês fizeram juntos* Poemas de Maiakóvski *e* Poesia Moderna Russa, *havia algo do russo que o Haroldo quisesse traduzir e não chegou a fazê-lo?*

BS: Sem dúvida alguma, havia muita coisa por traduzir. Nós fizemos *Poesia Russa Moderna*. E a poesia clássica russa? E o Púschkin? O Haroldo queria fazer um livro com traduções de poesia do Andrei Voznesenski e do Guenádi Aigui. Mas, enfim, não houve possibilidade de um contato direto com o Voznesenski, que estava lá na Rússia, e era tudo muito complicado...

Aspectos Semióticos da Tradução

Roman Jakobson e Haroldo de Campos

Antonio Vicente Pietroforte
Rodrigo Bravo
Thiago Moreira Correa

AS CONTRIBUIÇÕES DE ROMAN JAKOBSON

Em seu conhecido texto *Aspectos Linguísticos da Tradução*[1], publicado em 1959, Roman Jakobson inicia suas argumentações a partir de uma antiga polêmica a respeito da natureza do signo. Contrapondo-se à concepção de Bertrand Russell, quando afirma que sem o conhecimento não linguístico da palavra "queijo" seria impossível compreender seu significado, Jakobson, baseado nas ideias de Ferdinand de Saussure, posiciona-se perante a polêmica discursiva em que os conceitos de signo ganham sentido. Grosso modo, ou a significação é definida como referência a contextos extralinguísticos, conforme a afirmação de Russell, ou é definida como construção semiótica, que se projeta no mundo, dotando-o de sentido, conforme as ideias de Saussure.

Nas teorias do signo baseadas na referência, tudo se passa como se, a partir das coisas do mundo, fossem gerados pensamentos, que por sua vez ganhariam expressão por meio de signos relacionados a eles. Nesse viés teórico, haveria em meio às coisas do mundo o objeto "queijo", a partir do qual é gerada uma

1 Cf.. p. 63-72.

ideia – um pensamento – a seu respeito, de modo que essa ideia seria o significado da palavra queijo, em português, *fromage*, em francês, *formaggio*, em italiano, *cheese*, em inglês etc. Desse ponto de vista, no qual os signos seriam decalques da realidade, só é possível conhecer completamente o "queijo" por meio do contato direto com aquilo que a palavra significa, ou seja, uma coisa do mundo.

Teorias semióticas baseadas na referência podem ser encontradas em abordagens da significação ao longo da história; Izidoro Blikstein, menciona, pelo menos, cinco delas: 1. entre os estoicos; 2. em Santo Agostinho; 3. na escolástica; 4. entre os lógicos de Port Royal; 5. na proposta da significação, segundo Ogden e Richards[2]. Atualmente, a semiótica encaminhada por Peirce, na medida em que o conceito de signo está relacionado aos conceitos de objeto e interpretante, pode ser aproximada dos processos referenciais de fundamentar a significação.

Entretanto, esse ponto de vista semiótico não é o único; há teorias do signo baseadas em outros princípios. Diferentemente da concepção de significação enquanto referência, teóricos da linguagem como Saussure e Hjelmslev concebem a significação sendo gerada a partir das relações internas entre os sistemas de signos que definem uma linguagem específica. Para Saussure, o signo linguístico verbal tem dupla natureza: 1. o signo é formado pelo significado – um "conceito" – associado ao significante – uma expressão fonológica; 2. um signo define-se em relação aos demais signos do mesmo sistema em que ele adquire significação.

A palavra "queijo", portanto, tem como significado o alimento obtido pela fermentação da caseína, depois de coalhado o leite, e tem como significante a sequência de fonemas /kejʒu/. Além disso, o signo "queijo" define-se não em relação ao objeto extralinguístico significado por ele, mas em relação aos demais signos que dão forma à língua portuguesa. Desse modo, a cada língua equivale um sistema de signos específico, por meio do qual é gerada uma visão de mundo, que por sua vez, como já se disse, projeta-se sobre o mundo dotando-o de sentido. Em outras palavras, as línguas são um princípio de classificação da realidade, elas não são reflexo de uma suposta realidade das coisas.

2 I. Blikstein, *Kasper Hauser ou a Fabricação da Realidade*, p. 22-26.

No campo semântico das relações familiares, por exemplo, em Malaio "irmão" é *sudará*, independentemente do sexo e da idade do irmão; em português e francês, há palavras marcando diferenças de sexo, mas não de idade, respectivamente irmão e irmã, e *frère* e *soeur*; em húngaro, ao lado das diferenças de sexo, são marcadas diferenças de idade, *bátya* é irmão mais velho e *öccs*, irmão mais novo, *nenê* é irmã mais velha e *húg*, irmã mais nova. Verifica-se, portanto, que o valor de cada um desses nove signos depende: 1. do sistema linguístico do qual fazem parte: *frère* define-se em relação a *soeur* e às demais palavras do francês, enquanto *bátya* define-se em relação a *öccs*, *nenê*, *húg* e às demais palavras do húngaro; 2. a significação depende também do que é considerado pertinente em cada sistema – no caso dos exemplos, sexo e idade.

Nas semióticas baseadas na referência, na medida em que a realidade das "coisas" determina a significação, não haveria, em princípio, problemas de tradução, pois, ao considerar as línguas como nomenclaturas, formadas a partir de relações entre palavras e "coisas", bastaria, de língua para língua, apenas traduzir, em nomes diferentes, as mesmas "coisas". Entretanto, do ponto de vista da significação enquanto construção semiótica, a tradução entre línguas, devido às diferentes visões de mundo que cada uma delas implica, não acarreta a impossibilidade de traduzir, mas acarreta, antes de tudo, a transposição entre formas diferentes de classificação das "coisas".

Nos exemplos anteriores, quando há equivalência entre as classificações, a tradução termo a termo torna-se bastante efetiva, como na tradução entre português e francês das palavras *irmão-frère* e *irmã-soeur*, contudo, a tradução dessas palavras entre malaio e húngaro só é possível com a indicação das respectivas diferenças de classificação do mesmo campo semântico.

Não se trata de impossibilidade de tradução, mas da impossibilidade de tradução termo a termo; traduções são realizadas contanto que as diferenças entre línguas sejam indicadas por paráfrases, como atesta o próprio Jakobson.

Deve-se considerar, também, que as línguas não se resumem a vocabulários; ao lado dos sistemas de signos lexicais, há signos gramaticais responsáveis pela inserção do léxico em determinada gramática. Se meninos, em português, pode ser traduzido por *bambini*, em italiano, não é possível traduzir termo a termo os morfemas de gênero masculino e número plural formadores desses substantivos, pois em português tais valores gramaticais ocorrem em morfemas distintos – -o e -s –, enquanto, em italiano, eles ocorrem cumulados no mesmo morfema – -i.

Há, ainda, diferenças significativas nas construções sintáticas específicas de cada língua; em seus *Prolegômenos a uma Teoria da Linguagem*, Hjelmslev apresenta estes exemplos:

jeg véd det ikke (dinamarquês)
I do not know (inglês)
je ne sais pas (francês)
en tiedii (finlandês)
naluvara (esquimó)

Em dinamarquês, tem-se inicialmente *jeg* (eu), a seguir *véd* (sei – presente do indicativo), a seguir um objeto, *det* (o) e enfim a negação, *ikke*; em inglês, tem-se de início "eu", a seguir um conceito verbal que não tem existência autônoma na proposição dinamarquesa, a seguir a negação e finalmente o conceito "saber" (mas nada que corresponda a "sei", e nenhum objeto); em francês, tem-se de início "eu" seguido por uma espécie de negação (que, no entanto, é algo bem diferente das negações dinamarquesa e inglesa, pois nem sempre ela tem o sentido de negação), a seguir *sei* e um outro signo curioso que é as vezes chamado de negação, mas que também pode significar "um passo"; tal como em inglês, não há objeto; em finlandês, vem de início um verbo que significa "eu-não" (ou, mais exatamente, "não-eu", com o signo para "eu" vindo em segundo lugar; nesta língua, a negação é um verbo que assume as marcas da pessoa e do número: *en* "eu-não", *et* "tu-não", *ei* "ele- não", *emme* "nós-não" (etc.), a seguir o conceito "saber" sob uma forma que pode significar o imperativo em outras combinações; aqui ainda não há objeto; em esquimó, tem-se "não-sabendo-sou-eu-isso", isto é, um verbo derivado de *nalo* "ignorância" com sufixos de primeira pessoa, sujeito, e de terceira pessoa, objeto[3].

As observações de Hjelmslev, embora confirmem a especificidade das línguas em suas muitas formas de organizar o sentido, confirmam a possibilidade de tradução entre elas. Entretanto, a tradução não se faz apenas em nível de sistema linguístico, mas também nos processos narrativos, que sustentam a realização discursiva e gramatical em cada língua.

3 Cf. L. Hjelmslev, *Prolegômenos a uma Teoria da Linguagem*, p. 56-57.

Benveniste, em seu texto "Os Níveis de Análise Linguística", afirma que há, além das propriedades sistemáticas, definidoras dos sistemas de signos de cada língua específica, propriedades discursivas:

> A frase, criação indefinida, variedade sem limite, é a própria vida da linguagem em ação. Concluímos que se deixa com a frase o domínio da língua como sistema de signos e se entra num outro universo, o da língua como instrumento de comunicação, cuja expressão é o discurso.
> Eis aí verdadeiramente dois universos diferentes, embora abarquem a mesma realidade, e possibilitem duas linguísticas diferentes, embora os seus caminhos se cruzem a todo instante. Há de um lado a língua, conjunto de signos formais, destacados pelos procedimentos rigorosos, escalonados por classes, combinados em estruturas e em sistemas; do outro, a manifestação da língua na comunicação viva[4].

Com base nas propostas de Saussure e Hjelmslev e em confluência com as observações de Benveniste, Greimas propõe que, sob os signos, há estratégias narrativas e discursivas capazes de reger a manifestação do sentido em sistemas de significação distintos, não apenas em sistemas verbais, que são as línguas naturais, mas em sistemas não verbais, como a música, as artes plásticas etc.[5]. Desse ponto de vista, retomando os exemplos de Hjelmslev, verifica-se que, sob os sistemas de signos de cada língua citada por ele, há a mesma narratividade, embora manifestada diferentemente em cada uma delas.

Em linhas gerais, Greimas propõe que a narratividade seja descrita por meio das relações juntivas entre sujeitos e objetos narrativos e o fazer transformador, que modifica essas relações. A frase "o aluno comprou o livro" manifesta uma narrativa mínima, em que o sujeito narrativo passa da disjunção à conjunção com o objeto narrativo. Na semiótica de Greimas, para que o fazer transformador se efetive, o sujeito narrativo deve ter a competência necessária para realizar sua performance; ainda em linhas gerais, a aquisição de competência é descrita pelas relações juntivas com os objetos modais /poder/ e /saber/, com os quais o sujeito narrativo deve entrar em conjunção para efetivar a performance.

Nos exemplos de Hjelmslev, todos eles manifestam, em diferentes sistemas de signos, uma mesma relação de disjunção

4 Cf. É. Benveniste, *Problemas de Linguística Geral*, p. 139.
5 Cf. A.J. Greimas, *Semântica Estrutural*, p. 23.

do sujeito narrativo com o objeto modal /saber/. Desse modo, quando Jakobson insiste na tradução entre línguas e entre linguagens distintas, trata-se de, em termos da semiótica proposta e desenvolvida por Greimas, manifestar uma mesma narrativa via um sistema de signos específico, seja ele verbal ou não verbal.

Os signos, porém, não são formados apenas de significados, pois as relações entre significantes fazem parte do sistema. Embora, em muitos tipos de discursos, os significantes tenham apenas a função de expressar seus significados, nos discursos poéticos eles ganham pertinência na manifestação linguística, inviabilizando, segundo Jakobson, a tradução. A inscrição urbana "haja hoje para tanto ontem" – escrita em um dos muros da Rua da Consolação, na cidade de São Paulo –, com suas aliterações e assonâncias, caso se queira preservar seus efeitos expressivos, dificilmente seria traduzida em outra língua além do português.

No caso, tais efeitos de sentido podem ser sistematizados em relações entre categorias semânticas, próprias do significado, e categorias fonológicas, próprias dos significantes verbais. No exemplo anterior: 1. há uma relação temporal articulada em concomitância vs. anterioridade, que rege a significação da frase; 2. há uma relação entre consoantes constritivas vs. oclusivas, na aliteração, e entre vogais orais vs. nasais, na assonância; 3. na frase, os significados de concomitância estão correlacionados aos significantes formados por consoantes constritivas e vogais orais – "haja hoje" –, e os significados de anterioridade estão correlacionados aos significantes formados por consoantes oclusivas e vogais nasais – "tanto ontem". Portanto, embora a frase não possa ser completamente traduzida, suas correlações semióticas podem ser, senão aproximadas, ao menos recriadas.

ROMAN JAKOBSON E HAROLDO DE CAMPOS

A poética da *transcriação* de Haroldo de Campos fundamenta-se em um percurso oposto a uma tradição da tradução que se apoia na expressão italiana "Traduttore/Traditore". Tal tra(d)ição parte de uma premissa baseada no baixo poder de tradução entre as línguas, principalmente no caso da poesia. Logo, observa-se que essa divergência vai além dos modos de traduzir e concentra-se mais profundamente na oposição de perspectivas linguísticas sobre poesia.

Ligada a uma linha de pensamento que concebe a língua como uma nomenclatura do mundo, a tradução-tradição busca seus recursos na sinonímia para retransmitir os conteúdos de um texto original. Se a língua é vista como uma imitação, o conteúdo transmitido por ela teria um papel mais relevante, desse modo, o estudo da língua compreenderia o modo mais eficaz de dizer o que se pensa: justa adequação das ideias ao falar.

O pareamento entre o original e a tradução é estabelecido, então, para atingir a maior equivalência possível, posta a impossibilidade de recriação do original. A tradução mais louvável é a que se aproxima mais do conteúdo original. Esse tipo de perspectiva visa à recuperação do contexto histórico-social de origem, excluindo a interpretação no ato de traduzir. O prestígio do texto original parece levar consigo a excelência da tradução para a eternidade do cânone literário.

Além disso, a escola formada por essa tradução-tradição parece moldar profissionais de dicionário, confinados em seus Departamentos, sem importar-se com as áreas de conhecimento adjacentes. Os estudos relativos à língua de origem absorvem todo seu trabalho. A falta de diálogo, a obediência às prescrições gramaticais e a falta de criatividade parecem descrever esse *traditore*.

É na oposição a esses valores tradicionais que a tradução criativa se fixa. Contudo, não se pode encarregar a Haroldo de Campos todo o mérito na inovação tradutória, pois ele mesmo em seus artigos faz referências a tradutores e críticos que formaram essa vertente *transcriativa*: Augusto de Campos, Décio Pignatari, Edward Fitzgerald, Ezra Pound, Manoel Odorico Mendes, Walter Benjamin e, claro, Roman Jakobson são alguns exemplos.

Destacam-se, assim, suas ideias sobre a formação de um cânone literário, cuja explicitação de seu caráter subjetivo, ou melhor, da parcialidade na escolha dos autores, revela maior flexibilidade sobre a tradição. O ponto de vista diacrônico cede lugar à sincronia, a seleção da tradição poética é dada por critérios contemporâneos, nesse caso, a inovação.

> Assim, por exemplo, Shakespeare, de um lado, e Donne, Marvell, Keats e Emily Dickinson, de outro, constituem presenças vivas no atual mundo poético da língua inglesa, ao passo que as obras de James Thomson e Longfellow não pertencem, no momento, ao número dos valores artísticos viáveis.

A escolha de clássicos e sua reinterpretação à luz de uma nova tendência é um dos problemas essenciais dos estudos literários sincrônicos[6].

Com isso, a escolha de determinado autor por determinada época encaminha uma leitura que ecoará em sua tradução, criando maior dinamismo nos estudos linguísticos e literários, pois conforme os tempos mudam as escolhas e as intepretações dos textos estrangeiros também são alteradas. É importante ressaltar que não se entende esse movimento de modo radical, não se afirma que, de um período a outro, ocorre uma total quebra de paradigmas, mas, sim, uma combinação contínua, na qual textos são mantidos, recuperados, alterados e excluídos pela contemporaneidade.

Por meio dessa proposta de tradução e crítica criativa, Haroldo de Campos, baseado em Ezra Pound, procura desenvolver uma metodologia didática, na qual as futuras gerações podem ingressar no campo literário com maior pertinência, porque "nenhuma estética da poesia será válida como pedagogia ativa se não exibir imediatamente os materiais a que se refere, os padrões criativos (textos) que tem em mira"[7].

Para a promoção desse campo de tradução criativa, Haroldo de Campos entende que é necessário maior diálogo entre teoria e prática, ou seja, poetas, linguistas, críticos literários e pesquisadores devem trabalhar juntos na apreensão do objeto estético. A confluência dos conhecimentos levaria a uma alta qualidade produtiva de tradução e de trabalhos referentes ao texto original. Dessa maneira, o poeta cofundador da Poesia Concreta aproxima-se das propostas do linguista Roman Jakobson sobre as bases de uma poética que associa produção, crítica e consumo de literatura[8] "no projeto de um *Laboratório de Textos*, onde os dois aportes, o do linguista e o do artista, se completem e se integrem num labor de tradução competente como tal e válido como arte"[9].

Todos nós que aqui estamos, todavia, compreendemos definitivamente que um linguista surdo à função poética da linguagem e um especialista de literatura indiferente aos problemas linguísticos e ignorante dos métodos linguísticos são, um e outro, flagrantes anacronismos[10].

6 Cf. R. Jakobson, *Linguística e Comunicação*, p. 120.
7 M. Tápia; T.M. Nóbrega (orgs.), *Haroldo de Campos: Transcriação*, p. 17.
8 Cf. P. Valéry, *Variedades*, p. 182.
9 M. Tápia; T.M. Nóbrega (orgs.), op. cit., p. 18.
10 Cf. R. Jakobson, op. cit., p. 162.

Ambos compreendem que a associação entre linguistas e poetas leva a uma excelência de produção, já que traz a inovação poética para o olhar do linguista e dá ao poeta o conhecimento especializado sobre a língua.

Essa aproximação entre a linguística de Jakobson e a *transcriação* de Haroldo de Campos pode ser verificada pela função poética da linguagem, cuja ênfase na mensagem "projeta o princípio de equivalência do eixo de seleção sobre o eixo de combinação"[11]. Essa visão estrutural da língua permite que o tradutor concentre seu trabalho não somente na transmissão do conteúdo do texto original, mas no modo de expressar esse conteúdo. A métrica, o ritmo e o som (rimas, assonâncias, paronomásias, aliterações etc.) comunicam tanto quanto o significado das palavras e, por isso, a tradução de poesia seria efetivada em adequações de formas.

Desse ponto de vista, a língua de chegada deixa de imitar a forma original para ser concebida por ela: "querem germanizar o indiano, o grego, o inglês, em vez de indianizar, helenizar e anglicizar o alemão", disse Walter Benjamin[12] sobre a tradução alemã. Essa compreensão das diferenças entre as línguas faz com que o tradutor construa um paralelismo de formas, explorando no seu texto os efeitos poéticos originais.

Esse *modus operandi*, defendido pela evolução crítica de Odorico Mendes, Benjamin, Jakobson e Haroldo de Campos, pode ser exemplificado pelo trecho do poema "O Texugo Estético" (*Das ästhetische Wiesel*), de Christian Morgenstern, traduzido por Haroldo de Campos. Mantendo a coerência da proposta, passa-se da teoria à prática.

Ein Wiesel
Sass auf einem Kiesel
Inmitten Bachgeriesel

Um texugo
Sentou-se num sabugo
No meio do refugo

Em uma breve análise, percebe-se que no poema original a figura da doninha (*Wiesel*) sentada em uma pedra ou cascalho

11 Ibidem, p. 130.
12 L. Castelo Branco (org.), *A Tarefa do Tradutor, de Walter Benjamin*, p. 96.

(*Kiesel*) no meio do riacho – manso e fluente – (*Bachgeriesel*) forma um ambiente bucólico. No entanto, seu conteúdo não é acompanhado pelo estranhamento das rimas em *-iesel*, incomum no idioma alemão, provocando um tom irônico e um efeito grotesco[13]. Para manter esse efeito, o tradutor preferiu "sacrificar" o conteúdo literal empregando a figura do texugo em um ambiente antibucólico: no lixão sentado num sabugo de milho. Com isso, a tradução manteve o paralelismo na rima, *-ugo* também é pouco usual em português, além de reforçar o efeito grotesco e promover o tom irônico, que pode ser captado ao longo do poema.

Apesar da mudança figurativa, a apropriação das especificidades da língua alemã reflete-se no poema em português. A apreensão estética é valorizada em detrimento do conteúdo literal, nessa escolha tradutória, o leitor ganha na apreciação da íntima relação entre som e sentido, tão cara à poesia.

Ao apontar um caminho de tradução calcado na inovação poética, as propostas de Haroldo de Campos e seu *paideuma* não eliminam a tradução tradicional, mas apenas expandem as possibilidades tradutórias da poesia. "Se a tradução é uma forma privilegiada de leitura crítica"[14], devem ser acumuladas as diferentes experiências proporcionadas pela arte da escrita, cuja extensão de sentido abarca suas inúmeras abordagens.

13 Cf. M. Tápia; T.M. Nóbrega (orgs.), op. cit., 125.
14 Ibidem, p. 17.

HAROLDO TRADUZINDO

Haroldo e Seus Precursores

Um Ensaio Sobre Fontes Poéticas e Musicais[1]

Andrea Lombardi

Se a tradução é fruto de um árduo trabalho de crítica e criação, como Haroldo de Campos bem a definiu em famoso ensaio de 1962, ela também provoca, *a posteriori*, necessariamente uma nova leitura e um novo mergulho no texto a ser traduzido, pois "A tradição é uma coisa aberta. Não pode ser deixada à custódia sedentária de curadores acadêmicos, sem o faro do fazer criativo"[2]. Em 2016, publicamos em língua italiana o volume de ensaios *Traduzione, transcreazione*, que reúne textos de Haroldo que se dedicam à reflexão sobre o ato tradutório ou que têm autores italianos como objeto[3].

1 Tradução do italiano por Susana Kampff Lages.

2 *Traduzione, transcreazione*, p. 24.

3 Para compor essa coletânea, publicada graças a edital de apoio à tradução da Fundação Biblioteca Nacional, Gaetano d'Itria e eu traduzimos dois textos teóricos e sete textos sobre autores italianos: "A Nova Estética de Max Bense" e "A Tradução Como Criação e Como Crítica", publicados em *Metalinguagem e Outras Metas*; "Ungaretti e a Estética do Fragmento" e "Leopardi, Teórico da Vanguarda", de *A Arte no Horizonte do Provável*. Três ensaios sobre a obra de Dante Alighieri foram publicados em *Pedra e Luz na Poesia de Dante*: "Petrografia Dantesca", "Luz: A Escritura Paradisíaca" e "O Dolce Stil Novo: Bossa-Nova do Duecento". E, finalmente: "Do Texto Macarrônico ao Permutacional", que tem como tema a *neovanguarda* italiana, está no livro *A Operação do Texto*. O prefácio é de Umberto Eco e há um posfácio de minha autoria enquanto organizador do volume e uma nota do tradutor, assinada pelos tradutores.

A interpretação, como a análise, é infinita e as observações a seguir partem de considerações em parte presentes naqueles ensaios. Sabemos que a cultura italiana era muito familiar a Haroldo de Campos e o italiano era uma língua de sua predileção, a que ele dominava melhor, inclusive graças a um convívio com muitos amigos escritores e poetas italianos, entre eles Umberto Eco, Edoardo Sanguineti, Nanni Balestrini e muitos outros[4]. À época de sua publicação era evidente que o conjunto de ensaios de *Pedra e Luz na Poesia de Dante*, assim como, mais tarde, sua tradução, na coletânea *Tradizione, transcreazione*, formaria um pequeno *paideuma*, um conjunto de textos e interpretações apresentados como um convite à releitura de uma singela seleção da literatura italiana, segundo uma perspectiva nova, pessoal, que formava por um lado, uma espécie de introdução ao neófito, e, por outro, para o conhecedor da fortuna crítica, constituía uma intrigante releitura da história da literatura italiana de um ponto de vista externo – um novo caminho interpretativo –, uma vez que todos os ensaios focalizam momentos significativos da história literária italiana, representando uma *ruptura* em relação à tradicional história literária italiana. Haroldo identificou em cada texto e respectivo autor um aspecto característico para reflexão, uma alteração estilística que terá efeitos decisivos em textos e autores vindouros mas também – e este detalhe tem um caráter borgeano – inverterá a direção da influência de textos de autores mais recentes para autores de textos anteriores: Haroldo de Campos revela um Leopardi certeiro precursor das vanguardas, um Giuseppe Ungaretti pós-romântico e mestre do fragmento e, sobretudo, um Dante, *treslido e transcriado*, que converte *Lúcifer* (o anjo caído, o *Satanás*, etimologicamente, o adversário ou o inimigo) em representante "retrocessivo" da *luz*. De forma magistral, sua análise conserva a oposição entre um Lúcifer/Satanás e um Lucífer, anteriormente portador da *luz*, e que ainda carrega uma luminosidade na interpretação, valorizando a

4 Haroldo de Campos era conhecido por estimular pesquisadores e escritores jovens. Vale lembrar uma pequena anedota, que remonta ao ano da publicação de *Pedra e Luz na Poesia de Dante*. O autor – e muito pesou também o parecer do editor da coleção à época, Arthur Nestrovski – propôs enfaticamente que eu redigisse o prefácio para a coletânea. Após uma imediata e espantada recusa de minha parte, Haroldo objetou: "Se não for você a escrever o prefácio, o livro será publicado sem um texto de introdução!", o que de fato funcionou como um poderoso estímulo para aceitar o convite.

origem etimológica da palavra luz presente no nome do que foi *portador da luz*. O resultado é um verdadeiro excesso, que gera uma nova leitura criativa.

A homenagem que Dante faz ao trovador Arnaut Daniel, designando-o como *il miglior fabbro* (Purgatório, XXVI, verso 117), pode ser usado certamente, por analogia, para homenagear também o trabalho que Haroldo de Campos fez, descobrindo a luz no personagem das trevas: "Hibernado no gelo central, suspenso no vazio, reina Lúcifer, o antigo 'portador da luz' (lat. *lucifer*), também Lusbel, o mais belo dos anjos ('la creatura ch'ebbe il bel sembiante', Inferno, XXXIV, 18) agora luz caída, *ex-lume* ('colui che fu nobil creato') e que caiu *folgoreggiando*" (Purgatório, XII, 25-27)[5].

Nesse seu texto, que é um comentário à tradução de seis cantos do *Paraíso*, Haroldo de Campos valoriza o trabalho de dinamização da língua italiana realizado por Dante, ao manter o verbo *folgoreggiare*, que em português poderia ser vertido por fulgurar, raiar, lampejar, resplandecer, enfatizando sempre a componente da luz, ou ao utilizar uma palavra rara como *emparaisar*: "Destes ápices onde a mente se emparaísa (*imparadisa*), a possibilidade da leitura retrocessiva do Inferno, agora como inverso simétrico da metáfora da luz. Satã *trifauce* qual duplo antitético, 'degradado', do Deus-Trino" (Inferno, canto XXXIV, 38-40)[6].

A visão *retrocessiva* equivale a um gesto hermenêutico que considera a relevância da tradução: a partir do ato de traduzir – que no contexto de sua leitura de Dante, Haroldo chamará significativamente de *transluzir* –, teremos um caminho "para trás", que passa por Guido Cavalcanti (um dos seus poetas amigos e que Dante eleva a um dos fundadores do movimento do Dolce stil novo), mas que à sua época é visto com suspeição, por alegadas simpatias com o averroísmo e por receio de ateísmo. Haroldo de Campos (1998, p. 71) aduz ainda que de algum modo Cavalcanti teria conhecido a filosofia da luz de Roberto Grosseteste, citando o estudioso do século XII, fundador da Universidade de Oxford, que escreveu um tratado sobre a luz (*De Lux*)[7], no qual defende a luz como *primeira forma corporal*, que se *difundiria por si mesma*:

5 H. de Campos, *Pedra e Luz na Poesia de Dante*, p. 76.

6 Ibidem, p. 75.

7 O texto de Grosseteste *De luce*, publicado por Ludwig Baur, *Die philosophischen Werke des Robert Grosseteste, in Beiträge zur Geschichte der Philosophie* ►

Julgo que a primeira forma corporal, que alguns chamam de corporeidade, é a luz. De fato, por si a luz se difunde a si mesma por toda parte de tal modo que, se nada de opaco se opuser, de um ponto de luz gera-se instantaneamente uma esfera de luz qual for a grandeza desta última.[8]

Nesse trecho, Grosseteste parece beirar a heresia ao tratar a luz como elemento decisivo e autônomo na criação do mundo. É uma luz que aponta para um caminho interpretativo, que tem Lúcifer como sua base, e que estimula uma visão do traduzir, ou melhor, do *transluzir* enquanto *transluciferação,* termo cunhado por Haroldo de Campos.

O lado cativante desta leitura italiana do poeta brasileiro está na ousadia de propor um caminho interpretativo novo, produtivo, para temas e textos sobrecarregados por setecentos anos de leitura crítica e que, de certa forma, são permeados sobretudo por uma visão romântica ou pós-romântica, influenciada pelo anseio de definir o texto e a pessoa de Dante como base, como o criador da língua e da cultura italiana, o que é ao mesmo tempo algo óbvio e anacrônico, pois não leva em conta os quinhentos anos de rupturas e hibridizações que levaram à unificação tardia da Pensínsula Italiana, em meados do século XIX. Em sua *Epístola a Cangrande della Scala,* exegese e introdução à leitura do *Paraíso* e à *Divina Comédia* como um todo, Dante lança mão de uma expressão que ecoa Grosseteste: "Gloria Dei, sive luce" (glória de Deus, ou seja [d]a luz)[9]. Se é lícito ouvir aqui a substituição da figura de Deus pela da luz, a frase soa altamente suspeita de heresia para a época.

De fato, Dante deve realmente ser considerado um transgressor, pois como todos os poetas fundadores (*fortes,* nos termos utilizados por Harold Bloom em sua teorização sobre a "angústia

▷ *des Mittelalters,* v. IX, 1912, p. 51-59, foi traduzido por Carlos Arthur Ribeiro do Nascimento em <http://www.scielo.br/>. Ver também *Roberto Grossatesta: La filosofia della luce,* por Francesco Agnoli, p. 24.

8 R. Grosseteste, *De luce,* p. 51.

9 O texto na *Epístola a Cangrande* é literalmente: "et dicit quod fuit in celo illo quod de *gloria Dei, sive de luce,* recipit affluentius" (grifos nossos). Em tradução aproximativa de minha autoria: "e diz que naquele céu que mais abundantemente recebeu a *glória de Deus, ou seja a luz*". Portanto, entende-se aqui que a luz é emanação da glória de Deus. Mas nada impede de ouvir, na frase: *Gloria Dei, sive de luce* uma antecipação da herética afirmação *Deus, sive natura* de Espinoza, alguns séculos mais tarde. Ver, a este propósito, Andrea Lombardi, Haroldo de Campos e a Interpretação Luciferina, *Cadernos de Tradução,* out. 2014, p. 182-197. Disponível em: <https://periodicos.ufsc.br/>.

da influência"), subverteu o uso da língua, alterando significados estabelecidos, usando palavras obsoletas e criando neologismos. De certo modo, a subversão da forma e da língua pode ser considerada parte de uma visão ética da literatura, pois essa transformação corresponde a um gesto da personalidade do autor, de ruptura radical com passado. Esse trabalho leva a forjar uma nova língua, necessária para dar conta de experiências eminentemente autênticas, pois permeadas por um estilo original. Há assim neologismos criados para manter vivos paradoxos, formando uma galeria de inventivas criações de linguagem. Vejam-se aqui alguns exemplos mais interessantes, na *Divina Comédia*: *imparadisarsi* (emparaisar, tornar-se Paraíso), *indiarsi* (endeusar-se, tornar-se Deus), *intuarsi* (entuar-se, tornar-se tu), *intrearsi* (entrêsar-se, tornar-se três) entre outros exemplos estranhos e por vezes cacofônicos que demonstram a extrema liberdade que o poeta toma em relação ao uso da língua. Em muitos casos, o uso de números (*incinquarsi, intrearsi*), pela estranheza sonora, aparece como um índice de camadas ocultas do texto, uma espécie de homenagem à numerologia medieval. Essa liberdade transgressiva para com a língua responde à necessidade de transgredir a tradição, transformá-la. Dante revela com suas criações linguísticas um modelo de criatitividade expresso de modo lapidar no célebre verso do *Paraíso*: "trasumanar significar *per verba non si poria*" (*Paraíso* I, 71-72)", ou seja: *trans-humanar*, ir além as faculdades humanas; *per verba*: por meio das palavras, não seria possível. Aqui, surge uma nova e suprema aporia, pois a possibilidade é, ao mesmo tempo, negada e audaciosamente afirmada, sobretudo pela criação do verbo *trans-humanar*, que antecipa, inspira, perpassa o *transcriar* da teoria tradutória de Haroldo de Campos. Essa leitura de Dante enquanto criador de linguagem está em perfeita sintonia com a visão do crítico Gianfranco Contini[10], que defendeu a existência de um expressionismo literário na tradição italiana,

10 Filólogo e crítico italiano da maior envergadura (1912-1990), reviu o cânone da tradição literária italiana, criando um conceito ampliado do expressionismo, no qual incluiu autores considerados, levando em conta, pelo estilo e pelas escolhas temáticas, autores fora ou além do cânone. Contini apontou para o lado *multilíngue* desses autores, algo que entrava em conflito com uma teoria linear da tradição da literatura e da língua italiana. Cf. Gianfranco Contini, Introduzione alla "Cognizione del dolore" (ed Altri Saggi Gaddiani), *Quarant'anni di amicizia. Scritti su Carlo Emilio Gadda (1934–1988)*, 1989.

identificado e designado pelo termo que descreve o movimento artístico surgido na Alemanha, nos anos ao redor da Primeira Guerra Mundial. Para Contini, poetas e escritores que se valem de uma linguagem exuberante, um estilo em que neologismos e criações linguísticas são incentivadas e que constituem verdadeiras singularidades literárias, não podem nem devem ser mantidos no cativeiro de movimentos e definições genéricos nem subservientes à cronologia de uma história literária linear. Dentre tais expressionistas, Contini situa o próprio Dante, na qualidade de fundador de uma linhagem que continua com o texto macarrônico do monge Teofilo Folengo, ao qual se segue a obra do virtuose do barroco literário napolitano, Giambattista Basile, passando por pelo poeta veneto Ruzante, por Carlo Porta, que escreve no século XIX em milanês, até chegar a contemporaneidade, representada por Carlo Emilio Gadda, escritor plurilíngue e linguística e tematicamente multifacetado. Este é, segundo Contini, um verdadeiro campeão do expressionismo. É sua esta afirmação contundente: "I doppioni [lessicali] li voglio tutti, per mania di possesso e per cupidigia di ricchezze: e voglio anche i triploni, e i quadruploini, sebbene il Re Cattolico non li abbiam ancora monentati: e tutti i sinonimi, usati nelle loro variegate accezioni e sfumature, d´uso corrente, o d´uso raro rarissimo."[11]

Num plano internacional, Contini encontra em Guimarães Rosa e James Joyce representantes desse novo estilo, exuberante e vigoroso[12], tornando-se, assim, de fato, um aliado natural de Haroldo de Campos na releitura de textos literários para além de cânones estabelecidos. Ambos elegem um *paideuma* de textos e autores, à maneira de Ezra Pound, rompendo com uma visão da história literária como um contínuo sem rupturas. O efeito dessa leitura livre, criativa é uma abertura para o potencial das de relações intertextuais, para a percepção de nuances e elementos novos. A ideia de uma literatura *expressionista* permite colocar em

11 "Eu quero todos os [lexemas] repetidos, por gana e cobiça de riqueza: quero também os três vezes repetidos e quadrirrepetidos, embora o Rei Católico ainda não os tenha cunhados: e [quero] todos os sinônimos, usados em seus significados variados e em suas nuances, de uso corrente, ou de uso raro raríssimo." C.E. Gadda, Lingua letteraria e lingua dell' uso, *I viaggi e la morte, Opere di Carlo Emilio Gadda III*, p. 490 (tradução nossa).

12 Ver a Introduzione alla "Cognizione del dolore" e ad altri saggi gaddiani, no volume *Quarant'anni di amicizia. Scritti su Carlo Emilio Gadda (1934–1988)*.

discussão concepções como as de realismo literário, calcadas numa visão da história literária italiana semelhantes à do positivismo histórico do "como realmente aconteceu", tal como defendido pelo historiador alemão Leopold von Ranke e que foi objeto de uma revisão crítica por parte de Walter Benjamin[13] em suas famosas teses *Sobre o Conceito de História*. Lido da forma como propõe Haroldo de Campos – a partir de Grosseteste, passando por Cavalcanti e Dante e chegando até os modernos – o texto de Dante ganha, por esse viés análogo à perspectiva continiana, densidade, não sendo mais submetido a uma leitura nacional (para qualquer poeta, sempre uma limitação) graças à qual é considerado enfaticamente ao longo dos séculos o pai da língua e/ou da cultura italianas. Dante retorna assim a seu equilibrado lugar como autor florentino, assim como ele próprio escreve em sua *Epistola a Cangrande della Scala*: "Começa a *Comédia* de Dante Alighieri, florentino de nascimento, mas não de costumes."[14] Afora a ironia em relação à cidade de Florença, que o condenou ao exílio permanente ("não florentino de costumes")[15], Dante define-se como um poeta florentino e não italiano, um adjetivo que para a época é anacrônico. Será Maquiavel[16], dois séculos mais tarde, a confirmar tanto a nacionalidade quanto à língua *florentina* de Dante. Considerá-la *italiano* é um gesto anacrônico e submete toda a sua obra a uma leitura necessariamente nacional-romântica, que oculta elementos transgressivos, rupturas, conflitos e paradoxos. O fato de Dante ter se tornado um escritor e poeta universal está ligado a seu objetivo de criar uma língua *vulgar ilustre*, ou seja, uma língua modelada num estilo refinado, herdeiro das línguas dos trovadores (as línguas provençais *d'oc e d'oil*), o que seria de fato o oposto de um ideal "nacional". Reduzir um Dante *expressionista* a ser o pai de uma língua nacional ou – o que é pior – a criador de uma língua denominada posteriormente e banalmente de italiano *standard*, é um evidente empobrecimento.

Considerada por Contini expressionista como a de Dante, a obra dos autores acima mencionados: Basile, Folengo, Ruzante,

13 Cf. Sobre o Conceito de História: Leitura das *Teses Sobre o Conceito da História*, trad. J.-M. Gagnebin e M. Müller, em M. Löwy, *Aviso de Incêndio*.

14 Roberto Antonelli, *La poesia del duecento e Dante*, p. 350.

15 Ibidem.

16 Cf. N. Machiavelli, *Discorso o dialogo intorno alla nostra lingua*.

Porta, Gadda coloca em discussão o monolinguismo, não tanto por defender algum falar ou variedade linguística regional, um dialeto – termo igualmente anacrônico, seja no contexto da Idade Média ou da Renascença, mas sobretudo por apresentar um estilo exuberante e multilíngue, criado a partir dos falares, línguas regionais, que convivem à época na península italiana. Nesse processo, a obra de Dante é decisiva por evidenciar, por um lado, a presença concomitante de duas vertentes da tradição ocidental, a judaico-cristã e a greco-latina ou clássica e, por outro, por relacionar a tradição poética clássica, que remonta a Aristóteles, com a teologia medieval, como descreveram E. Auerbach e E.R. Curtius, em obras muito conhecidas e basilares – ainda que ambas as vertentes ou tradições por vezes entrem em conflito. A escolha de Virgílio como mestre e guia valoriza certamente o papel mediador do escritor latino, que representa a continuidade simbólica entre mundo grego e latino, uma função de convergência que Dante por sua vez também irá assumir. No Canto IV do Inferno, Dante encontra pela primeira vez no limbo os grandes representantes da tradição cultural clássica: Homero, Horácio, Ovídio, Lucano e, finalmente, Virgílio. Lembremos que Dante-personagem, aquele que encontra os autores clássicos que estão no limbo, é uma emanação ficcional do Dante-narrador, que, por sua vez, é fruto de um texto escrito pelo poeta Dante Alighieri, em sua função de autor. A presença dessa terceira dimensão mostra que a *Comédia* pode ser considerada também uma autobiografia. No final do episódio do limbo, Dante é consagrado como um clássico e, sendo objeto de uma espécie de coroação, ele expressa essa grande honra com as seguintes palavras: "sí ch'io fui sesto tra cotanto senno" (Inferno, IV) (e fui [reconhecido como] sexto entre tanta sabedoria"[17]) (tradução nossa). O leitor está no início da *Comédia* e, mal tendo transposto as portas do Inferno, Dante já se apresenta como um grande clássico. Apesar de sua simplicidade extrema (ou talvez por causa dela), o episódio tem efeito vertiginoso, conferindo nova autoridade a Dante, uma autoridade que é fruto unicamente de sua própria, espontânea iniciativa. Convém considerar aqui que a iniciativa daquele que escreve é a de um Dante autor, ao

17 Vasco Graça Moura traduz: "e fui sexto entre tantos sabedores", em *A Divina Comédia de Dante Alighieri*, p. 59 e comenta, significativamente: "D. mostra, por este convívio alegórico, a consciência da sua própria grandeza literária".

passo que quem narra é Dante narrador e quem é objeto dessa narração é Dante personagem. Por meio desse texto do Canto IV, Dante impõe diretamente sua presença entre os *clássicos*! Trata-se de um gesto imperial, plenamente consciente de seu efeito de ruptura. Ao contrário de uma conciliação com o mundo clássico, transgride na relação com a tradição, indo além dos limites permitidos, desprezando uma norma, uma ordem, uma lei: a do cânone literário. A questão da inclusão forçada de Dante no cânone dos clássicos tem um reflexo no episódio no Canto XXX do Purgatório, no momento em que Dante-personagem se separa de seu mestre Virgílio. Dentro da lógica da narrativa não há nenhuma dúvida: Virgílio, poeta clássico pertence ao grupo dos não batizados e, portanto, não poderá acompanhar Dante em sua ascensão ao Paraíso. Mas o texto não explica por que razão Dante pode realizar esse empreendimento, proibido aos homens cristãos, e por que aceita separar-se de Virgílio, seu venerando mestre, rechaçado e enviado de volta ao Inferno. A estranheza da situação é sublinhada pelo olhar lançado por Dante a Virgílio, descrito em verso que aponta para um conteúdo anômalo: "volsimi a la sinistra col respitto / col quale il fantolin corre a la mamma / quando há paura o quando elli è afflitto" (Inferno, Canto XXX, verso 43-44) ("voltei-me à esquerda, com o respeito com que o garotinho corre para a mamãe / quando tem medo ou quando está aflito")[18] O episódio revela a ternura filial dirigida por Dante a Virgílio, que na cena é apresentado como uma *mãe* acolhedora, uma figura à qual ele próprio, Virgílio, não poderá apelar, sendo abandonado a seu destino cruel.

Ora, convém indicar que os poetas congregados no Limbo para reconhecer a autoridade de Dante estão reunidos numa cena simbolicamente significativa, qual seja, a da passagem da autoridade paterna. Em um excelente ensaio sobre a relação entre Arnaut Daniel e Dante Alighieri, Roger Dragonetti, explicita esse jogo que esconde uma aporia, a da impossibilidade da paternidade literária:

> O jogo que consiste em substituir simulacros do pai pelo pai autêntico, esquivo, segundo o qual Dante-autor projeta, por sua vez, seus duplos sob a figura de mestres como Virgílio, Brunetto Latini, Guinizelli, Arnaut, Estácio, todos eles grandes representantes da arte da retórica; este jogo

18 Seguimos a tradução de Vasco Graça Moura, op. cit., p. 561, com algumas modificações.

esconde, de uma forma ou de outra, o desejo de atribuir à literatura uma paternidade ao mesmo tempo absoluta e impossível, uma paternidade de que a seignorie da Dama é a outra face.[19]

No mesmo ensaio, Dragonetti (1978, p. 251) salienta a admiração enfática de Dante por seus precursores e interpreta o fato de Guido Guinizelli e Arnaut Daniel estarem no Purgatório entre os sodomitas como uma proximidade da literatura com o caráter hermafrodita do desejo. Entretanto, ao final do encontro com os dois precursores, Guinizelli "desapareceu no fogo" (Purgatório, XXVI, 134) e Arnaut Daniel, também "esconde-se no fogo" (Purgatório, XXVI, 148), um final melancólico para seus precursores! Mas, ao mesmo tempo, Arnaut, louvado por Dante, apreciado por Petrarca e venerado pela geração de poetas posteriores, é apresentado como o famoso trovador provençal que à época ele era. Os especialistas conhecem o poeta Arnaut Daniel, mas por longos séculos, a relação dele com Dante recebeu somente parcas menções. Foi Ezra Pound quem realizou o resgate no século XX desse poeta de um esquecimento de cinco séculos: graças a suas traduções e de um inteiro capítulo de seu livro *The Spirit of Romance* (O Espírito das Letras Românicas, 1910), a poesia dos provençais e de Daniel foi lida por T.S. Eliot e toda uma geração de poetas e estudiosos posteriores, entre outros, os poetas do grupo francês do Oulipo e, no Brasil, por Segismundo Spina já nos anos 1950 e, mais tarde, pelo grupo dos poetas concretos, tendo Augusto de Campos publicado dois volumes fundamentais com traduções de poemas e um estudo crítico[20]. A poesia provençal, em especial a de Arnaut Daniel, marcará toda a trajetória do grupo da poesia concreta: cabe lembrar que em 1952 os irmãos Campos e Décio

19 The game which consists of substituting simulacra of the father for the authentic, elusive father, and according to which Dante-author projects in turn his doubles under the figures of such masters as Virgil, Brunetto Latini, Guinizelli, Arnaut, Statius, all great representatives of the art of rhetoric, this game conceals, under one form or another, the desire to assign to literature a paternity at once absolute and impossible, a paternity of which the *seignorie* of the lady is the other face. (R. Dragonetti, The Double Play of Arnaut Daniel's Sestina and Dante's *Divina Commedia*, em S. Felman et al. (ed.), *Literature and Psychanalysis*, p. 247 (tradução nossa).

20 Refiro-me aqui sobretudo aos seguintes textos seminais de apresentação e análise da poesia de Arnaut Daniel por Augusto de Campos, Arnaut: O Inventor, em *Verso Reverso Controverso*, p. 40-66, e Arnaut Daniel, em *Mais Provençais*, p. 51-150.

Pignatari escolhem como título da revista do grupo a enigmática palavra provençal *noigandres*, que aparece em um dos poemas de Daniel e que, segundo afirma Augusto de Campos em seu estudo, poderia ser traduzida por "algo que protege do tédio"[21].

Dante presta a Arnaut Daniel uma homenagem superlativa na sua *Comédia*, no canto XXIV, 117, do Purgatório, onde o define como "il miglior fabbro del parlar materno" (o melhor artesão, do falar materno)[22]. A cena, muito marcante, apresenta Arnaut Daniel referindo-se a si mesmo em primeira pessoa e em língua provençal: uma língua que soa estrangeira embora apresente um comprovado parentesco com a *língua del sí*, a língua vulgar que dará origem ao italiano, segundo a análise que Dante realiza em seu *De vulgari eloquentia*, um tratado sobre as línguas derivadas do latim, os "vulgares"). Esse trecho da *Divina Comédia* é realmente extraordinário[23]: pois Arnaut Daniel é aqui uma criação poética de *Dante*, como narrador-autor: um procedimento análogo ao do Limbo, no Canto IV do Inferno já citado, por meio do qual Dante constrói seu mito literário por intermédio daqueles que ele designa como sendo seus precursores. O fragmento em provençal de Arnaut/Dante completa quase três tercetos (em endecassílabos), com dois tercetos em *vulgar ilustre* (que o leitor de hoje identifica com a língua italiana) que abrem e fecham sua fala[24].

El cominciò liberamente a dire:	Começou livremente a proferir:
"Tan m'abellis vostre cortes deman,	Tão cortês rogo vosso me agradando,
qu' ieu no me puesc ni voill a vos cobrire.	não me quero nem posso a vós cobrir.
Ieu sui Arnaut, que plor e vau cantan;	Eu sou Arnaut, que choro e vou cantando;
consiros vei la passada folor,	aflito vejo meu passado error,
e vei jausen lo joi qu'esper, denan.	e a alegria que vou ora esperando.
Ara vos prec, per aquella valor	Ora vos rogo, e por aquele valor
que vos guida al som de l'escalina,	que o cimo dessa escada vos ensina,
sovenha vos a temps de ma dolor!"	recorde-vos a tempo minha dor
Poi s'ascose nel foco che li affina	E se escondeu-se no fogo que os refina

21 A propósito recomendo a leitura do artigo de Alfred Hower: O Mistério da Palavra *Noigandres* Resolvido?, bem como a nota 15 de Augusto de Campos no artigo de *Controverso*, p. 43.

22 V. Graça Moura, O Melhor Fabro do Falar Materno, *A Divina Comédia*, p. 531.

23 Purgatório, Canto XXVI, versos 139-148s.

24 Em sua excelente tradução, Vasco Graça Moura (op. cit., p. 531) obtém um efeito de estranheza na leitura; aqui aduzimos sua tradução referida em nota de rodapé, para servir de base para os comentários.

Vale a pena comentar brevemente esse fragmento, em que é Arnaut, que toma a palavra:

VERSO 139: Arnaut começa a falar "livremente", o que pode ser interpretado tanto como "espontaneamente" quanto indicar o espírito livre do trovador. O texto está em língua vulgar (o florentino de Dante).

VERSO 140: A cortesia o caracteriza "tão cortês rogo"), como carateriza todo o movimento por ele influenciado, o Dolce STIL novo.

VERSO 141: Arnaut sente a necessidade, a obrigação de responder: "não me quero nem posso...".

VERSO 142 "Eu sou Arnaut, que choro e vou cantando". Nesse verso, Arnaut Daniel exibe sua emotiva expressividade, que alimenta também a energia de Dante, ao atribuir ao trovador sua poderosa carga afetiva. Arnaut Daniel é um poeta que canta, se mostra espontâneo, alegre, otimista; porém, também chora, não se exime de mostrar seu pranto, revelando-se também com suas fraquezas. Ao incorporar ao seu poema versos do poeta provençal, Dante se identifica com Arnaut, redigindo um texto em língua provençal *outra*, a língua daquele que ele indica como sendo seu precursor. De certa forma, Dante assume a personalidade de Arnaut ou melhor: Dante, aqui, *é* Arnaut.

VERSO 143: Arnaut alude aqui a um passado de dissipação e volubilidade amorosa (a palavra *folor* indicaria, segundo comentadores, o amor sensual), que ele exibe sem pejo.

VERSO 144: Ainda que reconheça a carga do passado, o trovador mantém-se alegre e otimista.

VERSOS 145 e 146: "Ora vos rogo, e por aquele valor / que o cimo dessa escada vos ensina": O leitor pode facilmente se confundir com esse habilidoso jogo de elogios, mas quem é objeto dos encômios é o próprio Dante, como se essa apreciação fosse pronunciada por um terceiro (Arnaut Daniel). A forma é semelhante à do Canto IV, no qual Dante é acolhido no círculo dos clássicos.

VERSO 147: A exortação a lembrar do tempo da *dor* feita por um poeta que ao mesmo tempo *canta e chora* é significativa: a poesia assume um caráter radicalmente autobiográfico; pode-se dizer que sua vida está toda na literatura, como a vida de qualquer grande poeta. Dante assume aqui a postura de Arnaut Daniel, identifica-se com ele.

O Arnaut Daniel de Dante é certamente um poeta com grande carisma e energia vital, como lemos no trecho acima. Ele fala numa língua *outra*, provavelmente incompreensível e estrangeira para o leitor da época e muito estranha para o leitor de hoje, uma língua que apresenta uma sonoridade diferente e, talvez, mais arcaica. A caracterização de Arnaut Daniel, "il miglior fabbro del parlar materno", que Ezra Pound retomará como epígrafe de seu livro e que Eliot por sua vez dedicará ao próprio Pound, corresponde a um momento em que Dante, paradoxalmente, ao louvar Arnaut Daniel, prepara sua separação do estilo dos trovadores.

Cabe aqui lembrar que, em toda *Divina Comédia*, há somente uma outra passagem escrita em uma língua diversa, para além da célebre fala de Arnaut Daniel no Canto XXVI do Purgatório. Trata-se de um texto completamente incompreensível: um grito, um urro inarticulado, emitido por Ninrod, o gigante a quem se atribui, no texto bíblico (*Gênesis* 8-10), uma participação na construção da Torre de Babel e que é acusado de ter sido responsável pela perda da língua original, da língua pura. O significado de suas palavras está perdido e ele exclama: "Raphèl maí améch zabì almì" (Inferno, canto XXXI, v. 67): um conjunto de ruídos ininteligíveis, uma língua – pode-se dizer – de *grau zero*, resultado da catástrofe de seu próprio desaparecimento, segundo o mito de Babel[25]. Tal língua, esvaziada de significado e de emoção, se contrapõe à língua de Arnaut Daniel, repleta de afeto, ao mesmo tempo solene e jocosa, dramática e nova, fundadora de uma nova tradição. Já no canto XXVI do *Purgatório*, a fala de Arnaut Daniel fora introduzida por outro precursor de Dante: trata-se de Guido Guinizelli, considerado por Dante o fundador do movimento literário Dolce stil novo. No *Purgatório*, XXVI, versos 112 a 114 "Li dolci detti vostri,/ che, quanto durerà l'uso moderno/ faranno cari ancora i nostri incostri" (nos doces ditos vossos sinta/ qualquer, que enquanto houver uso moderno, / farão ainda amar a sua tinta), na tradução de Vasco Graça Moura (p. 530). De fato, segundo essa visão de Dante, é Arnaut Daniel que representa uma nova época, "moderna",

25 A esse propósito, veja-se o artigo (de A. Lombardi) "Uma Língua de Deus ou um Deus da Língua", que aborda o problema da interpretação da palavra *Babel*: "[A este propósito] devemos pensar numa leitura dúplice, a partir da língua hebraica (confu-são) ou a partir do acadiano cuneiforme (porta ou portal de deus)". Disponível em: <https://www.academia.edu/>.

da poesia, servindo de modelo para compor – ele também – uma sextina, uma forma *moderna* da poesia, que apresenta um novo estilo, ousado e carregado de alusões matemáticas, como se verá a seguir. Dante comporá, em homenagem evidente a Arnaut Daniel e seu *trobar clus*, suas *Rimas Pedrosas*, uma composição igualmente ousada e complexa, que Haroldo de Campos traduziu[26].

No *De vulgari eloquentia*, Dante afirma:

> Afirmo, portanto, que cada estância é harmonizada de modo a receber uma determinada melodia. Existem diferentes maneiras de fazê-lo. Há estâncias que mantém uma única melodia, que se desenvolve em forma contínua até o fim, isto é, sem repetição de qualquer frase musical e sem *diesis*[27]; Arnaut Daniel usou esse tipo de estância em quase todas as suas canções, e eu mesmo o segui quando cantei "Al poco giorno e al gran cerchio d´ombra".[28]

Gostaríamos de considerar o *diesis* (ou *a* diesis, como quer a tradição grega) e sua utilização, como aspecto simbólico da separação de estilos entre a tradição dos trovadores, onde poesia e música estavam interligadas, Dante afirma a propósito do conceito:

> define-se *diesis* a passagem que leva de uma melodia a outra: aquilo que, quando falando aos profanos, chamamos de *volta* [...] Outras estâncias admitem, porém, *a diesis*, e não pode haver *diesis* no sentido que damos à palavra, sem que haja a repetição de uma mesma melodia antes dela, ou depois de ambas as partes[29].

Finalmente, o autor se dirige ao leitor, enfatizando a liberdade da qual os compositores de canções podem usufruir, bem como também a crítica, pois ela seria tributária da autoridade da tradição:

> Veja, a seguir, leitor, quanta liberdade foi dada aos poetas que compõem canções e considere por qual a razão sua atividade reservou uma margem

26 A tradução dessa *Sextina* e das *Rimas Pedrosas* foi publicada por Haroldo de Campos em *Pedra e Luz na Poesia de Dante*. O primeiro verso soa: "Ao dia escasso e ao grande anel de sombra". Na edição há um grande número de notas que comentam uma superação do Dolce stil novo

27 Define-se *diesis* a passagem que leva de uma melodia a outra: aquilo que, quando falando aos profanos, chamamos de volta. Em *A Lírica Trovadoresca* Segismundo Spina o termo "volta" é chamado também de *ritornelo* ou *tornada*. (p. 406.)

28 A tradução dos trechos de *De vulgari eloquentia* é realizada a partir da versão realizada do latim para o italiano de Enrico Fenzi (Dante Alighieri, p. 211-213 [DVE, II, X, 2]), (tradução nossa).

29 Ibidem, p. 214 (DVE, II, X, 3).

de liberdade tão grande: se a razão o levará pelo caminho certo, verá que [aquela liberdade] deriva apenas do prestígio reconhecido pela tradição.[30]

Serão os poetas, e não os músicos, aqueles que compõem *canções*, uma forma poética nova que se afasta da música. Com base em reflexões de Gianfranco Contini[31] e Aurelio Roncaglia, entre outros estudiosos, Eduardo Sterzi focaliza a ruptura que se verifica na literatura da época de Dante e a caracteriza como a época do "separação entre música e literatura".

Pode-se mesmo sugerir que o típico poema lírico moderno é sempre uma espécie de alegoria formal da passagem da poesia musical-vocal para a poesia escrita, e, sendo assim, carrega sempre em si a tensão entre um código musical e um código gráfico.[32]

Segundo as considerações de Sterzi, a produção de Arnaut Daniel ainda mostrava uma grande proximidade entre música e literatura, ou melhor, fazia uma defesa, em última instância, da música como veículo privilegiado da transmissão da arte poética. Por serem muito requisitados em exibições públicas, os trovadores teriam rompido com a exclusividade dos atores nas apresentações, fomentando um processo de especialização dos executores e alterando assim a rigorosa conexão original entre palavra e música. Com Dante, a atenção estaria em voltar-se para o texto, para o ato de escrever e ler, como assinala Sterzi: "O soneto tem papel fundamental na superação do forçoso nexo música-poesia característico do trovadorismo e, portanto, na emergência de uma nova noção de lírica."[33] É lógico supor que Arnaut Daniel realiza sua produção poética ainda influenciado pela tradição filosófica e musical grega[34].

30 Ibidem, p. 214 (DVE II, X, 5).

31 Cf. *Poeti del Duecento* (*Letteratura italiana: Storia e testi, v. 2*).

32 Da Voz à Letra, *Alea*, v. 14, n. 2, p. 167. Ver Aurelio Roncaglia, Sul divorzio fra musica e poesia nel Duecento italiano, em A. Ziino (org.), *L'Ars nova italiana del Trecento, v. IV*, 365-397.

33 Ibidem, p. 165.

34 Sobre a permanência dos modos musicais gregos, ver o artigo de David Temperly; Daphne Tan, Emotional Connotations of Diatonic Modes: In the Middle Ages, the Notion of Modal Affect or Ethos Was Widely Accepted, *Music Perception*, v. 30, p. 237-257; o abrangente trabalho de Andreas Kramarz, *Effect and Ethos of Music in Greek and Roman Authors*; bem como a interessante comparação entre música grega e oriental feita por Yuhen Wang, The Ethical Power of Music: Ancient Greek and Chinese Thoughts, *The Journal of Aesthetic Education*, v. 38, n. 1, p. 89-104.

Como assinala Andreas Karmarz, para Aristóteles, a música traz prazer e por isso seria particularmente indicada para os jovens e ela pode produzir entusiasmo, mas especialmente simpatia, um "sentir junto". Ritmos e melodias podem expressar, na tradição grega, ira, mansidão, energia e moderação, juntamente com seus opostos e, em geral, a música realizaria uma modificação no comportamento humano[35]. Se a tradição greco-latina afirmara a profunda influência da música no comportamento e na formação do indivíduo, na breve, porém, criativa época de Arnaut Daniel e dos trovadores provençais, ela ainda possuía uma função de grande importância, até porque frequência, volume, harmônicos, ritmo e outros elementos certamente devem ter tido um impacto grande sobre os ouvintes, como refere Kramarz. Os modos gregos, sequências de sons com intervalos pré-estabelecidos, certamente eram imediatamente reconhecidos pelo público, em seus efeitos – diríamos – psicológicos e éticos, pois o público era limitado aos doutos, eruditos e religiosos[36].

Ora, o momento de ruptura com a tradição clássica coincide com uma transformação da relação entre música e poesia, pois a literatura se distancia da música, valendo-se de procedimentos construtivos, que poetas de vanguarda daquele tempo, como Arnaut Daniel e seu *trobar clus* (trovar fechado), que Haroldo de Campos, retomando Gianfranco Contini, define como uma "forma enigmática e totalmente abstrata, um 'realismo dos signos'" ou "uma forma realista de insatisfação amorosa, acompanhada pela mais renhida condensação semântica"[37]. Numa interpretação de algumas passagens do *De vulgari eloquentia* (II, VIII, 5)

35 Andreas Kramarz resume o pensamento aristotélico sobre as funções da música da seguinte forma: "Aristóteles considera haver três funções na música (1339-1311s): relaxamento (ἀνάπαυσις) como um jogo passatempo (παιδιά), 355 sua propensão a criar um éthos específico e, portanto, a virtude (ἀρετή), e sua promoção como um modo de vida (διαγογή) e o pensamento (φρόνησις). A música traz prazer (ἡδονή), que pertence às experiências mais agradáveis; a educação é indicada aqui para que os adolescentes aprendam a encontrar a melhor forma de prazer; mas particularmente para a segunda função, na medida em que a música pode moldar o éthos. Aristóteles avalia depois (1340-13477s.) a *ēthē* que a música pode produzir: entusiasmo, mas especialmente 'simpatia' no sentido de sentir junto ao que a música expressa, mesmo sem palavras." Op. cit., p. 227-228.

36 Kramarz acompanha toda a bibliografia grega e clássica sobre o tema, particularmente às p. 187, 217, 253, 294, 364, 382 e 462.

37 *Pedra e Luz na Poesia de Dante*, p. 21-22.

Eduardo Sterzi[38] enfatiza como Dante defende a predominância da forma da *canção*, a partir de uma leitura estritamente literária:

> Ademais, é preciso discutir se se chama canção a fabricação de palavras harmonicamente dispostas, ou a modulação em si. [...] E por aí se vê que a canção não é nada senão uma ação em si completa de quem diz palavras harmonizadas por modulações: por isso, tanto às canções, de que agora tratamos, quanto às baladas e aos sonetos e a todas as sequências de palavras que são harmonizadas seja em vernáculo ou em língua regular, chamamos canções.[39]

Ora, pelas palavras de Dante a *canção* seria assim subtraída ao campo da música e transportada para o campo da escrita, da literatura.

A ruptura entre Dante e seu precursor provençal, portanto, estaria na substituição do verbo *dire* pelo verbo *scrivere*, como assinala Sterzi. Ainda assim, Arnaut Daniel será lembrado por Dante e Petrarca e, seis séculos mais tarde, por Ezra Pound e pelos modernos precisamente pela invenção da forma da *sextina* - embora somente uma única sextina criada pelo trovador tenha sido conservada! Pode-se supor que a divergência entre os dois poetas possa estar na concepção indicada pela palavra *diesis*, de acordo coma definição de Dante. *Diesis*, na música, indica uma mera alteração, que designa um quarto, um terço ou uma fração de tom; em grego, significava separação ou intervalo – algo que à época de Pitágoras era aplicado a vários intervalos, designando uma alteração cromática da nota musical. De acordo com Aristoxeno, a palavra *diesis* designaria "qualquer intervalo menor do que um semitom"[40]. De uma alteração que se restringe ao plano da música, a palavra *diesis* passa a designar para Dante um sinônimo de *sirma*, ou seja: a segunda parte da estrofe na canção. No *De vulgari eloquentia*, a palavra *sirma* designa cauda, mas é também sinônimo de volta, *ritornello*, sancionando assim, simbolicamente, a separação entre música e literatura. Na música, *o diesis* é um elemento delimitado que designa uma transformação destinada a alcançar outra tonalidade. Mas essa alteração, na música, deve ser acompanhada a uma volta à tonalidade escolhida. *Diesis*,

38 Op. cit., p. 201-203, DVE II, VIII, 5-6.
39 *De vulgari eloquentia*, tradução Eduardo Sterzi, p. 142.
40 Apud M. Weber, *Os Fundamentos Racionais e Sociológicos da Música*, nota 11, p. 55.

portanto, leva a uma modificação reversível. Na literatura, tem como objetivo transformar o texto em algo sempre mais complexo, sem ter que retornar – como faz a música – ao tom inicial, à *tônica*, o primeiro grau da tonalidade da composição musical.

É singular que a invenção da sextina por Arnaut Daniel remeta a uma dimensão sublime, ao ápice da poesia e, ao mesmo tempo, ao ocaso do *trobar* provençal, sinalizando o momento de uma origem da poesia moderna, como já assinalou Sterzi: uma poesia que reflete sobre si mesma durante o próprio ato de escrever e que tem uma relação especial com a materialidade da escrita. A sextina alcança grandes efeitos por meio de um intrigante esquema de repetições: composta por seis estâncias, cada uma por sua vez compostas por seis endecassílabos e um fecho, um terceto final. A ousadia formal da sextina está no fato de que, com um sistema de retrogradação invertida (a *retrogradatio cruciata*, uma inversão e progressão cruzada), em vez de um sistema de rimas tradicionais, a palavra final do último verso de cada estância convertendo-se na primeira da próxima, segundo um esquema que reproduz uma fórmula, um raciocínio matemático. À época de Dante, a numerologia possuía muitos adeptos, influenciados pela Cabala e o estudo de números e letras do alfabeto. Na sextina, as *palavras-rimas* sucedem-se segundo um esquema de espelhamentos deslocados: 123456→615243. A sequência completa pode ser representada também por sequências de letras: ABCDEF/FAEBDC/CFDABE/ECBFAD/DEACFB/BDFECA e, finalmente, no terceto: ECA ou ACE. Se representado graficamente, o esquema formal da sextina poderia ser representado por uma forma elíptica ou espiralada.

O potencial dessa forma foi estudado ao longo dos séculos, desde o próprio Dante Alighieri até, no século XX, entre os escritores membros do grupo do Oulipo, como identifica Jacques Fux[41] num interessante estudo sobre a poesia desse grupo de poetas e escritores franceses do século XX. É sem dúvida curiosa a analogia que se pode estabelecer entre a sextina e a representação gráfica da sequência de *Fibonacci*, uma criação do matemático Leonardo Pisano (conhecido como Fibonacci) na

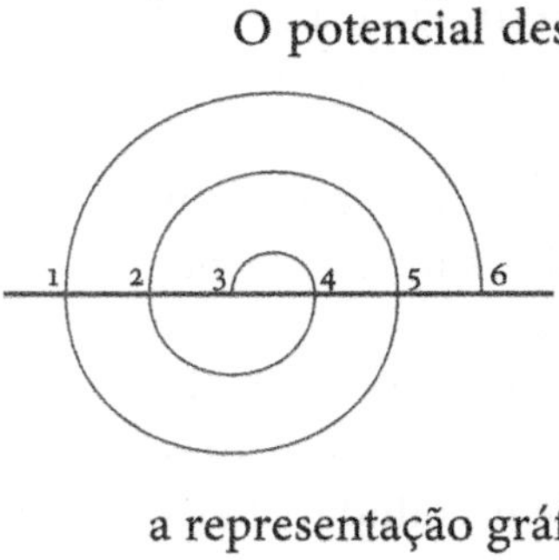

41 Essa ligação sugestiva, de uma espiral inspirada na sextina de Arnaut Daniel, consta do amplo estudo realizado por Jacques Fux, *Literatura e Matemática*, p. 63.

cidade de Pisa no século XII, a qual juntamente com a invenção do ábaco, pode ser considerada precursora do sistema matemático ocidental.

Em sua forma rigorosamente elaborada e na organização métrica altamente regulamentada, a sextina evidencia algo de seu próprio conteúdo: um amor obsessivo, circular, que sempre retorna a si mesmo, sem possibilidade de desenvolvimento ou realização e que passa algo da obsessividade, do tema à forma (e vice-versa). “Lo ferm voler” - as primeiras palavras do primeiro verso da célebre sextina de Arnaut Daniel, a “vontade firme”, são replicadas repetidamente na circularidade fechada de suas seis estâncias. O texto da canção é atravessado por enigmáticas onomatopeias, culminando no igualmente enigmático terceto final, que reproduzo aqui na tradução de Augusto de Campos: “Arnaut tramou seu canto de unha e sonho / Só por aquela que lhe verga a alma / De amante que, só mente, em câmara entra (Arnautz tramet sa chansson d´ongla e d´oncle /a grat de lieis, que de sa verg´a l´arma, / son Desirat, cui pretz em cambra intra).”[42]

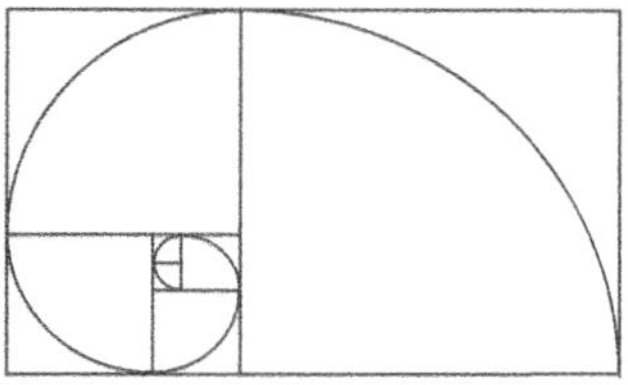

Ora, na transcrição moderna da notação musical dessa sextina, parece significativo que a sequência da notas siga a série do modo *mixolídio* de origem grega, o qual na visão de Aristóteles[43] levaria à tristeza e ansiedade anímica. A sequência, transcrita de manuscritos medievais, corresponde às seguintes notas[44]:

42 Arnaut, o Inventor, *Verso Reverso Controverso*, p. 63-65.
43 Apud A. Kramarz, op. cit., p. 227-243.
44 Aqui se encontra uma gravação, com a sextina de Arnaut Daniel em notação gregoriana, disponível em: <https://www.youtube.com/>. A transcrição em notação moderna encontra-se em Davide Amodio, Le Chiffre sonore: À travers la sextine lyrique et ses transformations (Tese de Doutorado), Université d´Evruy Val d´Essonne, disponível em: <https://www.biblio.univ-evry.fr/>.

A sextina, aqui, está ligada a uma melodia. Junto com a enigmática palavra *noigandres*, utilizada por Arnaut Daniel essa intrigante melodia parece antecipar o melancólico ocaso da lírica dos trovadores. A palavra *noigandres*, como assinalou Risério, pode ser traduzida como "algo que protege do tédio"[45], uma ideia muito semelhante à particular melancolia da modernidade. O primeiro verso de "lo ferm voler", de Arnaut Daniel, contém um intervalo de sétima (DO-SI bemol), muito moderno (típico dos acordes do blues!) e, apesar de possuir um intervalo de terça maior (DO-MI), a sequência produz um efeito melancólico, o que pode ser verificado em numerosas gravações disponíveis na internet.[46]

Tédio e melancolia iluminam o ocaso de uma tradição e abrem caminho para o estudo dos trovadores, esses precursores que, como diz o Arnaut Daniel de Dante, choram e cantam, ou seja, colocam à disposição do leitor sua experiência poética profunda e *autêntica*, que hoje podemos apreciar graças a Ezra Pound, T.S. Eliot e, em português, graças à tradução e leitura de Augusto e Haroldo de Campos.

45 Há também uma versão do enigma da palavra *Noigandres*, de Antonio Risério: *d'enoi gandres*. *Enoi* seria forma cognata do francês moderno *ennu* (tédio). E *gandres* derivaria do verbo *gan-dir* (proteger). Assim, além do sabor de palavra *portmanteau*, *noigandres* significaria algo que "protege do tédio". Cf. *Cores Vivas*, disponível em: <http://www.antoniomiranda.com.br/>.

46 Disponível no YouTube: <https://www.youtube.com/>.

Além do Literalismo

A Tradução da *Bíblia* Por Haroldo de Campos

Cyril Aslanov[1]

A relação expressa por Haroldo de Campos entre a poética do texto original e sua "transpoetização" no texto traduzido foi já discutida em detalhes por Márcio Seligmann-Silva[2]. Porém, neste artigo importante para entender a teoria e a prática das traduções poéticas, ou seja, da poética da tradução de Haroldo de Campos, não há nenhuma referência às traduções bíblicas do poeta.

Segundo uma tradição de tradução hiperliteralista, iniciada no segundo século da era comum por Áquila de Sinope e prosseguida na época moderna por Martin Buber e André Chouraqui, Haroldo de Campos quis dar do texto hebraico de três livros da *Bíblia* (*Gênesis*; *Cântico dos Cânticos*; *Eclesiastes*) uma imagem quanto mais fiel em português. Essa fidelidade se manifesta especialmente na vontade expressa de não anadir nenhuma palavra às palavras do texto original. Porém, a renúncia às cavilhas gramaticais da língua portuguesa pode provocar ambiguidades quanto à sintaxe da frase. Além disso, o tradutor nem sempre segue as próprias regras. É interessante verificar quais foram as

1 Esta pesquisa foi realizada graças ao apoio da Fundação Russa Pela Ciência (projeto n. 17-18-01295), Universidade Estatal de São Petersburgo.

2 M. Seligmann-Silva, Haroldo de Campos: Tradução Como Formação e "Abandono" da Identidade, *Revista* USP, n. 36, dez.-fev. 1997-1998, p. 158-171.

motivações contextuais que justificaram os desvios pontuais do próprio sistema de tradução.

Apesar dos problemas impostos pelas traduções bíblicas de Haroldo de Campos, elas conheceram um sucesso impressionante no horizonte de recepção brasileiro. É importante compreender as razões da popularidade de tal sucesso. Será que o seu literalismo atraiu um público evangélico para o qual as "transcriações"[3] de Haroldo de Campos representariam o substituto mais próximo do texto hebraico da *Bíblia*? Nesse sentido, a tradução das traduções de André Chouraqui para o português já tinha satisfeito o gosto de um público ávido de literalismo. Mas, sendo uma tradução de primeira mão e não uma tradução de tradução, o trabalho do tradutor-poeta brasileiro provavelmente tem mais valor do que a adaptação para o português das traduções francesas de Chouraqui. Embora seja provável que Haroldo de Campos tenha sido parcialmente influenciado pela *Verdeutschung* de Martin Buber na sua própria tentativa para verter alguns livros da *Bíblia* para o português[4], a sua tradução não é uma tradução de tradução. Além disso, Campos sabe manter uma certa elasticidade em relação aos princípios do literalismo extremo. Talvez, tenha sido precisamente a margem de liberdade dentro da propensão geral ao literalismo extremo que constitua o valor extra, capaz de explicar a fascinação que o texto de Haroldo de Campos exerceu e ainda exerce sobre os leitores brasileiros.

A RENÚNCIA DELIBERADA À COERÊNCIA GRAMATICAL

A regra gramatical hebraica que obriga a renunciar ao verbo de ligação "ser" no presente faz considerar que, por si mesma, a ausência do verbo de ligação constitui um marcador sintático.

3 Sobre o termo *transcriação*, veja K.D. Jackson, Transcriação/Transcreation: The Brazilian Concrete Poets and Translation, em H. Tonkin; M.E. Frank (eds.), *The Translator as Mediator of Cultures*, p. 139-160.

4 Para uma comparação entre o método de tradução de Haroldo de Campos e o de Martin Buber na tradução do *Eclesiastes*, veja G.L. de Carvalho Neto, Haroldo de Campos e Martin Buber Como Tradutores Bíblicos: Semelhanças e Diferenças em Suas Agendas Analisadas à Luz da Teoria da Relevância, *Cadernos de Tradução*, v. 2, n. 16, p. 105-128.

Em outras palavras, não se trata de ausência verdadeira, mas sim de uma marca-zero que funciona como faz o verbo de ligação nas línguas que expressam esta função com a cópula "ser". Quando uma língua tem a possibilidade de usar ou não a cópula, a ausência dela pode ser considerada como um verdadeiro vazio. Porém, quando não existe outra opção a não ser a ausência de verbo de ligação, como no caso do hebraico, do árabe e do russo, a cópula-zero não é um termo marcado, mas sim uma opção por defeito. Uma frase hebraica sem verbo de ligação não deveria, portanto, ser traduzida por uma frase nominal portuguesa.

No entanto, Haroldo de Campos escolheu traduzir muitas proposições predicativas do texto hebraico como frases nominais portuguesas. Essa opção tradutória faz pensar na tradução do *Cântico* 2,1 na Vulgata, onde *ego flos campi* (eu flor dos campos) transpõe a frase predicativa hebraica *anī ḥabaṣelet ha-Šārōn*.

Em muitas línguas, a ausência de verbo de ligação é compensada por uma pausa[5]. No entanto, os sinais de cantilação que marcam a prosódia do texto bíblico muitas vezes não indicam nenhuma pausa entre o sujeito e o predicado da proposição predicativa sem verbo de ligação. Aparentemente a ausência de pausa no texto poético hebraico funciona como uma transgressão deliberada de um universal linguístico, talvez para distanciar o estilo poético do estilo narrativo, o qual é provavelmente mais próximo da fala cotidiana do hebraico antigo e onde a pausa entre o sujeito e o predicado é normalmente marcada por um sinal de cantilação.

Assim, para traduzir a frase predicativa sem verbo de ligação *kī ṭōbīm dodeikhā/mi-yāyin* (porque os teus amores são mais deliciosos que o vinho; *Cântico* 1,2; *Bíblia Ave Maria*), onde a pausa não marca a ligação entre o sujeito e o predicado, mas entre este último e o complemento de comparação *mi-yayin* (que o vinho), Haroldo de Campos propõe: "pois melhor teu amor/que o sabor do vinho".

Respeitando a cantilação do texto bíblico, o tradutor introduz um substituto gráfico (/) para transpor o sinal de cantilação

5 Cf. Antoine Meillet, La Phrase nominale en indo-européen, *Mémoires de la Société de Linguistique* v. 14, p. 1-26; Charles Guiraud, *La Phrase nominale en grec d'Homère à Euripide*; Émile Benveniste, The Nominal Sentence, em *Problems in General Linguistics*, p. 131-144; David Cohen, *La Phrase nominale et l'évolution du système verbal en sémitique: Études de syntaxe historique*, p. 1-57; Nicole Lanérès, La Phrase nominale en grec: Nouvelle approche, *Bulletin de la Société Linguistique de Paris*, tome LXXXIX, fasc. 1, p. 229-254.

entre a palavra "amor" e o complemento de comparação. No entanto, preferiu não marcar a ligação entre o predicado anteposto "melhor" e o sujeito "teu amor".

Em certos casos, a renúncia ao verbo de ligação perturba fortemente a compreensão do texto, como na tradução de *Eclesiastes* 1,8, onde Haroldo de Campos traduz a proposição hebraica *kol ha-dəbārīm yəge'īm* (Todas as coisas se afadigam; *Bíblia Ave Maria*) com uma proposição sem verbo de ligação: "Tudo tédio palavras". Aqui a ausência de verbo de ligação não é justificada pelo original hebraico, pois a forma *yəge'īm* (se afadigam) é um verbo e não um predicado nominal. Além disso, o tradutor reverteu a ordem das palavras e deslocou o microssintagma "todas palavras" de modo que o pronome substantivo "tudo" foi reinterpretado como referente a "tédio" e não a "palavras". Essa violação da estrutura gramatical do versículo é justificada pelo desejo do tradutor-poeta de reproduzir em português a linha prosódica do texto original. Com efeito, a frase "Tudo tédio palavras" pode ser considerada uma sequência de 5 +3 sílabas ("tudo tédio" = 4 sílabas ou 5, se *-dio* for escandido como um hiato + "palavras" = 3 sílabas). Isso corresponde exatamente à estrutura silábica de *kol ha-dəbārīm yəge'īm.*

A importância que Haroldo de Campos conferiu à cantilação não pressupõe que ele sempre tenha entendido suficientemente todas as sutilezas da prosódia do texto bíblico. Assim, em *Cânticos* 1,4, ele separou erroneamente o complemento preposicional *bākh* (em ti) do verbo *niśmeḥāh* (jubilemos), ao traduzir *nāgīlāh wə-niśmeḥāh bakh nazkīrāh dodeikhā mi-yayin* (literalmente: "exultemos e alegremo-nos em ti; celebremos o teu amor mais do que o vinho") com três frases distintas:

jubilemos rejubilemos/ e ti//
celebraremos o teu amor / melhor que o vinho//

quer dizer:

jubilemos rejubilemos
e ti// celebraremos
o teu amor / melhor que o vinho//

Aqui o pronome *ti* é erroneamente associado ao verbo *celebraremos*. Essa divisão não é confirmada nem pela sintaxe, nem pela cantilação do versículo.

A elasticidade na reinterpretação da estrutura sintática do versículo não se deve necessariamente à inadvertência do tradutor. Pode ser um modo de manifestar a própria liberdade, a liberdade do poeta que não quer ser apenas um tradutor. Porém, Haroldo de Campos conseguiu combinar a liberdade do poeta com a fidelidade do tradutor toda vez que adotou figuras da poesia bíblica, não necessariamente para achar um equivalente em português para alguma passagem específica do texto hebraico, mas também para manifestar sua própria capacidade de adaptar livremente a poética do texto bíblico para a língua portuguesa, seguindo o princípio enunciado por Goethe no *Divã Ocidental-Oriental* a propósito do terceiro tipo de tradução[6].

A RECRIAÇÃO LIVRE (TRANSCRIAÇÃO) CONFORME O ESPÍRITO DA LÍNGUA HEBRAICA

Um bom exemplo da fidelidade à língua em geral, combinada com uma relativa infidelidade ao detalhe do texto, aparece na tradução de *Cântico* 1,4, onde os dois verbos acoplados *nāgīlāh wə-niśmeḥāh* (Exultaremos de alegria e de júbilo; *Bíblia Ave Maria*) foi traduzido por "jubilemos e rejubilemos". A repetição do mesmo lexema "jubilemos" com uma leve variação (uso do prefixo "re-") procura reproduzir, com os meios da língua portuguesa, a recorrência do morfema de 1ª pessoa do plural imperfetivo *n-* em hebraico. Porém, a inovação de Haroldo de Campos foi repetir a parte lexical das duas palavras e não a parte gramatical, como acontece no texto hebraico. Essa violação aparente da fronteira entre a parte morfológica e semântica da palavra revela, ao contrário, uma consciência da especificidade do hebraico e das línguas semíticas em geral em relação às línguas românicas e ao português, em particular: enquanto as primeiras têm uma grande quantidade de prefixos e poucos sufixos, as línguas românicas possuem mais sufixos do que prefixos. Então, o efeito provocado pela repetição da parte morfológica da palavra em *nāgīlāh wə-niśmeḥāh* não pode ser reproduzido tal qual em português, onde a informação morfológica figura na parte final da palavra e não na parte inicial. Para

6 J.W. von Goethe, *Berliner Ausgabe, Poetische Werke*, Band 3, p. 307.

remediar essa defasagem entre o hebraico e o português, Haroldo de Campos transpôs o princípio da repetição, transferindo-o da parte morfológica para a parte semântica da palavra.

A vontade de transpor o espírito da língua hebraica para o português às vezes se manifesta inclusive onde o texto hebraico não contém nenhum idiomatismo caraterístico. Assim, em *Eclesiastes* 1,17, a locução *lā-da'at ḥokhmāh* (ao discernimento da sabedoria; *Bíblia Ave Maria*) é traduzida com a figura etimológica "a saber o saber", onde o infinitivo "saber" é usado duas vezes, uma primeira vez como verbo e uma segunda vez como infinitivo substantivado.

A VONTADE DE EXPLICITAÇÃO

Às vezes, Haroldo de Campos explicita o texto hebraico com uma perífrase como em *Cânticos* 2,1, onde a fórmula mencionada acima, *anī ḥabaṣelet ha-Šārōn*, é traduzida como "Eu/uma anêmona das várzeas de Sharon". Na tradução da Vulgata, o nome próprio *Šārōn* é reinterpretado como nome comum (*ego flos campi*) e essa escolha de tradução foi seguida pela maior parte das versões posteriores do texto nas línguas europeias, até que a King James Version restituiu o valor de *Šārōn* como nome próprio: *rose of Sharon*, popularizado por Steinbeck nas *Vinhas da Ira*. Haroldo de Campos quis voltar para a unicidade do significado de Sharon e restituiu o seu valor de topônimo, o que o obrigou a explicitar o nome próprio Sharon como um nome genérico. Aliás, o uso do termo "várzea" representa uma superdeterminação em relação a "campo", pois o termo "várzea" refere-se a uma categoria muito particular de terreno: um terreno à margem dos rios, que pode ser inundado durante a época das cheias. Em certo sentido, a escolha da palavra "várzea" pode ser justificada, se consideramos que a planície do *Šārōn* era parcialmente inundada antes que os pioneiros judeus drenassem a região durante o século XX. Além disso, a escolha do termo "várzea" tem uma ressonância especial no contexto brasileiro, onde essa palavra tem um significado bem particular em referência ao bioma amazônico. Assim Haroldo de Campos abrasileirou esse trecho do texto bíblico, sublinhando o denominador comum entre a planície litoral palestina e as terras inundadas da floresta amazônica. Desta forma, o texto hebraico da *Bíblia* torna-se mais familiar para o leitor brasileiro, graças a um procedimento que contradiz a tendência geral de Haroldo de Campos em desfamiliarizar o texto bíblico, por meio de uma abordagem ultraliteralista. As duas tendências - a desfamiliarização e a familiarização - constituem pulsações complementares que reafirmam a liberdade absoluta do tradutor com respeito à fonte que ele traduz.

▪ ▪

O método de tradução de Haroldo de Campos oscila entre um extremo literalismo e uma liberdade quase total com respeito ao texto original. Porém, essa liberdade é condicionada a uma fidelidade mais geral ao espírito da língua, àquilo que no passado se costumava denominar "o gênio da língua". A liberdade do poeta manifesta-se também de modo mais amplo: o mero fato de proclamar o direito da poesia de "transpoetizar" o texto sagrado da *Bíblia* é um gesto deliberadamente provocador contra a pretensão dos religiosos (cristãos ou judeus) de deter o monopólio sobre ela. A escolha do *Cântico dos Cânticos* e do *Eclesiastes* não é inocente e faz parte do programa implícito de dessacralizar o texto sagrado. No século II da era cristã, os rabinos palestinos quiseram excluir o *Cântico dos Cânticos* do cânon bíblico, que estava em via de constituição. Rabi Akiva conseguiu incluir o *Cântico* no cânon, insistindo no caráter alegórico e divino do amor cantado no texto. Isso quer dizer que o estatuto do *Cântico* é liminar: pode ser considerado sagrado, bem como pode ser percebido fora do sagrado. E, aparentemente, Haroldo de Campos optou por ressaltar essa última opção.

Quanto ao *Eclesiastes*, trata-se de um livro muitas vezes considerado um texto tardio (século III a.C), cujo conteúdo mais reflete ideias filosóficas gregas do que dá continuidade à herança espiritual do judaísmo. Aqui também o caráter liminar do texto, que parece expressar noções epicurianas gregas em hebraico, parece legitimar a escolha de Haroldo de Campos, que dessacralizou um texto que talvez não fosse tão sagrado em sua concepção original.

Só o livro do *Gênesis*, também traduzido pelo poeta, representa uma confrontação direta com um livro indubitavelmente religioso, que narra não só a origem do mundo e da humanidade, mas também o processo pelo qual se constituiu a família de Israel, antes de os Israelitas se constituírem como nação (disso fala o livro do Êxodo). Porém, precisamente no livro do Gênesis, a família de Jacó (cujo segundo nome é Israel) ainda não é uma nação. E, por isso, a saga de Israel como família tem um valor paradigmático para a humanidade em geral, o que pode explicar o interesse particular do poeta por esse livro.

"Yûgen" de Haroldo de Campos e Tomie Ohtake

Transcriações Cruzadas

Inês Oseki-Dépré

[...] *a poesia é uma pintura invisível,*
a pintura uma poesia silenciosa.
HUANG TINGJIUNEM (1045-1105)

"Yûgen: Caderno Japonês" foi publicado pela primeira vez na antologia *Crisantempo* (Perspectiva, 1998), cujo título enigmático completo é *Crisantempo: no Espaço Curvo Nasce um*, designando ao mesmo tempo a flor (um crisântemo vermelho no alto da capa do livro, referência ao Japão) e, numa palavra-valise, o tempo[1].

O conjunto de poemas que pertence a "Yûgen" começa na página 263 e compreende 24 peças, todas referente ao Japão. O "Caderno Japonês" vem assim coroar um longo percurso de leituras, análises, trabalhos, traduções de poemas japoneses, iniciado já em 1957, portanto quarenta anos antes, quando Haroldo de Campos se interessa pela língua japonesa.

Antes de abordar a matéria anunciada no título, é mister comentar de um lado esse percurso efetuado sobre a língua e a literatura japonesas e, de outro, a relação que se esboça nessa antologia entre o poeta e a pintura, que vai culminar na obra transcriada e transcriadora realizada a partir de "Yûgen" em colaboração com a pintora Tomie Ohtake, onde nossa leitura

1 O pesquisador Luiz Guilherme Barbosa vê nessa alusão ao tempo o signo do poema pós-utópico, que abandona o espaço (*Galáxias* e *Escrito Sobre Jade*, utópicos) em prol do tempo. Ver "H. de Campos; T. Ohtake: Tempo e Tradução", em *Revista Garrafa*, n. 25.

vai chegar, sem esquecer o comentário do autor sobre a versão francesa do poema[2].

Na realidade, o interesse de Haroldo de Campos pela poesia japonesa já transparece no artigo "Haicai: Homenagem à Síntese", escrito em 1969[3]. Haroldo de Campos estabelece aí o paralelo entre a densa brevidade do *haicai* e a fórmula poundiana *dichten: condensare*, que desmente a ideia falsa de uma poesia arrebicada, utilizada para fins decorativos. Pelo contrário, ele vê nesse tipo de poesia, caracterizado pelo esquema "minimalista" de dezessete sílabas (distribuídas em três versos de 5, 7 e 5 sílabas), pontos semelhantes aos das pesquisas mais avançadas da literatura ocidental.

O *haicai*, prossegue Haroldo de Campos, exerceu – como forma sintética – uma grande influência sobre um movimento como o "imagismo", promovido por Ezra Pound, que, desde 1913, associou-o ao ideograma, cujas características lhe foram transmitidas pelo famoso trabalho de Ernst Fenollosa *The Chinese Written Character as a Medium for Poetry*, editado pelo poeta americano e cuja influência sobre o trabalho de Haroldo de Campos foi da maior importância[4].

Sabe-se que o ideograma é composto de vários signos (chaves) que em si possuem já um significado, o significado final, resultando da combinação dos componentes (assim, por exemplo, o ideograma *omou*, "pensar", é constituído de dois outros, "cabeça" e "coração"). Para Haroldo de Campos, o *haicai* vem a ser a "manifestação de análoga '*forma mentis*' desenvolvida em combinações mais elaboradas [...], sujeitas à mais extrema economia de meios"[5]. Essa forma poética contém dois elementos básicos (segundo Bashô), um de "permanência" e outro de "transformação", a "percepção momentânea".

O artigo tem como principal tópico a influência da tradição japonesa (mais do que a chinesa) sobre o método poético de Ezra Pound, que chega a inserir amostras de *haicai* nos *Pisan Cantos*. Da mesma forma, o nô, espécie de *haicai* desenvolvido no tempo, dotado da mesma estrutura desse tipo de poema (duas partes com

2 Um Leque de Epifanias, carta inédita a Inês Oseki-Dépré, 26 jun. 1999.

3 Cf. *A Arte no Horizonte do Provável*.

4 H. de Campos, Ideograma, Anagrama, Diagrama: Uma Leitura de Fenollosa, *Lógica, Poesia, Linguagem*, p. 115-163.

5 Ibidem, p. 57.

um intervalo intercalado cujo sentido é suprido pelo auditório), tem muito a ver com a *plotless epic* realizada por Ezra Pound. Outra característica do *haicai* é a economia lexical, como nas "palavras-valise" utilizadas por Lewis Carroll ou por James Joyce. Eisenstein, lembra Haroldo de Campos, costumava comparar o princípio cinematográfico da montagem ao ideograma. Outro objetivo do artigo é o de chamar a atenção do público para uma forma que, como foi dito, longe de ser decorativa, deve ser considerada "a medula mesma deste artefato linguístico sucinto e altamente tensionado que é a breve forma japonesa" e que, em muitos pontos, lembra os poemas da *Poesia Pau-Brasil* de Oswald de Andrade[6]. No final do artigo, Haroldo de Campos propõe a tradução de dois *haicais*, um de Buson e outro de Bashô (a tornada famosa "rã que salt/tomba").

No mesmo volume de ensaios, encontra-se outro artigo sobre a arte japonesa, dessa vez focalizando o aspecto visual que lhe é conatural "Visualidade e Concisão na Poesia Japonesa"[7]. Aqui se analisa a concisão semântica do *kanji*, ideograma japonês de origem chinesa, que "evoluiu de uma fase pictográfica para uma noção extremamente sintética e estilizada [...], verdadeira metáfora gráfica" capaz de representar inclusive ideias e sentimentos. Nesse sentido o *haicai* "funciona como uma espécie de objetiva portátil, apta a captar a realidade circunstante e o mundo interior, e a convertê-los em matéria visível"[8].

Esse processo é utilizado também pelos poetas de vanguarda japoneses que, remanipulando e mesclando os *kanjis* uns com os outros, produzem obras de grande interesse como as de Kitasono Katue, diretor da revista VOU. Da mesma forma, o "Lance de Dados" (1897) mallarmeano pode ser considerado, como o quis Paul Valéry, um "espetáculo ideográfico", levando muitos traços comuns com os poemas japoneses tradicionais ou modernos.

Num outro artigo, "Hagoromo: Plumas Para o Texto"[9], o poeta salienta a visualidade presente na civilização japonesa em geral, que vai desde a "estrutura interior de uma casa" até o "positivo-negativo de um jardim reduzido à antieloquência extrema de areia e pedra", desde os objetos caseiros (copos, vasos, lâmpadas,

6 Idem, Haicai: Homenagem à Síntese, *A Arte no Horizonte do Provável*, p. 55-62.
7 Ibidem, p. 63.
8 Ibidem, p. 65.
9 *A Operação do Texto*, p. 119.

tatami) até os objetos rituais (como durante a cerimônia do chá) e, naturalmente, desde a brevidade de um *haicai* até o teatro nô[10].

O que chama a atenção de Haroldo de Campos é a modernidade do nô que ele põe em paralelo com o teatro mental de Mallarmé (*Igitur*) ou dos futuristas, assim como a teatralidade de um Kandínski ou de Brecht. Ezra Pound, por seu lado, também se interessou pelo nô principalmente pela economia de sua estrutura na qual toda a peça "é catalizada em torno de uma imagem que ele aproxima do vorticismo centrado num ponto de máxima energia"[11]. Haroldo de Campos analisa em seguida a tradução de "Hagoromo" feita por Ezra Pound comparando-a à primeira tradução em língua portuguesa dessa peça feita por Armando Martins Janeiro, em 1954. Especialistas como Hugh Kenner ou Donald Keene salientam no teatro nô sua estrutura em "ausência" (os brancos que devem ser preenchidos pelo público), mas também a riqueza da linguagem utilizada, mistura entre o japonês coloquial antigo e o japonês aristocrático – método que será utilizado por Ezra Pound em seus poemas e traduções –, contendo muitos *jokes* ou *pivot-words* (ao modo de Lewis Carroll, Joyce, Oswald de Andrade ou Guimarães Rosa), em suma de jogos de palavras, jogos prosódicos. A propósito, Haroldo de Campos inicia no artigo suas primeiras incursões tradutivo-poéticas do *Hagoromo* (cujos ideogramas remetem à ideia de "asas" e de "uma pessoa no ato de se vestir"), também traduzida por Ezra Pound. O artigo termina com a comparação crítica das traduções de Janeiro, Pound e Haroldo de Campos que procura "captar empaticamente os harmônios (acordes) visuais do original e liberá-los em nossa língua"[12].

Em 1977, Haroldo de Campos organiza uma ampla publicação em torno do ideograma (*Lógica, Poesia, Linguagem*), pela Editora Cultrix, na qual ele propõe uma longa apresentação do trabalho de Ernest Fenollosa ("Ideograma, Anagrama, Diagrama") onde desenvolve as principais ideias do famoso sinólogo, grande admirador da arte asiática (japonesa e chinesa), à origem da renovação da educação artística dos EUA. De sua "estética estrutural" derivam trabalhos de pintura de Max Weber e Georgia O'Keefe. Impressionada com os trabalhos de Weber, Mary Fenollosa confia a Ezra

10 Ibidem, p. 120.
11 Ibidem.
12 Ibidem, p. 126.

Pound, segundo Haroldo de Campos, os manuscritos relativos ao teatro nô e à poesia chinesa, fornecendo assim a matéria que resultaria numa verdadeira revolução da poesia moderna.

Haroldo de Campos enfatiza os alvos fenollosianos, dos quais o primeiro concerne a tradução da poesia, recriadora, ponto que vai afastar Fenollosa dos sinólogos eruditos. Fenollosa, de maneira lúcida, aprecia na escrita chinesa seu aspecto icônico, sua "picturalidade", apesar de saber reconhecer a variedade ideogramática, as múltiplas realizações do ideograma. Mas, para Haroldo de Campos, o que importa é que Fenollosa chega a definir a partir do chinês (onde ele é mais evidente) o *modus operandi* da função poética jakobsoniana ao afirmar que o poeta escolhe e justapõe "palavras cujos matizes se misturam em clara e delicada harmonia"[13].

Duas outras contribuições marcantes para o estudo do ideograma na poesia são a de François Cheng, autor do ensaio "Le Langage poétique chinois", de 1975, e o estudo de Girolamo Mancuso sobre *Pound e la Cina*, citados no mesmo livro. O que salienta Mancuso, diferentemente de Fenollosa e Pound, não é o caráter icônico do ideograma, mas o seu aspecto gráfico na medida em que, para o pesquisador italiano, "uma vez que não existe na China uma nítida diferenciação entre pintura, caligrafia e poesia, o poeta é muitas vezes calígrafo e pintor"[14], fórmula que nos interessa em relação ao trabalho transcriativo de Tomie Ohtake sobre os poemas do *Yûgen*. Mas o que importa para Haroldo é menos essa diferença de pontos de vista que o fato de que para ambos, trata-se de uma relação entre o signo e o referente, uma "metáfora estrutural" que põe em evidência no ideograma um "processo relacional"[15].

O que importa, portanto, para Haroldo de Campos, no término desse longo percurso, é, de um lado, a articulação que ele estabelece entre o trabalho de Fenollosa e a gramatologia derridiana antilogocêntrica, espacial, e a relação entre o ideograma, o grama e a poesia concreta. Assim, para ele, "o chinês oferece um 'método indicativo' [que] permite transformar a equação metalinguística num efeito da paronomásia", próxima da "tradição de ruptura" inaugurada por Mallarmé[16].

13 *Ideograma*, p. 45.
14 Ibidem, p. 57.
15 Ibidem, p. 58.
16 Ibidem, p. 80.

Como ele próprio diz num longo texto ("Um Leque de Epifanias") datilografado e previsto para prefaciar a edição francesa de *Yûgen*, o que interessou no mais alto grau ao poeta foi o *modus operandi* do ideograma chinês para "a teoria e a prática da recém-lançada poesia concreta". Assim, os poemas chineses traduzidos por Haroldo de Campos e publicados, em 1996, em *Escrito Sobre o Jade*[17], assim como o comentário sobre os poemas de Wang Wei contido em *O Arco-Íris Branco*, de 1997, que seguem a tradução de *Hagoromo* (de Zeami), publicada em 1993 pela Estação Liberdade, já se valem dos estudos anteriores sobre a ideogramática sinojaponesa. No prefácio do primeiro, Haroldo de Campos enumera os trabalhos realizados nessa linha e que seguem "a lição paradigmática de Ezra Pound"[18] contida em *Cathay* de 1915, desde os artigos acima citados até as publicações do Suplemento Literário de *O Estado de S. Paulo*, um pouco anteriores. Seu método transcriador consiste em encontrar os equivalentes em português dos "aspectos caligráfico-visuais" da poesia chinesa (monossilábica), ideogramatizada, e compensar de certo modo a diferença entre as duas línguas por "uma extrema concisão" e um "minucioso trabalho de orquestração das figuras fônicas e rítmico-sintáticas, levando em conta, nesse sentido, a lição da poética jakobsoniana"[19].

A tradução de *Hagoromo* vem coroar, por outro lado, uma série de intercâmbios de poemas com os artistas de vanguarda japoneses, essencialmente do grupo VOU. Desde os anos 1950, Haroldo de Campos entra em contato com Kitasono Kasue, correspondente de Ezra Pound, a quem ele apresenta exemplos de poemas concretos vertidos por ele para o inglês. Dentre os poetas do grupo VOU, Haroldo de Campos estabelece relações de trabalho com Fujitomi Yasuo e Seiichi Niikuni e traduz *tanchona kukan*, de Kitasono, à maneira concreta "verdadeiros ideogramas ocidentais que exploravam a dimensão visual da escrita alfabético-digital, conferindo-lhe caráter icônico-analógico, mediante rigorosos (e lúdicos) arranjos tipográfico-gestálticos"[20].

17 Os poemas foram reeditados numa bela edição póstuma (org. Trajano Vieira) pela Ateliê, em 2010.
18 *Escrito Sobre Jade*, s. p.
19 Ibidem, s. p.
20 Um Leque de Epifanias, carta inédita à Inês Oseki-Dépré.

Hagoromo[21] anuncia de certa maneira o trabalho cruzado entre Haroldo de Campos e Tomie Ohtake que conhecerá o seu zênite na produção conjunta de *Yûgen*. Com efeito, ilustrações da famosa pintora aparecem já, seja na capa do livro (um oval branco sobre fundo preto), seja no interior (início, miolo, final do livro, como uma lua crescente ou minguante, também em branco e preto). O poema, uma das mais belas peças do repertório do teatro nô, segundo Haroldo de Campos, foi assim traduzido de "maneira 'estrutural', levando a efeito uma operação tradutória radical, hiperpoundiana, concentrando o mais possível o português brasileiro [...] recorrendo a uma poética de 'essências e medulas'"[22]. A obra final, além de conter uma das mais arrojadas traduções de Haroldo de Campos, contém uma tradução justalinear feita pelos cuidados das professoras Darci Yasuco Kusano e Elza Taeko Doi, além do texto original, o que permite acompanhar passo a passo esse trabalho de transcriação.

Utilizando as técnicas de disposição espacial inauguradas por Apollinaire e Mallarmé, o poema se apresenta de maneira concisa e concreta. Nas notas que seguem a introdução, aparece pela primeira vez a definição complexa do termo *Yûgen* (pronúncia yûguem), que é a de Sieffert, grande especialista francês de literatura japonesa, tradutor de haicai: "charme sutil", qualidade que em *Hagoromo* "atinge alturas inigualáveis". A etimologia da palavra composta de dois ideogramas significa, em realidade, "mistério" e "obscuridade", ou seja, o que é "profundo e sutil". Outra tradução do termo remete à "elegância". Encontramos o mesmo "yû" em *yûrei* (alma do outro mundo, fantasma) e "gen" em *genkan* (entrada, vestíbulo). Haroldo de Campos cita Yasunari Takahashi: "etimologicamente, poderia significar algo sombrio e obscuro, mas o que o termo realmente implica é a beleza crepuscular, antes do que o terror e o desespero da extrema escuridão" o que, para Zeami, seria "uma metáfora da mente atenta no seu mais profundo grau"[23].

O dicionário *Michaelis* do japonês para o português[24] confirma a primeira significação da palavra dando como definição:

21 Idem, *Hagoromo de Zeami*; ver, Poeta Recria a Peça Nô "Hagoromo", *Folha de S.Paulo*, 8 jul. 1989, Caderno de Letras.

22 Ibidem, p. 16. Uma longa explicação precede a tradução (p. 13- 24).

23 Ibidem, p. 25-26.

24 Ver *Dicionário Prático Japonês-Português*, de Katsunori Wakisaka.

beleza; sensualidade requintada; elegância; requinte, que ficou sendo a palavra chave da estética do nô. Seja como for, o termo remete à poética *waka* japonesa, à descrição da sutil profundeza das coisas sugerida nos poemas, constituindo um estilo de poesia. É importante dizer que *Yûgen* não contém alusões a um outro mundo[25]. O termo, em geral, é utilizado para se referir à interpretação de Zeami (1363-1443) de "requintada elegância" na performance do nô. Este último, em suas "Notas Sobre os Nove Níveis (de Conhecimento Artístico do nô)" indica que o nível mais elevado se refere à "arte de atingir o charme sem igual"[26].

"Caderno Japonês", em *Crisantempo*, constitui a seção mais longa de poemas relacionados ao Japão e foi publicado em volume avulso na versão francesa e espanhola[27]. Ela é precedida pelo conjunto "Zen", com sete poemas, desde meditações zen até a referência ao famoso haicai traduzido por Haroldo de Campos. Ela inclui também "Camões Revisto Por Bashô" e "Camões"[28]. No primeiro, Haroldo de Campos propõe uma tradução próxima da que ele realizou para o famoso haicai de Bashô: furu ike ya/ kawazu tobikomu/ mizu no oto[29]:

o velho tanque

rã salt

tomba

rumor de água[30]

25 Zeami and the Transition of the of Yûgen Concept. Disponível em: <http://kuscholarworks.ku.edu/>.

26 Segundo J. Thomas Rimer e Y. Masakazu, *On the Art of the Nô Drama: The Major Treatises of Zeami*, p. 120. ("A frase 'no mais fundo da noite, o sol irradia com brilho' pode ser explicada de maneira lógica como o momento em que o Conhecimento Transcendente foi atingido".)

27 *Yûgen, cahier japonais* (tradução de Inês Oseki-Dépré); *Yûgen, Cuaderno Japonés* (tradução de Andrés Sánchez Robayna).

28 Os poemas são do *Zenrinkushu: Variaçoes Sobre Aforismos Zen*; *Zenbudica*; *Haicai e Glosa*; *Camões Revisto Por Bashô* e *Camões*.

29 Ver Takeshi Ishihara, A Tradução de Bashô por Haroldo de Campos, *Sibila*, disponível em: <http://sibila.com.br/>, 19 abr. 2010.

30 *A Arte no Horizonte do Provável*, p. 62. Esse poema foi apresentado isoladamente numa montagem sobre fundo azul, como um cartaz. Observar a aglutinação entre salt/tomba que tenta se aproximar do japonês *tobikomu*, onde os dois verbos formam uma palavra-valise. Note-se que em japonês existem variantes posteriores desse poema que são respostas a Bashô.

De certo modo, pode-se dizer que os poemas "Camões Revisto Por Bashô" e "Camões" são variantes desse haicai:

as rãs

daqui e dali   s   l   a   d
                    a   t   n   o

o charco s o a   ^^^^ ^^^ ^^^ ^^
                        ^^^ ^^^ ^^^ ^^

Um haicai precursor numa versão concreta.

A série se termina por um poema de Camões, numa relação de intertextualidade oswaldiana (antropófaga) entre o poeta português e Bashô:

Camões
Os Lusíadas, c. II, 27

Assi como em selvática *alagoa*
As *rãs*, no tempo antigo licia gente,
Se sentem por ventura vir pessoa,
Estando fora da água incautamente,
Daqui e dali *saltando* (*o charco soa*),
Por fogir ao perigo que se sente,
E, acolhendo-se ao couto que conhecem,
Sos as cabeças na água lhe aparecem:

A relação entre Haroldo de Campos e Tomie Ohtake já se deixa entrever na seção *ut pictura* dedicada a artistas plásticos (Tomie Ohtake, Volpi, Wladyslaw, Fernando Lemos, Claudio Tozzi, Carlos Bracher, Fani Bracher, Bwg, Giannotti). Haroldo de Campos evoca aqui formas, cores, maneiras e figuras presentes nas obras dos artistas. O poema dedicado à Tomie Ohtake é "tsuki" (cujo significado é lua):

violeta invade
o brancocinza da lua
semiluna o azul
no amarelo da lua negra
branquiluna barcalua
vermelha

tomie ohtake

enluara o papel:
na noite de nanquim

a *tennin* vórtice de plumas sereníssimas
d a n ç a

Haroldo de Campos parece se inspirar na ilustração (imagem) do livro, um quarto crescente lunar semelhante, mas não idêntico, aos luares de *Hagoromo*. Pode-se imaginar que o original é em cores, violeta, branco acinzentado, amarelo, negro, vermelho. A pintora aqui é identificada com uma dançarina ou aquela cujo pincel efetua uma dança entre as palavras. O poeta identifica-a ainda à *tennin*, o anjo celeste de *Hagoromo*, cujo manto de plumas é achado por um pescador e que ela vem reclamar. Essa colaboração vai se confirmar com a publicação e mostra do trabalho transcriador[31] conjunto efetuado pelos dois artistas, que deviam já se apreciar e desejar conjugar ambas as performances.

E se, em "tsuki", Haroldo de Campos parece se inspirar em obras já existentes de Tomie Ohtake, pode-se imaginar a operação inversa no que concerne ao "Caderno Japonês", apesar do texto de apresentação feito pelo poeta, no qual as duas artes aparecem concomitantemente:

> este livro é um vôo. um entrevôo. imagens e palavras se entreclausulam e se liberam como (de crisálidas) borboletas de asas levíssimas que virassem folhas e caíssem, que virassem pétalas e se despetalassem, que virassem seda e se esgarçassem nos fios volantes de um intermitente poema caligráfico. cores são palavras. palavras são cores. o oriente desponta na garganta do pássaro. as palavras são pictogramas e gorjeiam. o traço do pincel é um íris de sopros que sussurra vermelhos, amarelos, laranjas, cinábrios, faz ouvir uma flauta de ouro ou um pífaro de rubi enquanto, entre acenos de lilás e verde-folha, rufam velados tons de cinza e ônix. a pintora e o poeta contemplam o coração canoro da palavra cor. tatalam asas um vôo. este livro.

Na verdade, as duas publicações (*Crisantempo* e *Yûgen* transcriado) datam do mesmo ano, o que poderia confirmar esse poema-prólogo (1998). Mas, segundo "Um leque de epifanias",

31 As gravuras resultantes da incorporação dos poemas de Haroldo de Campos por Tomie Ohtake foram expostas em 1998, na Galeria Nara Roesler e, segundo informações do Ateliê, Arte e Restauração, hoje se encontram dispersas em diversas coleções de arte, disponível em: <http://www/ateliearterestaraçao.com.br/>.

Haroldo de Campos afirma que, "após visitar o Japão em outubro de 1991, a convite do escritório brasileiro da Japan Foundation, compus – como se em língua japoa[32] – os poemas que, como lâminas laqueadas de um leque, se deixam ver/ler neste meu "Caderno Japonês"[33] Isso permite pensar que os poemas, epifânicos[34], traduções de um estado de espirito japonês, preexistem ao trabalho pictural de Tomie Ohtake.

Outra razão para seguir esta hipótese é a maneira como a pintura vem a confirmar o sentido de cada poema.

akari
rubi total
                                        ponta de luz

aqui começa o

                                        sol

Assim, se a palavra *akari* (claridade, luz), em *Crisantempo*, vem acompanhada do *kanji* correspondente (que inclui o *kanji* "sol" justaposto ao *kanji* "lua"), na composição pictórica, ele dialoga com o fundo vermelho, que remete ao "rubi total". A ponta de luz tem à esquerda um traço (um gesto) branco, que representa o centro do círculo em pano de fundo com uma pincelada branca antes do "aqui começa" o sol, este último também seguido de um *kanji*.

Palavras, formas e cores se harmonizam nesse breve poema, quase um haicai[35]. Mais do que traduções de poemas inexistentes, talvez seja mais interessante considerá-lo como o sugere o próprio

32 Referência à *Arte Breve em Lingua Japoa* (1620), título do manual de introdução ao japonês elaborado pelo jesuíta e gramático português Pe. João Rodrigues (ver em Um Leque de Epifanias, carta a Inês Oseki- Depré, 26 jun. 1999).

33 O presente comentário se atém às transcriações postas a nossa disposição graças à amizade de Ricardo Ohtake, em número inferior ao conjunto de poemas do ciclo.

34 Segundo Philippe Sollers, "uma epifania, pelo menos desde Joyce, é um fragmento aberto de realidade que permanece enigmático por extrair de vários tempos ou vários espaços simultâneos sua força de aparição. O acontecimento é muito forte para quem o vive e o anota, mas nós, leitores, espectadores, contempladores, ao mesmo tempo que ressentimos a encenação do instante inscrito e comemorado, sabemos que não possuiremos jamais todos os dados. Trata-se de uma experiência interior provinda do exterior, como uma alucinação". *Les Épiphanies de Twombly*, disponível em: <www.philippesollers.net/>. A respeito do artista Twombly, Roland Barthes também se exprime em *O Óbvio e o Obtuso*.

35 Luiz Guilherme Barbosa (sugere que os poemas funcionam "como se fossem traduções de poemas japoneses inexistentes", cf. "Haroldo de Campos; Tomie Ohtake: Tempo e Tradução", *Revista Garrafa*.

Haroldo de Campos, uma epifania, ou seja, uma aparição, o que Tomie Ohtake "traduz" com perfeição[36]. O japonês é evocado pelo *kanji*, cuja forma inicial é a forma do sol.

O poema "ideoplastia" (carmen faz um gesto / de porcelana / ming // o universo / para / pacificado / na curva do seu / dedo / mínimo) em fundo amarelo claro leva uma pincelada curva (como o "espaço curvo") cinza que parte do centro em direção à esquerda e é cortado por um quase traço-signo em preto. Se o traço negro evoca, para Luiz Guilherme Barbosa, o *enjambement* mencionado por Agamben para significar a poesia[37], ele poderia também remeter de maneira icônica (e irônica) ao "dedo mínimo" do poema... Sabe-se que ideoplastia é a concretização de uma visão ou, como o define o poeta Saint-Paul Roux (século XIX): "Basta abrir um livro (de poesia) para que jorrem sobre vocês as palavras, insetos alfinetados vivos demais que se libertariam do alfinete. E cores variadas, como por uma pluma mergulhada aqui e ali no arco-íris [...] e perfumes e sabores!"[38]

Pois a impressão que se tem desses poemas é que, se as epifanias haroldianas, de um lado, são inspiradas pela visita ao Japão – que ele realizou munido de uma grande cultura sobre o país – e se, portanto, os poemas de Haroldo são "japoneses", inspirados pela visão de um templo, de um túmulo..., por outro lado, Tomie Ohtake, cuja arte realiza a síntese entre o Oriente e o Ocidente, enquanto pintora representativa da arte contemporânea, marcada por uma infância artística japonesa e tornada universal no Ocidente, é inspirada pela leitura dos poemas.

Em "Ôsaka, Jardim de Pedra", o poeta se inspira na visão do jardim de pedra do templo[39], guardado por dois leões. Na gravura transcriada, o texto aparece sobre uma banda inclinada da

36 Tomie Ohtake, em entrevista filmada, relembra suas primeiras sensações brasileiras: "Havia tanta claridade que tudo ficava da cor do sol", DVD *Documenta*, Instituto Tomie Ohtake.

37 "Definição alguma do verso satisfaz, mesmo pensando suficientemente, exceto a que faz do *enjambement*, ou pelo menos de sua possibilidade, a única garantia de uma diferença entre o verso e a prosa" (trad. nossa), Giorgio Agamben, *Idée de la prose*, p. 21. Agamben não é o único crítico a mencionar esse fato; na França o poeta Pierre Alferi retoma a definição (em *Chercher une phrase*) e entre os nossos poetas, muito antes, Manuel Bandeira (*Itinerário de Pasárgada*).

38 Idéoplastie, Saint-Pol-Roux, em *Paradis des Albatros* (tradução nossa). Disponível em: <http://www.paradis-des-albatros.fr.>.

39 Segundo nota de Haroldo de Campos, "trata-se do jardim do templo Hôkoku-jinja, edificado em homenagem ao Xogun Toyotomi Hideyoxhi (1536-1598), nas imediações do castelo de Ôsaka".

direita (parte superior) para a esquerda (parte inferior), como se o poeta tentasse suprir a direção da escrita japonesa (da direita para a esquerda, do alto para baixo). O texto em preto, manuscrito (como em todo o conjunto) é colocado contra o fundo claro, sobre o qual círculos mais sombrios justapostos remeteriam à pedra ("pedra pedra pedra / areia / pedra / na areia penteada"). Entre os círculos e o texto, três quadriláteros distorcidos impõem um ritmo e um movimento à gravura. O final do poema tem o "tom" de um *haiku* ("o tempo se deixa pentear como a areia / e tem a cor / serena / do chá / que nos servem").

Ryoanji é dedicado ao chamado "templo do repouso do dragão", um templo famoso típico da arte zen, construído no século XV em Kyoto, pertencente à escola Myoshin-ji (vertente do Zen *Rinzai*). Lá, quinze pedras são dispostas de maneira que o espectador nunca as veja por completo. Os primeiros versos lembram um haicai ("o silêncio ajardinado / sussurra um *koan* de pedra / caligrafado na areia"), as linhas traçadas pelos monges na areia lembram – ao mesmo tempo – a caligrafia e os dorsos de tigre. Tomie Ohtake cria um motivo de linhas negras paralelas horizontais que vão do alto da página até a parte inferior e que remetem às listas do tigre. Haroldo de Campos, em relação de isomorfismo com a paisagem, com as conotações budistas do lugar, capta o silêncio e o vazio do templo e, se no poema precedente, a referência ao Japão era representada por um *kanji*, aqui ela aparece no vocábulo *koan* (que designa o questionamento de um monge budista). O poema é manuscrito em preto e as três primeiras estrofes ladeiam o dorso do tigre, à direita, enquanto as duas últimas se encontram à esquerda dos riscos. A plenitude do vazio é dita: "imaginar as que faltam (as pedras) alegra a mente de ausente presença." O fundo é sempre cor de areia, como em "Ôsaka". Segundo a *Stanford Encyclopedia of Philosophy*, um paralelo pode ser estabelecido entre esse templo e o haicai de Bashô traduzido por Haroldo de Campos (*Furuike ya...*), cuja última sílaba do primeiro verso, "ya", é uma sílaba de corte, representando uma ruptura entre o primeiro verso e os seguintes, e o templo de Ryôanji, separado do resto do mundo por um alto muro de pedra. Trata-se de um dos templos mais significativos da arte zen, onde a imobilidade das pedras e da areia contrasta com as árvores que se balançam ao vento por detrás dos muros.

O poema seguinte, "dança nô", tem duas versões picturais, uma sobre fundo verde claro, trabalhado sobre a matéria, e uma sobre fundo cinza, que por sua vez se sobrepõe a um fundo preto. No primeiro, o poema declina as cores "branco / branco / vermelho" e designa o movimento da dança (que faz parte do teatro nô) como uma levitação em que a gravidade desaparece "como quem suspende/ a respiração". Na primeira versão, clara, os traços-gestos da pintora serpenteiam verticalmente (dançarinas?) em marrom claro e marrom escuro. Na versão negra, os traços-gestos são brancos como é branco o texto que se deixa esconder ou desaparecer detrás dos traçados. Nenhuma referência, como nas gravuras precedentes, à cor vermelha designada que aqui se ausenta. A segunda versão, negra, parece encarnar o conceito de *yûgen*, algo como o claro e o obscuro de onde jorram traços e letras. Não há dúvida de que a combinação das duas formas artísticas produz uma terceira, algo de novo, no qual as duas escritas entram num diálogo isomórfico. Graças a essa escrita epifânica, Haroldo de Campos corrobora em sua obra a relação interartística ou intermedial, característica da obra de vanguarda[40].

"Matsukaze", literalmente "o vento no pinheiro", é o próximo poema do nosso repertório. Aqui, trata-se novamente de uma dança executada por uma jovem vestida de príncipe. O texto é dividido em três partes: a primeira longa; a segunda, composta de um verso autorreferencial ("trinta anos para ver essa dança"); e a terceira, que termina o poema de maneira metalinguística ("agora que a vi..."). Aqui, novamente aparece uma referência intertextual ao Camões dos sonetos ("Transforma-se o amador na cousa amada" – verso já intertextual em relação à Petrarca): "a amadora converte-se no amado", evocando a dançarina travestida[41]. Mas a continuação do soneto parece se espelhar no poema de Haroldo de Campos, no qual o poeta, após ter tido essa visão excepcional, se exprime: "já posso devolvê-la / intacta / à memória de Deus". Em Camões: "Se nela está minha alma transformada, / Que mais deseja o corpo de alcançar? / Em si somente pode descansar, / Pois consigo tal alma

40 *Hagoromo* conheceu uma versão teatral antecipadora com o *Parangolé* (1965-1972), realizada pelo artista plástico Hélio Oiticica vinte anos antes.

41 O soneto começa assim: "Transforma-se o amador na cousa amada, / Por virtude do muito imaginar; / Não tenho logo mais que desejar, / Pois em mim tenho a parte desejada."

está liada". A conclusão do soneto camoniano se aplica, como que completamente, à arte haroldiana em *Yûgen*: "Mas esta linda e pura semideia / Que, como o acidente em seu sujeito / Assim co'a alma minha se conforma // Está no pensamento como ideia; [E] o vivo e puro amor de que sou feito, / Como matéria simples busca a forma."[42] A superfície plástica sobre a qual se inscreve o poema é constituída de leves pinceladas horizontais, desiguais, em amarelo escuro e amarelo claro sobre fundo branco (o vento?)[43].

Em suas notas, Haroldo de Campos acrescenta: "uma das mais belas peças do poético teatro clássico japonês nô, [é] atribuída a Kan'ami, pai de Zeami. A peça narra a história de duas irmãs das quais a mais velha, Matsukaze, apaixonou-se pelo poeta Yukihira Ariwara (818-893), nobre exilado na província em que ambas vivem, à época da primeira dinastia Heian. No momento em que este último retorna à Corte, as duas irmãs, desconsoladas, morrem de amor. Perante o monge viajante, o fantasma de Matsukase perfaz uma dança votiva, revestindo-se dos trajes de Yukihira ("transformando-se na coisa amada")[44].

Se o "templo de prata" (*ginkaku ji*) é inscrito sobre fundo claro, um quase triângulo em amarelo claro (com inscrições prateadas) na metade esquerda da página, o templo de ouro (*kinkaku ji*), em letras douradas com os ideogramas à direita do título, é escrito com tinta branca sobre fundo amarelo-ouro, contra o qual os traços, quais galhos florais em negro, vão da base para o alto da página. Da mesma maneira que o triângulo precedente é "quebrado" na parte superior, os traços negros aqui parecem ultrapassar os limites da página em direção à parte superior da gravura.

O templo de prata, comenta Haroldo de Campos em suas notas, foi edificado por Ashikage Yoshimasa (1435-1490). O pavilhão deveria ser recoberto de placas de prata, o que nunca ocorreu. O jardim incorpora elementos zen (mar de areia prateada, montes etc.), sendo atribuído a Soami, o mesmo mestre que criou o jardim do templo Ryoanji. O templo de ouro, em Kioto, foi edificado em 1394 pelo Xogum Ashikage Yochimitsu (1358-1408), incendiado em 1950 por um jovem monge e reconstruído em

42 Cf. Luiz Vaz de Camões, *Sonetos*.

43 Fotos fornecidas pelo site Ateliê, Arte e Restauração, *Cem Anos de Tomie Ohtake: Yûgen* mostram a artista utilizando um aerógrafo para a realização das gravuras.

44 Em notas que acompanham "Um Leque de Epifanias".

1955. Nos dois poemas, o poeta se extasia diante de tanta beleza, diante do diálogo entre os dois templos, um como um espelho branco, o outro incendiado num momento de ciúme.

O último poema-gravura que comentamos é o "túmulo em gichu-ji"[45], onde se encontra a sepultura de Bashô, o Sr. Bananeira. Na página da esquerda do "Caderno Japonês" de *Crisantempo*, pode-se ver a foto da pedra tumular atrás da qual estão plantadas várias bananeiras. O poema as evoca, por analogia entre parênteses "(caudas de faisão / no vento: na chuva / orelhas de dragão / verde)" ou na terceira estrofe: "o verde amarelece / curvo / sobre a pedra polida / inscrita". O poema se apresenta em tinta negra sobre um fundo amarelo pálido, contra o qual se impostam manchas verde claro. Um traço curvo serpenteia de cima para baixo em cor verde e, ao lado de "o sr. bananeira", aparecem os *kanji* com o nome em japonês (*ba-shô*).

A descrição de um trabalho gráfico é sempre insuficiente e insignificante sem as imagens descritas. Mas o que se quer salientar aqui é a complementaridade isomórfica entre as duas artes em ação nessa forma, rara na obra de Haroldo de Campos, em que o poema completa a imagem e a imagem sustenta o poema. Em um documentário sobre Tomie Ohtake, Haroldo de Campos salienta que houve uma simbiose entre as duas formas de arte, a da pintora – vinculada à cultura japonesa e dotada de uma sensibilidade sinestésica – e a "inscritura" do poeta. Prossegue, explicando que Tomie Ohtake é construtiva e opera, dentro da cor, estruturas dissipatórias, num expressionismo abstrato. Para ele, seu gesto é táctil-visual e a única palavra que pode defini-la é plenitude[46].

Se o poema pós-utópico é, para Haroldo de Campos, o que advém depois do "Lance de Dados" mallarmeano, enquanto forma despojada que medita sobre sua própria possibilidade de criação, *Yûgen*, por sua vez, anuncia uma "nova forma de arte poética", não linear, não temporal, nascida no "espaço curvo". Aliando a tradição ideogramática à instrumentação moderna, as linhas, os traços, as cores, esse poema vem suprir o silêncio da crise do verso.

45 O comentário tem como objeto as reproduções gentilmente oferecidas por Ricardo Ohtake.

46 A autora do presente ensaio resume o essencial do comentário de Haroldo de Campos.

Ana-Ideograma e Translinearidade

Uma Reimaginação de Li Shang-Yin por Haroldo de Campos

Inez Xingyue Zhou

O chinês é, de todas as línguas modernas, a mais concreta. O que o "poeta concreto" contemporâneo empenha-se em realizar é precisamente o que muitos poetas chineses tradicionais efetuaram naturalmente por séculos.

EUGENE EOYANG[1]

Na tradução portuguesa por Haroldo de Campos do poema Wú Tí (無題, "Sem Título") de Li Shang-yin (李商隱), poeta chinês do nono século, um "coração" curiosamente aparece do nada na quarta linha dessa oitava. A partir de 蠟炬成灰淚始幹 (literariamente "a vela vai escorrer em lágrimas até se tornar cinzas"[2]), a versão de Haroldo leia-se: "a lâmpada se extingue em lágrimas: coração e cinzas". De onde vem este "coração"? O que pode revelar no "coração" da teoria da tradução haroldiana? Como avaliar este "coração" que transita entre os ideogramas e os alfabetos, entre o clássico oriental e a vanguarda latino-americana, e entre a tradução e a escrita criativa? À medida em que aborda algumas questões relacionadas a esse caso idiossincrático, o artigo também tenta investigar como a prática haroldiana implica a tarefa mais sutil e ousada do tradutor, que reconfigura a teoria da tradução de Benjamin e de Pound; como este "coração" pode

1 Concrete Poetry and the Concretism of Chinese, *Alphabet*, n. 17-18, 1971, p. 4; citado por Haroldo de Campos, *Ideograma*, p. 104.

2 Haroldo, ao mesmo tempo, conhecia a tradução "fiel" por James Y. Liu em inglês, "the candle will drip into tears until it turns to ashes gray" (J.Y. Liu, *The Poetry of Li Shang-Yin*, p. 66) e citou-a muitas vezes. Entre os vários detalhes engenhosos na versão de Haroldo, este artigo só analiza na sua criação do "coração" do poema original.

radicalmente inspirar a prática dos "barqueiros-das-palavras", que não apenas transita entre duas línguas, mas também entre a "disjunção na linguagem", como Paul de Man anatomiza, entre poética e linguística[3].

Primeiramente publicado em 1971, "Wu Ti," renomeado como "Aveazul", é um dos primeiros contatos de Haroldo com os poemas chineses sob a influência da "re-invenção" da poesia chinesa de Ezra Pound[4]. A tradução antecipa a discussão minuciosa sobre Ernest Fenollosa, publicada seis anos depois em "Ideograma, Anagrama, Diagrama", e a antologia *Escrito Sobre Jade: Poesia Clássica Chinesa Reimaginada Por Haroldo de Campos*. Li Shang-yin, embora seja um grande poeta na dinastia Tang, não estaria entre os primeiros representantes da poesia clássica chinesa. Na procura incessante pela possibilidade na intraduzibilidade, Haroldo mostrou interesse em Li Shang-yin desde o início, provavelmente em decorrência da crítica de James Y. Liu, fundamental para a introdução de Li no mundo anglófono. Segundo Haroldo, Liu em *The Art of Chinese Poetry*, considera a "linguagem oblíqua e alusiva" de Li Shang-yin comparável à de Mallarmé, para quem a poesia é mais vinculada às palavras do que à vida[5]. Em *The Poetry of Li Shang-yin: Ninth-Century Baroque Chinese Poet*, Liu acentua o estilo "barroco" na poética de Li pelos "vários tipos da ambiguidade", "mais conflito do que serenidade", "a busca pelo extraordinário e até o grotesco, esforçando-se para o efeito aumentado" e "a tendência para a ornamentação e a elaboração"[6]. Então "Aveazul" aparece no ensaio "Barroco em Trânsito" em 1971 por ser "notoriamente obscuro"[7]. Lido sob o contexto barroco, Li Shang-yin torna-se um poeta de design que corresponderia aos poetas barrocos espanhóis e portugueses, tal como Góngora e Gregório de Matos. O barroco implica, para Haroldo, um dos momentos precursores na materialidade poética

3 Conclusões: "A Tarefa do Tradutor", de W. Benjamin, *A Resistência à Teoria*, p. 118.

4 A primeira tradução do chinês por Haroldo aparece em Cinco Poemas Chineses, no Suplemento Literário de *O Estado de S. Paulo*, 1º fev. 1969, que foi renomeado como A Quadratura do Círculo, em *A Arte no Horizonte do Provável*.

5 *Operação do Texto*, p. 141.

6 J.Y. Liu, op. cit., p. 253.

7 Barroco em Trânsito, publicado no Suplemento Literário de *O Estado de S. Paulo*, 28 mar. 1971, e foi renomeado como Uma Arquitextura do Barroco em *A Operação do Texto*, p. 141.

da linguagem. Como a língua chinesa significaria o "outro" mais remoto, traduzir Li Shang-yin pode ser um ato simbólico, uma tentativa de tratar o mais intraduzível entre os intraduzíveis, portanto uma tarefa mais tentadora. Também deve ser notado que, enquanto se referia a Pound como o grande poeta e tradutor do chinês, Haroldo estava bem ciente dos debates dos sinólogos que denunciam a leitura errônea de Pound.

Como Liu explica em *The Art of Chinese Poetry*, as palavras puramente pictográficas e ideogramicas formam apenas uma parte limitada no vocabulário inteiro e os sentidos ideográficos já são grandemente sedimentados e imperceptíveis no uso cotidiano. Mais informado[8], se não mais conhecedor do que Pound, da língua chinesa, Haroldo prefere a palavra "reimaginar" para descrever sua tradução, que lhe permita um espaço criativo da interpretação, lhe liberte da obrigação da "fidelidade" e reacenda a tradição *imagista* poundiana na língua portuguesa.

Ao explicar a sua escolha da palavra incomum na quarta linha, Haroldo relaciona o "coração" com a introdução inglesa por Liu, que associa as *huei* (*huī*, cinzas) da vela com a frase *huei-hsin* (*huī xīn*, cinza-coraçã": desespero). Por isso, Haroldo decidiu (trans)criar uma imagem explícita em português a partir de um sentido associativo no original. Junto com a sintaxe intencionalmente alterada, esta "reimaginação" exibe a negociação da informação pelo tradutor entre os dois ambientes linguísticos e culturais. O que Haroldo realmente traduziu aqui é o fantasma cultural do original, um "coração" que seria um clichê redundante ou então nunca pretendido por Li Shang-yin (a originalidade da imagem de Li está nas "lágrimas da vela"), mas, provavelmente, ocultado nas cinzas (*huei*). No entanto, a justaposição de "coração e cinzas" brilha em português como uma nova montagem, que evoca a imagem vívida do coração, transformando-se em cinzas (pelo desespero) e formando uma imagem concreta, e que espelha a vela (lâmpada) e suas "lágrimas" na mesma linha[9]. Mais adiante, o que Liu não explicou é a fonte literária de *huei-hsin* em

8 Ver os artigos em *Ideograma: Lógica, Poesia, Linguagem*, em que Haroldo mostrou o seu conhecimento da língua chinesa em "Ideograma, Anagrama, Diagrama: Uma Leitura de Fenollosa", e, em particular *Interplay Between Language and Thought in Chinese* por Yu-Kuang Chu.

9 *Operação do Texto*, p. 141.

Zhuangzi (c. 369-286 a.C.), "você pode transformar o seu corpo em árvore seca? O seu coração em cinzas frias?" (igualando todas as coisas), que se tornou uma alusão famosa na história da literatura chinesa. O que Haroldo talvez não soubesse é que o que ele realmente transportou para o português neste "coração" é uma tradição condensada, originada de Zhuangzi, um "coração" mais do chinês antigo do que do chinês "barroco".

ANA-IDEOGRAMA

Quando Haroldo desenvolveu o seu estudo sobre Fenollosa alguns anos depois, no longo ensaio "Ideograma, Anagrama, Diagrama: Uma Leitura de Fenollosa", mais um sentido do "coração" foi explicado. Desta vez, Haroldo apontou um outro detalhe textual no poema original que Liu, com o seu conhecimento experto do chinês, não notou. Depois de ler o termo 灰心 (*huei-hsin*) composto por dois caracteres como um "ideograma composto":

灰 + 心 = 灰心
cinzas + coração = desespero

Haroldo notou, na quinta linha dessa oitava, abaixo de, ou ao lado de (de acordo com a escrita vertical do chinês) o carácter 灰 (*huī*, cinzas) é o carácter 愁 (*chóu*, melancólico), um verdadeiro "ideograma composto" pela regra *fono-semântica* (*xíngshēng*), onde a parte de cima indica o som e a parte de baixo indica o significado do carácter:

秋 + 心 = 愁
qiū + xīn = chóu
outono + coração = melancólico

Enquanto 秋 (*qiū*, outono) indica o som, é por si mesmo um ideograma composto pela regra de *sentido em conjunto* (*huìyì*):

禾 + 火 = 秋
grão + fogo = outono

O carácter 愁 (*chóu*), sob inspeção, também sugeria um sentido em conjunto, como Haroldo notou, "interpretável 'verlainianamente' como 'outono sobre o coração'"[10]. Assim, como o poema escrito verticalmente da direita à esquerda, ilustrado na Figura 1 abaixo, o radical pictográfico "coração" (心, ) jaz mesmo ao lado das "cinzas" (灰) no poema de Li. O elemento de "fogo" (火) existe em "cinzas" e em "melancólico", e segundo Haroldo, "como um 'harmônico' grafemático"[11].

無題

相見時難別亦難
東風無力百花殘
春蠶到死絲方盡
蠟炬成灰淚始乾
曉鏡但愁雲鬢改
夜吟應覺月光寒
蓬山此去無多路
青鳥殷勤為探看

O "harmônico" deste tipo reside no cerne da interpretação de Fenollosa e Pound sobre a poesia chinesa, em que os radicais ideogrâmicos repetem-se nos caracteres diferentes e formam motivos e movimentos latentes (v.g. o fogo bruxuleante). As ressonâncias dos radicais também formam as "afinidades paralelísticas" como "uma das características da leitura 'translinear' do verso chinês" (Ibid.). Estas observações sugerem que o "coração" criado por Haroldo se deve à sua atenção para com a "visualidade do ideograma" (Ibid.), assim tornando-se um "coração" transplantado da quinta linha à quarta linha numa leitura "translinear". A enunciação do "coração" em português, como uma "imagem concreta" [12], também corresponde ao uso de "temor" e "tremor" nas próximas duas linhas. Por um momento, a associação de "coração" e "tremor" o verso faz lembrar de "trem' o coraçom" por João Garcia de Guilhade na cantiga "Esso mui pouco que hoj'eu falei", que iniciou uma tradição própria na poesia portuguesa. Intencionalmente ou não, o "coração" enxertado também mantém uma intertextualidade histórica na nova língua. A insistência de traduzir o "coração" segue a tradução *imagista* de Pound, que transporta diretamente cada radical ao inglês sem julgar o significado verdadeiro da palavra composta; mas neste caso, integra o tom do radical essencial ao sentido do texto. Ao mostrar a associação latente entre a informação formal

10 *Ideograma*, p. 57.
11 Ibidem, p. 58.
12 *Operação do Texto*, p. 141.

e a informação semântica, Haroldo, de fato, ilustrou uma poética concreta através da sua tradução.

Sob a iluminação da tradução "concreta" de Haroldo, a concretude e as aparições do poema original também se tornam visíveis. O bloco da oitava (*lǜshī*) construído pelos caracteres quadrados na escrita vertical (ver Fig. 1) assemelhar-se-ia a alguma composição espacial na poesia experimental ocidental. No estudo de Ding Xuhui sobre a "poesia da imagem" (*Tú Xiàng Shī*, 圖像詩) taiwanesa, esta qualidade é caracterizada como as "características arquitetônicas" e o "gene pictórico" da língua chinesa[13]. No centro da oitava, subjaz um "coracão" cercado por "fogo", "cinzas" e "melancólico". Só depois de Haroldo, as qualidades visuais e textuais do poema emergem, transformando o original num poema "concreto" que nunca teria ocorrido a Li Shang-yin. Analogamente ao comentário de Eugene Eoyang, segundo o qual "o que o 'poeta concreto' contemporâneo empenha-se em realizar é precisamente o que muitos poetas chineses tradicionais efetuaram naturalmente por séculos", a tradução de Haroldo pode já ter revelado/inventado "o que muitos poetas chineses tradicionais efetuaram naturalmente" e ter revelado/inventado um poema "chinês". O "coração" de Haroldo ainda lança uma luz diferente sobre a questão de Walter Benjamin: "à tradução [...] caberá pôr novamente à prova aquele sagrado crescimento das línguas: que distância está da Revelação aquilo que elas ocultam? Em que medida pode, ciente dessa distância, o elemento oculto tornar-se presente?". Desta vez, é o tradutor, ou "transpoetizador", como sugerido por Haroldo[14], que liberta os elementos ocultos da língua original precisamente pela sua distância dela. Enquanto a tarefa maior do tradutor é "redimir, na própria, a pura língua, exilada na estrangeira" e "libertar a língua do cativeiro da obra por meio da recriação (*Umdichtung*)"[15], a "transpoetização" de Haroldo transcria até a própria estrangeira[16]. O nascimento do "coração" traz de imediato as "dores do parto" (*Wehen*) ao poema chinês e traz o suprimido 心 ao primeiro plano[17].

13 X. Ding, *Taiwan Xiandaishi Tuxiangjiqiao Yanjiu*, p. 10. Cf. A. Bachner, *Beyond Sinology*, p. 84.
14 M. Tápia; T.M. Nóbrega (orgs.), *Haroldo de Campos: Transcriação*, p. 71.
15 W. Benjamin, op. cit., p. 117.
16 M. Tápia; T.M. Nóbrega (orgs.), op. cit., p. 100.
17 P. de Man, *A Resistência à Teoria*, p. 108.

Em "Conclusões: 'A Tarefa do Tradutor' de Walter Benjamin" (1983), Paul de Man vê na tradução as atividades "interlinguísticas" da filosofia crítica, teoria literária e história que se relacionam com "aquilo que no original pertence à linguagem, e não com o sentido como correlativo extralinguístico susceptível de paráfrase e imitação"[18]. Na concepção benjaminiana da "pura língua"[19] e "uma transmissão inexata de um conteúdo inessencial"[20], a língua original já está reduzida aos "fragmentos de uma língua maior, como cacos são fragmentos de um vaso"[21]; de certa forma, a língua original já está desconstruída. Segundo de Man, a tarefa do tradutor deve "desarticular" o original:

> Desarticulam, desfazem o original, revelam que o original esteve sempre já desarticulado [...] Leem o original da perspectiva de uma língua pura (*reine Sprache*), uma língua que seria inteiramente liberta da ilusão do sentido – forma pura, se assim o quiserem; e, ao fazê-lo, trazem à luz um desmembramento, uma descanonização que já lá se encontrava no original desde o princípio.[22]

Na tradução de Li Shang-Yin por Haroldo de Campos é reencenado o perigo que Benjamin e Man reconhecem na tradução de Sófocles por Hölderlin, ou seja uma ultraliteralidade que – segundo Benjamin – tem um monstruoso peso originário de toda tradução em que "o sentido precipita-se de abismo em abismo, até arriscar perder-se no sem-fundo das profundezas da língua"[23]. A tradução revela que, por acaso ou pelo destino, o original já está capturado e desfeito numa entidade linguística maior (ou seja, "pura língua"); e o engajamento textual pelo tradutor inevitavelmente desfaz o original.

Em de Man, a "desarticulação" do texto sempre leva à questão mais profunda da relação entre a intencionalidade subjetiva e a linguagem objetiva com a qual escrevemos. O 心 desarticulado da palavra 愁 seria o "dor do parto" do chinês:

Pensamos que nos encontramos à vontade na nossa própria língua, sentimos um aconchego, uma familiaridade, um abrigo

18 P. de Man, op. cit., p. 113.
19 W. Benjamin, *Escritos sobre mito e linguagem (1915-1921)*, p. 109.
20 Ibidem, p. 102.
21 Ibidem, p. 115.
22 P. de Man, op. cit., p. 113.
23 W. Benjamin, *Linguagem, Tradução, Literatura*.

na língua a que chamamos nossa, da qual pensamos não estarmos alienados. O que a tradução revela é que essa alienação tem a maior das forças na nossa relação com a nossa própria língua original, que a língua original a que estamos ligados é desarticulada de uma maneira que nos impõe uma alienação particular, um sofrimento particular[24].

Por este "deslizamento" do sentido, este "errar da língua", "o que há de ser a nossa própria língua é a mais deslocada, a mais alienada de todas", o poeta já é o exilado da sua própria língua[25]. Precipitando-se de abismo em abismo[26], a balsa do tradutor não apenas atravessa duas línguas, mas também há de atravessar os abismos entre uma língua e o seu falante exilado, uma palavra e o seu utilizador alienado há de contemplar a sua própria alienação da sua própria língua transcriada.

Aufgabe (tarefa), como explicado por de Man, também significa "a derrota" e "a desistência" do traduto[27]. É pelo desistir do conhecimento familiar do leitor/escritor nativo e o abandonar o sentido errante, que os transpoetizadores poundianos vislumbram uma possível visão da pura língua e uma "clarividência latente" do chinês. Como Pound que, segundo Haroldo, "conseguiu conferir a suas recriações uma força e uma beleza que as versões dos orientalistas mais conspícuos nem de longe possuíam[28], a percepção alienante do chinês da própria semântica, enquanto pela distância e ignorância do tradutor, é enraizada pela alienação maior do chinês da sua forma pura; neste caso concreto, são o "melancólico" (愁) alienado do "coração" (心) e as "cinzas" (灰) alienadas do "fogo" (火). Haroldo revela como Li Shang-Yin é capturado pelas palavras que não usou, como a textualidade do chinês é "saturada" por e "intracodificada" [29] com as imagens vibrantes[30], e como estes elementos não pretendidos são qualidades poéticas indispensáveis. Se, como de Man insiste, a nossa intencionalidade não é imune à materialidade linguística, como este caso do "coração" nos desafiaria a contemplar o que estamos

24 Ibidem.
25 P. de Man, op. cit., respectivamente p. 118 e 122.
26 W. Benjamin, *Escritos Sobre Mito e Linguagem* (1915-1921), p. 119.
27 P. de Man, op. cit., p. 109
28 *A Arte no Horizonte do Provável e Outros Ensaios*, p. 98.
29 Ideograma, p. 70.
30 E. Fenollosa; E. Pound, *The Chinese Written Character as a Medium for Poetry*, p. 60.

realmente traduzindo? E o que faz mais justiça ao poema, traduzindo o autor ou traduzindo a língua, fiel a Li Shang-yin naquele cenário ou fiel ao tom harmônico do chinês atemporal? Seriam distinguíveis um do outro?

Tudo aponta para uma "disjunção na linguagem entre o hermenêutico e o poético"[31], algo constantemente discutido por De Man. A tradução, desta perspectiva, "falha em um ponto filosoficamente interessante – pois o que está em jogo é a possibilidade de uma fenomenologia da linguagem, ou da linguagem poética, a possibilidade de estabelecer uma poética que seja em algum sentido uma fenomenologia da linguagem"[32]. Do mesmo espírito, Haroldo diz – em entrevista a Marjorie Perloff – que "cada poeta que merece o nome de poeta tem que lidar com a face *concreta* da linguagem. Há sempre esse elemento e a tarefa do tradutor é capturar essa face *concreta* da linguagem"[33]. Com a intuição estrutural ocidental e o conhecimento básico dos princípios formativos do chinês, a teorização de Haroldo vai além da de Fenollosa e Pound. Apoiado pela teoria de hipoícone (*hypo-icon*) de C.S. Peirce, ele tenta distinguir os vários graus de iconicidade nos caracteres ou radicais chineses e analisar a qualidade "diagramática" do chinês[34]. Em retrospecto, o radical "coração" também é um ícone forte. Sendo um pictograma fulcral e o indicador semântico do carácter "melancólico", o 心 pode ser um hipoícone dentro do carácter composto e até influenciar as palavras vizinhas. Ainda diferente do *astre* dentro do *désastreux* ou o "espectro" dentro do "espectador" nos poemas de Mallarmé ou Sousândrade[35], o 心 não pode ser transportado com o愁. Na procura do "hiperliteralismo"[36] na tradução, o desafio da língua chinesa é que ela não é nem mesmo "literal" (*litera*: letra) em primeiro lugar. Isso significa que, o 心 no original não é pronunciável; é um signo silencioso. E se o tradutor transgride sua tarefa ao pronunciá-lo? Ou se for precisamente a tarefa do tradutor pronunciá-lo, por que não pode ser transportado de qualquer outra forma? E a criação do 心 poderia ser uma tradução intersemiótica?

31 P. de Man, op. cit., p. 118.
32 Ibidem, p. 116.
33 K.D. Jackson, *Haroldo de Campos: A Dialogue with the Brazilian Concrete Poet*, p. 168.
34 *Ideograma*, p. 48.
35 Ibidem, p. 47.
36 K.D. Jackson, op. cit., p. 178.

Um aspecto ainda mais fascinante desta tradução radical é que ela conscientemente conjuga as duas visões (ilusórias) famosas da língua poética por Fenollosa e Saussure, como teorizado posteriormente em "Ideograma, Anagrama, Diagrama". O "coração" transcriado, decerto, é um coração "ana-ideogramático", que transplanta a leitura anagramática saussuriana da poesia alfabética à leitura dos elementos ideogramáticos, relacionando os radicais separados e interlineares. Enquanto a "decifração" anagramática saussuriana leva a função poética e a materialidade da linguagem a um ponto impossível, a dúvida permanece e talvez até se intensifique: será que a realocação dos membros textuais pode descobrir a poeticidade, verdadeira ou invocada, do corpo do texto? Pode o "coração" translinear, permanentemente deslocado numa língua estrangeira, ser a transgressão de um tradutor amador?

TRANSLINEARIDADE

Como apontado por Haroldo, "o ponto nodal das reflexões de Saussure sobre os fenômenos anagramáticos está, justamente, naquilo em que elas tocam a questão da linearidade da língua"[37]. Um comentário de Lacan (*L'instance de la lettre dans l'inconscient*, 1957) antes da publicação dos estudos anagramáticos de Saussure entrou na observação de Haroldo:

> A linearidade que F. de Saussure considera constitutiva da cadeia do discurso – de conformidade com sua emissão por uma única voz e com sua disposição horizontal em nossa escrita –, se ela é necessária de fato, não é suficiente [...] Bastaria escutar a poesia, o que talvez Saussure não tivesse o hábito de fazer, para ouvir como emerge uma verdadeira polifonia, para saber que de fato todo discurso alinha-se nas várias pautas de uma partitura.[38]

Quando Jean Starobinski publicou pela primeira vez *Les Anagrammes de Ferdinand de Saussure*, em 1964, o linguista finalmente nos mostrou o que tinha "o hábito de fazer" e como a sua última obra "*escuta* a poesia", tornando o comentário de Lacan um diálogo inverso sobre a polifonia da língua poética.

37 *Operação do Texto*, p. 110.
38 Ibidem, p. 105.

No ensaio de Roland Barthes, mais tardio, sobre a metamorfose entre o corpo e a letra de *Erté*, a visão "lunática" de Saussure é considerada "uma verdade simbólica admirável!", pois "poesia é dupla: linha sobre linha, letra sobre letra, palavra sobre palavra, significante sobre significante"[39]. A duplicidade ou a polifonia da língua poética tenta abordar a mesma "fenomenologia da linguagem" e, de uma visão de divisão, acentuar a base não transparente da linguagem. No fim do ensaio "Diábolos no Texto", Haroldo traça a linhagem do estudo saussuriano sobre o anagrama, o hipograma e o paragrama – o "seu extremo e mais ousado 'lance de dados'"[40] – à teoria semiótica de Kristeva em "Pour une sémiologie des paragrammes". Mas além de Kristeva, o eco deste lançamento ainda está por ser ouvido.

O que será mais ameaçado pela visão "lunática" saussuriana, o texto polifónico e a ruptura da linearidade é a linearidade do tempo. A poesia é uma arte temporal, pois a linguagem procede dentro do tempo. Ao mesmo tempo, como Rosmarie Waldrop diz, "Poesia: Uma Lógica Alternativa, Menos Linear"[41], a transcendência ou pluralização da linearidade é sempre buscada na arte linear. O intrincado sentido temporal do anagrama foi percebido e acentuado pelo próprio Saussure, por Starobinski e por Haroldo. No manuscrito original de Saussure, a leitura anagramática "[convida] o leitor [...] a uma média das impressões fora do tempo [...] fora da ordem no tempo que têm os elementos [...] fora da ordem linear que é observada"[42]. Na opinião de Starobinski, a "palavra-tema", lidando com os fonemas, aparece deslocada, sujeita a um outro ritmo à maneira duma fuga. A leitura anagramática, a visão dupla ou plural vendo num fonema ou numa palavra um outro elemento, desenvolve um outro *tempo* (ritmo) num outro tempo, que também é, no limite, a saída do tempo consecutivo[43]. A amalgamação do tempo e das letras, mais da simultaneidade do que da linearidade poética, está no cerne da poesia concreta brasileira. Haroldo cita o próprio manifesto *Plano Piloto* (1958) para formular o estudo saussuriano: "estrutura

39 R. Barthes, *The Responsibility of Forms*, p. 117.
40 *Operação do Texto*, p. 117.
41 R. Waldrop, *Curves to the Apple*, p. 97.
42 J. Starobinski, *Les Mots sous les mots*, p. 47 (citado em *Operação do texto*, p. 111).
43 Ibidem, p. 46.

espácio-temporal, em vez de desenvolvimento meramente tempo-rístico-linear"[44]. A reorganização das letras ou palavras concretas no espaço reorganiza o labirinto do tempo, através da qual a polifonia e a polissemia manifestam-se (nos olhos dos videntes).

Num outro nível, um ato transtemporal relaciona-se com a concepção da tradução tanto por Benjamin quanto por Haroldo. A tradução, em geral, revive um texto anterior num contexto posterior/contemporâneo. A balsa de palavras que atravessa as línguas também atravessa o rio do tempo. No sentido amplo, a tradução não pode ser feita sem criar deslocamento, extravio e anacronismo. Nas transcriações extensas dos irmãos Campos, a sincronicidade é também criada em todos os textos traduzidos, variando do antigo ao moderno em todas as terras e todas as línguas principais. A reapropriação anacrônica da história corresponde à remixagem anagramática do tempo. No sentido conceitual, a "pura língua" benjaminiana implica uma busca contra o tempo linear. O vaso partido da "pura língua", do qual tanto o original quanto a tradução são cacos parciais, relata a ruína sincrônica e a reconstituição do tempo/da história. No artigo "O Passado como Relampeja", Diana Junkes observa a relação íntima entre a noção benjaminiana sobre o tempo e a história, e a compreensão haroldiana sobre a tradição e a recriação sincrônica literária. Num dado momento, a visão do anjo da história benjaminiano, olhando para os destroços empilhados do passado e estando impelido para o futuro pela tempestade do progresso toma uma posição surpreendentemente próxima, embora reversa, ao anseio pela pura língua do seu tradutor. O anseio ou a saudade (*Sehnsucht*) pela manifestação da (pura) língua, uma imagem derivada de Mallarmé, que, entre as imperfeições das línguas, evocou a língua suprema e pré-babélica[45], inerentemente implica a mesma força do tempo, como a tempestade do progresso, que prolifera as línguas, define as palavras ao *errar*, e quebra o vaso ou a torre.

Para Mallarmé, poesia existe porque a linguagem é imperfeita; Benjamin confia a mesma tarefa do poeta também ao tradutor, ou seja, ao transpoetizador, na expectativa que a "pura língua" manifeste-se no meio da transmigração [46]. Subjacente a essa espe-

44 *Operação do texto*, p. 111.
45 W. Benjamin, *Escritos Sobre Mito e Linguagem (1915-1921)*, p. 113.
46 Ibidem.

rança, o que Benjamin confia em particular é talvez o retorno, a inversão, a amalgamação, o anacronismo e o sincronismo do tempo, e que, através das rupturas do desenvolvimento linguístico linear (imaginado), a pura língua manifestar-se-ia. Num outro ensaio "Da Transcriação: Poética e Semiótica da Operação Tradutora"[47], Haroldo assim define o ato da "transcriação", a sua própria palavra da *Umdichtung* benjaminiana:

> O tradutor, por assim dizer, "desbabeliza" o *stratum* semiótico das línguas interiorizadas nos poemas, procedendo como se [...] esse "intracódigo" fosse intencional ou tendencialmente comum ao original e ao texto resultante da tradução; texto que o tradutor constrói paralelamente (paramorficamente) ao original, depois de "deconstruí-lo" num primeiro momento metalinguístico. A tradução opera, assim, graças a uma deslocação reconfiguradora, a projetada reconvergência das divergências (nos limites do campo do possível, porque sua operação é "provisória", vale dizer "histórica", num sentido laico que substitua o "fim messiânico" dos tempos pela noção de câmbio e fusão de horizontes). Uma prática, ao mesmo tempo, "desconfiguradora" e "transfiguradora".

O ato de desbabelizar o *stratum* semiótico interiorizado é um ato translinear em duplo sentido: para ir além da internalização linear histórica duma linguagem, que seja apenas parte de uma pluralidade linguística na falta do supremo (de acordo com Mallarmé) ou até o processo da alienação de uma linguagem (de acordo com de Man); e para ir além do processo linear-temporal de um poema, inspecionando nele os modos duplos ou plurais de ser, os graus variados de signos e os ritmos e sentidos reconfiguráveis. A noção de "desbabelizar", ao representar a missão comunicativa do tradutor, se refere ao ato atávico de voltar ao estágio pré-babélico – num sentido extremo, ao desfazer do tradutor. Em "Para Além do Princípio da Saudade: A Teoria Benjaminiana da Tradução" (1984), destacando de novo a saudade (*Sehnsucht*) pela pura língua, Haroldo comenta de novo sobre a tradução monstruosa de Hölderlin, que "arruína a linearidade do sentido definitivo e permite, mais adiante, compreender a história como pluralidade sufocada e a historiografia como instância de ruptura e possibilidade de tradução transgressora"[48]. A his-

47 M. Tápia; T.M. Nóbrega (orgs.), op. cit., p. 77-104.
48 Ibidem, p. 59.

tória e a linearidade do sentido são novamente associadas, nas quais o transpoetizador anseia pela transgressão e a descoberta das complexidades dentro da linearidade assumida como certa. Por outro lado, a transgressão da tradução só pode acontecer dentro do passado e do tempo linear. Tanto *Sehnsucht* quanto "saudade" sugerem um olhar nostálgico para trás, discernindo a essencialidade do passado que sustenta o presente e o futuro e torna possível o salto no tempo. No sincronismo antropofágico haroldiano, o *tradutor* é também o *traditor*[49]. Apropriado do paradoxo italiano *traduttore-traditore*, o *traditor* é aquele que vive com o passado, traindo a tradição ao revivê-la e revivendo a tradição ao traí-la.

Todas essas transgressões translineares na teoria da tradução haroldiana encontram-se na sua reimaginação da poesia chinesa, que passa por mais uma transferência na sua anagramatização dos ideogramas chineses, encarnada no "coração" ana-ideogramático e translinear a partir de Li Shang-yin. Por fim, além da influência de Fenollosa e Pound, as práticas de Haroldo encontravam-se no período alto da reavaliação ocidental (em particular francesa) dos aspectos fonéticos e gráficos da linguagem e da reflexão do próprio logocentrismo (apenas para citar *Da Gramatologia*, de Derrida). Já notada em Fenollosa, a atemporalidade da língua chinesa representaria um modo significativo à questão do tempo na filosofia ocidental. Como Andrea Bachner diz: "a monstruosidade da escrita alfabética está na sua impureza, o perigo de que as mudanças na escrita contaminem a linguagem 'viva'. A escrita chinesa, por outro lado – falsamente percebida como não limitada pelos princípios fonéticos – parecia isenta do problema"[50]. Isto é o argumento de Bachner sobre "a fobia e a fascinação ocidentais" da "desconexão do fonético e o gráfico na linguagem" "projetada na escrita chinesa" (Ibid.). Anteriormente depreciada como uma língua morta e cadavérica pela mesma razão (v.g. a associação de Hegel entre a história estagnada e a língua imóvel da China), o chinês era então, ironicamente, considerado imune à influência do imediatismo linguístico e à vicissitude do tempo. Naquela "saudade" pela "pura língua", o chinês poderia ser um exemplo atemporal. Na dissociação (ocidental) entre o fonético e o gráfico

49 Ibidem, p. 94.
50 A. Bachner, op. cit., p. 114.

do chinês, o sinógrafo pode situar-se num reino próprio, que, não apenas ao registrar a vida fonética de um texto, preserve o texto num modo atemporal, ressuscitável nas línguas mudadas, proliferadas e estrangeiras (tal como em japonês). O estudo de Bachner sobre a sinografia sugere que, justamente por causa da sua intraduzibilidade, a ideografia pode ser translingual e opera num nível supranacional. Neste sentido, além daquelas línguas sinográficas, exceto o chinês, a justaposição de Pound dos caracteres chineses (como uma *tradução total*) em *Os Cantos* também impulsionou a circulação do chinês como uma moeda corrente na cultura contemporânea global. A sinografia, como Bachner pensa, "tem que estar eternamente suspensa na tradução: entre a imagem e o texto, uma referência a uma tradição cultural específica e um símbolo de uma expressividade gráfica inteligível geralmente e transculturalmente"[51]. Essa suspenção na tradução, talvez em qualquer tradução, também está entre um texto da intenção autoral (como a de Li Shang-yin) e um texto da fabricação material. A corporealidade ou a concretude do chinês, para ecoar Haroldo e de Man, está sempre pronta a ser desarticulada do chinês e sempre pronta para ser articulada do seu sentido "original". Essa particularidade do chinês é o 心 translinear e anaideogramático que assombra o tradutor com a sua falta do imediatismo e encoraja o tradutor com a sua tradição transgredível. Com esta balsa anacrônica, Haroldo de Campos nos mostra quanta teoria da tradução que um pequeno "coração" poderia transportar.

Aveazul

Vê-la é difícil não vê-la mais difícil
que pode o vento este contra as flores cadentes?
bichos-da-seda se obsedam até a morte com seu fio
a lâmpada se extingue em lágrimas: coração e cinzas
no espelho   seu temor: o toucado de nuvem
à noite   seu tremor: os friúmes da lua

não é longe daqui ao monte p'eng:
aveazul olho-azougue   fala-lhe de mim[52]

51 Ibidem, p. 80.
52 Reimagined, c.1971.

Transcriar a Poesia Chinesa

Escrito Sobre Jade*

Ting Huang
John Corbett

É de conhecimento geral que a poética de Haroldo de Campos, particularmente a teoria da transcriação ou seja, a tradução criativa, foi profundamente influenciada por Ezra Pound, cujo encontro com o idioma chinês foi mediado pelas anotações e pelos ensaios do orientalista Ernest Fenollosa. A história desse encontro também se familiariza com muitos: sendo um eminente estudioso do japonês, Fenollosa desenvolveu um enorme interesse pela literatura clássica chinesa. Após sua morte, em 1908, os manuscritos de suas notas não publicadas, com reflexões acerca da literatura chinesa e japonesa, foram confiados por sua viúva a Pound, que mais tarde editou e publicou várias deles. Desse encontro brotaram a controversa coletânea de Pound, *Cathay* em 1915, que consiste em traduções livres da poesia clássica chinesa, e o célebre ensaio intitulado "The Chinese Written Character as a Medium for Poetry"[1] (Os Caracteres da Escrita Chinesa como

* Tradução do inglês: Ting Huang.

1 O ensaio foi inicialmente publicado no formato de revista em 1919, antes de se enveredar pelo formato de livro, sendo o primeiro da iniciada "Ideogramic Series" que iria ser editada por Pound. Esse livro fino tem sido reimpresso por diversas vezes; *Fenollosa e Pound* de 2008 consiste numa edição crítica recente. Vale mencionar que nas referências em inglês, ambas as grafias *ideogramic* e *ideogrammic* são usadas largamente na literatura.

Instrumento Para a Poesia), onde Pound manifesta claramente que as discussões acadêmicas de Fenollosa ecoam a sua própria concepção da imagem como força motora da poesia. Pound se atém, em particular, ao pressuposto fenollosiano de que o ideograma chinês incorpora a etimologia visual da palavra exprimida, uma etimologia que se assenta na representação convencional de um objeto físico ou objetos e não numa abstração. A suposta peculiaridade de os caracteres ideogrâmicos chineses poderem evocar imagens levaram Fenollosa e Pound a concluir que o meio "natural" da escrita poética era o chinês e não as línguas alfabéticas como o inglês. Considerando-se a suposta natureza da escrita ideogrâmica chinesa, um desafio se impõe aos tradutores ocidentais, como no caso de Pound: como é que a riqueza semântica de um ideograma, consistindo na junção de traços visuais concretos oriundos de imagens pictóricas primordiais, iria se reconstituir por um tradutor num idioma alfabético? Na tentativa de responder a esta questão, Pound foi, por algumas décadas, formulando gradualmente a teoria denominada "método ideogrâmico", tirando mais uma vez proveito das concepções de Fenollosa[2]: "devemos nos ater o máximo possível à força concreta do original, evitando, sempre que pudermos, os adjetivos, nomes e formas intransitivas e buscando, pelo contrário, os verbos fortes e individuais"[3].

O ditado inicial de Pound sobre o imagismo[4] é praticamente uma paráfrase de Fenollosa: "Não usem palavras supérfluas, nem adjetivos que não revelem alguma coisa. Não usem expressões como 'sombrios terrenos de paz'. Ele obscurece a imagem. Ele mistura o abstrato com o concreto. Ele vem do fato de o escritor não perceber que o objeto natural é sempre o símbolo adequado"[5].

2 E. Fenollosa; E. Pound, *The Chinese Written Character as a Medium for Poetry*, p. 50, apud Haroldo de Campos, Ideograma, Anagrama, Diagrama: Uma Leitura de Fenollosa, *Ideograma: Lógica, Poesia, Linguagem*, p. 121.

3 "we must hold as closely as possible to the concrete force of the original, eschewing adjectives, nouns and intransitive forms wherever we can and seeking instead strong and individual verbs" (E Fenollosa; E. Pound, op. cit., p. 50, tradução nossa).

4 E. Pound, A Few Don'ts of an Imagiste, *Poetry: A Magazine of Verse*, v. 1, n. 6.

5 "Use no superfluous word, no adjective, which does not reveal something. Don't use expressions like 'dim lands of peace.' It dulls the image. It mixes the abstract with the concrete. It comes from the writer's not realizing that the natural object is always the adequate symbol".

Apesar da evidente influência de Fenollosa exercida nos trabalhos de Pound, fato que ocorreu quase imediatamente após seu acesso aos ensaios não publicados do já falecido Fenollosa, foi somente em 1927 que Pound se referiu explicitamente ao "método ideogrâmico", ainda que apenas de forma resumida: no ensaio "The ABC of Economics", como "o amontoamento dos componentes necessários do pensamento"[6]. Então, de acordo com Fenollosa por intermédio de Pound, pode-se apreender que o "método ideogrâmico" tenha as seguintes características quando se emprega na escrita e tradução: o alvo de enfoque está na descrição física e na afirmação simples e clara; evitam-se termos descritivos desnecessários; abstrações são inferidas metaforicamente a partir da justaposição de imagens concretas; evita-se a coesão gramatical; e o leitor é convidado a inferir a relação entre grupos de imagens e proposições.

Advindo do Grupo Noigandres, o poeta, crítico e tradutor Haroldo de Campos desenvolveu essa concepção poundiana numa série de considerações literárias e tradutórias. De Campos publicou diversos ensaios a respeito do assunto e traduziu a edição poundiana do ensaio de Fenollosa, em que trata os caracteres da escrita chinesa como instrumento para a poesia. Essa tradução, ao lado de vários outros ensaios relacionados, foi incluída na antologia Ideograma (1977). O ensaio intitulado "Ideograma, Anagrama, Diagrama: Uma Leitura de Fenollosa" foi publicado mais tarde como "Função Poética e Ideograma/O Argumento Sinológico", precedido por uma extensa introdução de Lúcia Santaella (1981). No ensaio, Haroldo de Campos levanta a questão de que as discussões fellosianas sobre o ideograma como um meio poético têm implicações que vão além do chinês. Os "harmônicos" que surgem na recorrência dos elementos visuais nos caracteres da escrita chinesa são simplesmente uma característica local de um universal cultural identificado por Roman Jakobson na sua definição da função poética da língua: "Esta é, de fato, a principal contribuição de Fenollosa à compreensão do funcionamento do mecanismo poético *em qualquer língua*, pois o 'modelo chinês' apenas lhe servia de pedra-de-toque para a consideração do

6 "heaping together the necessary components of thought". *The ABC of Economics*, p. 37. Ver, também, Z. Qian, Ezra Pound's Encounter with Wang Wei: Toward the "Ideogrammic Method" of The Cantos, *Twentieth Century Literature*, v. 39, n. 3, p. 270.

problema na poesia de língua inglesa (e, por extensão, nas línguas fonéticas do Ocidente)."[7]

Para Haroldo de Campos, não importa se as características visuais recorrentes na sequência ideogrâmica sejam ou não etimológicas, ou percebidas dessa maneira. Pois ele julga que a correspondência visual do chinês é análoga ao fato de que a palavra *astre* (estrela) pode se achar dentro do adjetivo *désastreux* (desastroso) no verso de Mallarmé, embora os leitores atuais possam não estar conscientes das origens etimológicas do adjetivo inserido no substantivo *des+aster* (estrela azarada) – redescoberta de uma equivalência formal, e por consequência, aponta que o "parentesco semântico" é uma função legítima da poesia[8]. O caráter aleatório de correspondências linguísticas já foi objeto de pesquisa de um grupo de poetas vanguardista em outra época. Perloff adverte que Khlebnikov, num curto ensaio escrito em 1913, deleita-se com as geniais, embora não acadêmicas, ressonâncias formais entre palavras numa medida que nos remete até ao Crátilo de Platão. Os poetas de Noigandres associaram essas correspondências nocionais aos entendimentos metafóricos do caractere chinês de Pound e Fenollosa e os adotaram como alicerce da composição ideogrâmica. Ao fazer isso, os poetas do Noigandres chegaram a destacar teorizações alheias às de Pound e de Fenollosa, a fim de forjar uma linhagem própria. Uma dessas fontes de inspiração para os Noigandres, como argumenta Gonzalo Aguilar, é Hugh Kenner, crítico que abordou detalhadamente a visão poundiana do ideograma numa pesquisa publicada em 1951[9]. Kenner argumenta que cada poema ideogrâmico tem um "enredo" realizado com blocos de palavras; o leitor envolve-se em descobrir se a relação entre as palavras e o enredo seria resolvido dessa forma. Todavia, Aguilar também afirma que

> a presença insistente das teorias de Pound e do livro de Kenner como mediadores não fez, porém, com que suas posições sejam reproduzidas na poética do concretismo. É evidente, e isso se observa em qualquer poema concreto, que a metáfora já não tem mais o lugar privilegiado que lhe outorgavam

7 As Poetic Function and Ideogram/The Sinological Argument, *Dispositio*, v. 9, n. 39, p. 42.
8 Ibidem, p. 48.
9 G.M. Aguilar, *Poesia Concreta Brasileira: As Vanguardas na Encruzilhada Modernista*, p. 187-90, 231-232.

Fenollosa e Pound. Ou melhor, existe, como demonstrarei mais adiante, uma recusa da imagem metafórica como célula básica do poema[10].

Segundo Aguilar, o método ideogrâmico sofre alteração enquanto ele está sendo apropriado pela poesia concreta. Coloca-se em evidência tal distinção nas composições originais e múltiplas traduções tanto do Noigandres quanto dos seus sucessores. Ele prossegue a argumentar que na organização da poesia ideogrâmica, as relações espaciais entre os signos verbais na página assumem a posição privilegiada do verso, e existe pelo menos uma tensão entre esses modos organizacionais – atributos que caracterizam muitos poemas e traduções de Haroldo de Campos.

Nesse aspecto, um exemplo ilustrativo é a tradução dele do poema clássico chinês 玉階怨 de Li Po, ou Li Bai (Rihaku), coletada em *Escrito Sobre Jade*, antologia dedicada à tradução do chinês clássico, publicada pela primeira vez em 1996 e republicada em 2009 em uma versão expandida. O poema já era amplamente conhecido e divulgado no Ocidente, devido à versão livre de Pound intitulada "The Jewel Stairs' Grievance". *Escrito Sobre Jade* representa a volta de Haroldo ao manancial das suas próprias teorias sobre a tradução poética e a sua utilização madura da "moeda concreta da fala" ao serviço da representação da poesia clássica chinesa em português.

Um exemplo que demonstra a técnica da tradução ideogrâmica de Pound é a sua tradução "The Jewel Stairs' Grievance". Cristiano de Barros Barreto oferece-nos um límpido perfil desse poema através de discussões abrangentes de várias traduções cotejadas com o original. Utilizaremos a tradução literal de Barros Barreto[11] do chinês original para o português para o benefício da nossa análise em baixo. O texto de partida mantém rigorosamente a forma regular de cinco caracteres/sílabas em todos os versos. Os caracteres são maioritariamente substantivos: itens gramaticais são reduzidos ao mínimo e não há pronomes no verso.

玉階怨
玉階生白露,

10 Ibidem, 188.

11 Lamento nas Escadarias de Jade: Uma Nova Tradução Para o Português, *Tradução & Comunicação*, v. 23, p. 117-136.

夜久侵羅襪。
卻下水晶簾，
玲瓏望秋月。

yù jiē yuàn

yù jiē shēng bái lù,
yè jiǔ qīn luó wà.
què xià shuǐ jīng lián,
líng lóng wàng qiū yuè

Uma tradução literal desses caracteres para o inglês e para o português, respectivamente, seria:

Jade / staircase / reproof

Jade / staircase / creates / white / dew,
Night / a long time / soaks / silk / stockings.
Gather together / lower / water / crystal / curtain,
Shine / look / autumn / moon.

Jade / escadaria / reprovação

Jade / escadaria / criar / branco / orvalho,
Noite / muito tempo / embeber / seda / meias.
Reunir / abaixar / água / cristal / cortina,
Brilhar / olhar / outono / lua.

Na discussão do texto original comparada com a tradução de Pound, Barros Barreto chama atenção para a opulência da atmosfera no original, criada pelas referências dos três primeiros versos a jade, cristal e seda, e em consoância ao verso final, líng lóng, um paralelo efeito sonoro produzido pela óbvia repetição visual dos caracteres escritos que compartilham um componente inicial (王): 玲 瓏. Pound consegue dramatizar o texto de partida mediante a adoção da perspectiva de primeira pessoa. A par disso, vale registrar que a nota explanatória de Pound é ainda mais longa do que o próprio poema:

The Jewel Stair's Grievance

The jewelled steps are already quite white with dew,
It is so late that the dew soaks my gauze stockings'

And I let down the crystal curtain
And watch the moon through the clear autumn.[12]

A nota de Pound desempenha um papel efetivo em termos de levar o leitor a empregar o método ideogrâmico, ou seja, a fazer com que as afirmações e as imagens se unam num cenário dramático: na interpretação de Pound, a escadaria adornada com joias sugere uma cena de palácio; uma dama cortesã, identificada pelas meias de gaze, possivelmente aguarda – enquanto se apoia na escada – seu amante. Pode ser que ela tenha chegado cedo, pois já é tarde e o orvalho encharcou suas meias e cobriu as escadas decoradas com joias. A clara indicação de outono implica que a ausência do amante dela não é por conta do mau tempo – por isso ela lamenta-se. Na observação de Pound, "o poema é especialmente valorizado, porque ele não profere nenhuma repreensão direta[13]". Contudo, como Barros Barreto percebe, a nota de Pound pode oferecer uma leitura errada do texto original. Ele argumenta que Pound, seguindo o caminho de Fenollosa, assume que o poema se refere a uma mulher única, uma vez que o poema poderia evocar as emoções coletivas de um grupo de cortesãs; além disso, Barros Barreto propõe que a referência da "seda" faz alusão a um outro famoso poema de Bān Jiéyú (班婕妤), no qual uma mulher compara seu amante a um leque de seda, "puro e branco como a neve", "colocado em uma caixa, quando se aproxima o vento gelado do outono"[14]. Isso conduz Barros Barreto a argumentar que "ele equaciona a 'noite clara do outuno' como sendo de temperatura agradável, o que não impediria a cortesã de ser visitada pelo amante". Então, na leitura preferida de Barros Barreto, a identidade do falante ou falantes mantêm-se aberta à questão: talvez a noitada outonal seja mais límpida do que gélida e a opulência da cena adquira maior ênfase do que a na versão de Pound.

Os dois exemplos discutidos acima mostram que o livro *Cathay* de Pound, filtrado pelos ensaios e notas de Fenollosa e seus professores japoneses, permanece idiossincrático, ainda que

12 E. Pound, *Cathay*, p. 13.
13 "The poem is especially prized because she utters no direct reproach." Ibidem, p. 13n.
14 Cf. Charles Egan's Discussion, em Cai Zong-Qi (ed.), *How to Read Chinese Poetry: A Guided Anthology*, p. 212.

inspirado no desafio de verter os caracteres da poesia chinesa em escrita alfabética. As nuances e as referências culturais do texto original foram, em certa medida, obscurecidas pelas leituras de Pound e Fenollosa. Não obstante, no que diz respeito à nossa pesquisa, a análise cotejada com o original de "The Jewel Stairs' Grievance" não apenas traz novas luzes sobre possibilidades interpretativas do poema, mas também nos ilustra com clareza como o método ideogrâmico foi operado por ninguém menos que o seu fundador – Pound. Subsequentemente, à medida que o método vai sendo apropriado e divulgado por diversas línguas e culturas, ele próprio transformou-se. Alguns dos maiores entusiastas do método ideogrâmico, interessados em aplicá-lo na poesia e na crítica, foram os poetas e tradutores do grupo Noigandres. Jackson (2010:142) caracteriza as estratégias tradutórias deles na seguinte forma:

> Eles procuraram obter equivalências em nível fonético, sintático e morfológico, com o auxílio da flexibilidade oferecida pela língua portuguesa do Brasil e com o respaldo dos primeiros ensaios sobre teorias de tradução, empenhados em definir a densidade da linguagem. Os ideogramas chineses descritos por Fenollosa; a música contemporânea de Webern, Stockhausen e Boulez, e os métodos aleatórios de John Cage serviram de modelo para uma poética fundada numa receita de vanguarda que combinava o gráfico, o fonético, o ícone, a imagem e a indeterminação ou acaso.[15]

Pode-se rastrear a lógica estética do método ideogrâmico que, nas palavras de Haroldo de Campos, "transcria" as traduções de *Cathay* para imagens verbais portuguesas e ícones multilíngues; e mais tarde, amplia seu programa destinado à tradução da poesia clássica chinesa, aproveitando os recursos do *concretismo*, para ter uma abrangência de possibilidades interpretativas muito maior do que a poesia veiculada somente pelo recurso vocabular. Como veremos adiante, a partir da discussão de dois poemas

15 They sought phonetic, syntactical, and morphological equivalences, aided by the flexibility of the Brazilian Portuguese language and defended in early essays in translation theory, which attempted to define the density of language. Chinese ideograms described by Fenollosa; the contemporary music of Webern, Stockhausen, and Boulez; and the aleatory methods of John Cage were models for a poetics founded on a composite vanguard recipe of graphics, phonetics, icon, image, and indeterminacy or chance.

incluídos na antologia *Escrito Sobre Jade*, os recursos da poesia concreta são suficientemente variados para permitir uma vasta gama de estratégias de transcriação da poesia escrita em ideogramas para o português.

Tal como Pound, os poetas do grupo Noigandres também escreveram extensamente sobre a leitura e a composição literária, e em diversos de seus comentários iniciais, o conceito de ideograma foi regularmente identificado como o alicerce do mesmo *concretismo*. Por exemplo, em 1956, no artigo "Nova Poesia: Concreta (Manifesto)", publicado em *Ad – Arquitetura e Decoração*, Pignatari proclama: "a importância do olho na comunicação mais rápida: desde os anúncios luminosos até as histórias em quadrinhos, a necessidade do movimento, a estrutura dinâmica. O ideograma como ideia básica"[16].

Um ano depois, na introdução de Poetamenos (1957), Augusto de Campos elabora: "instrumentos: frase/sílaba/letra(s), cujos timbres se definam p/um tema gráfico-fonético ou 'ideogrâmico'"[17].

Além disso, Augusto de Campos (1983) editou uma seleção de traduções portuguesas de poemas de Pound, contribuindo, junto com Mário Faustino, José Lino Grünewald e outros dois poetas de Noigandres, várias de suas próprias versões. A tradução de Mário Faustino para "The Jewel Stair's Grievance" segue estreitamente a versão inglesa:

O Agravo da Escadaria Cravejada

Os degraus cravejados já estão brancos de orvalho,
É tão tarde que o orvalho ensopa minhas meias de gaze,
E deixo cair a cortina de cristal.
E contemplo a lua, através do claro outono.

Trata-se praticamente de uma paráfrase portuguesa de modo palavra-por-palavra do texto de Pound. Uma modificação significante feita nesta versão é substituir "jewled" (adornado com joias) por cravejado, possivelmente em virtude da presença arbitrária da palavra "jade" contida dentro dele. Na tradução de Faustino, encontra-se a concepção inicial do método ideogrâmico que,

16 A. de Campos; D. Pignatari; H de Campos, *Teoria da Poesia Concreta*, p. 41.
17 Ibidem, 17.

conforme Pound, é a construção de sequências de imagens comunicadas verbalmente e agrupadas em versos, tendo como objetivo evocar no leitor uma série de emoções e o estimula a colaborar na elaboração do sentido.

Aqui vale a pena fazer uma análise comparativa entre a versão de Faustino "O Agravo da Escadaria Cravejada" que tem "The Jewel Stair's Grievance" de Pound como o texto original, com a "reimaginação" de Haroldo de Campos, tradução coletada na antologia *Escrito Sobre Jade* e feita a partir do texto original em chinês. Na nossa análise bilíngue, a versão portuguesa irá se apresentar na coluna direita, ao lado do texto chinês que seria reproduzido aqui em caligrafia.

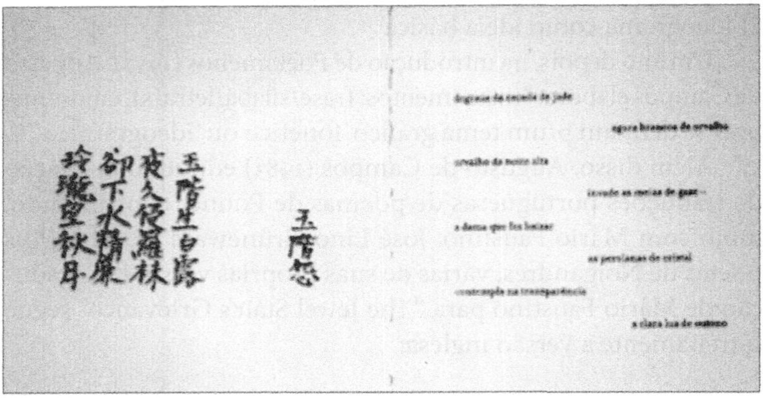

A versão de Haroldo de Campos desvia marcantemente da de Faustino. Nota-se que há elementos comuns do conteúdo a todas três rendições. É evidente que Campos concorda com Pound e Faustino nos seguintes aspectos: as meias são de gaze e não de seda; é uma noite com a hora tardia, mas não faz frio. Ainda assim, ele retrabalha a gramática da tradução e emprega o espaço da página para configurar relações distintas entre frases resultantes. Os quatro versos do texto chinês original são divididos novamente em quatro meio-versos que se situam separadamente. Dessa maneira, os leitores são obrigados a montarem as frases, de modo que o sentido vai se fazendo gradualmente. A tradução também estabelece uma relação visual com o texto original, aberto a graus diferenciados de compreensão. A versão chinesa acima apresentada deve se ler de modo vertical, da direita para esquerda. O título, ausente na versão portuguesa, encontra-se na extrema direita da versão chinesa e portanto, o "harmônico" visual e sonoro *líng lóng* (玲 瓏) do verso final se torna os primeiros caracteres com que um leitor ocidental irá se deparar pela primeira vista, caso ele ou ela leia verticalmente começando pelo lado esquerdo. A disposição reversa (da direita para esquerda) do texto chinês também torna possível reler o português verticalmente, tanto da esquerda para direita quanto vice-versa: a. degraus da escada de jade / orvalho da noite alta / a dama que fez baixar / contempla na transparência / agora brancos de orvalho / invade as meias de gaze – / as persianas de cristal / a clara lua de outono /; ou b. agora brancos de orvalho / invade as meias de gaze – / as persianas de cristal / a clara lua de outono / degraus da escadas de jade / orvalho da noite alta / a dama que fez baixar/ contempla na transparência. É verdade que essas releituras perturbam a coerência da leitura "dominante" até certo ponto, mas o leitor atento consegue chegar ao sentido das frases. O poema assim organizado e estruturado torna-se um terreno mais fértil para a contemplação.

A transcriação de Haroldo de Campos tem uma dívida considerável para com Pound e Fenollosa, mas os poetas brasileiros têm uma visão crítica que ultrapassa as concepções norte-americanas que subjazem às suas teorias. Um exemplo disso é o método ideogrâmico: os poetas do grupo Noigandres acabam estendendo-o para uma dimensão maior, desafiando-o a criar métodos para atingir a fusão de sentido e emoção de um poema, algo a ser possibilitado não apenas por grupos fixos de imagens verbais representativas. Valendo-se da flexibilidade espacial da escrita chinesa, Haroldo de Campos organiza as frases na página de uma maneira que é visualmente agradável, proporcionando várias possibilidades de leitura, dependendo de como as palavras se processam na página e de como elas são recombinadas e "reagrupadas" como imagens.

Pode-se constatar uma diferente combinação de estratégias transcriadoras nos outros poemas da antologia; por exemplo, a versão de Haroldo de Campos do poema "Li Fu-Jen" ilustra outras técnicas que o tradutor tem à sua disposição. O título do poema se refere a Li Furen, ou seja "Senhora Li", a favorita concubina do sétimo Imperador da Dinastia Han conhecido como

Han Wudi (d.C. 156-187). O poema expressa a tristeza que Han Wudi sofre depois do falecimento de Li Furen. O Imperador convocou sábios de todo o país para ajudá-lo a se comunicar com o espírito dela; o poema dramatiza a reação do Imperador quando um sábio finalmente consegue convocar a silhueta da Senhora Li numa cortina. Na tradução de Arthur Waley (1918) desta passagem, à qual Haroldo de Campos se refere nas anotações dele, o choro do Imperador é representado da seguinte forma:

Is it or isn't it?
I stand and look.
The swish, swish of a silk skirt.
How slow she comes![18]

Para esta tradução, também coletada em *Escrito Sobre Jade*, Haroldo de Campos recorre novamente ao uso da espacialização gráfica da página, só que desta vez os ideogramas chineses são dispostos de cima para baixo e da esquerda para direita. Com esta reimaginação, Haroldo de Campos apresenta uma diferente estratégia visual para traduzir os ideogramas.

Para facilitar a leitura, convém dispor os versos no sentido de cima para baixo, independentemente dos blocos espaciais: sim? não? / não? sim? / ora! agora? / paro / olho para / (ruflam passos--plumas) / ela / pluma ante pluma / demora! As possibilidades polissêmicas e matizadas da dicção portuguesa comparam-se com as da sintaxe e da organização do poema. Por exemplo, "ora" pode ser explicado como "agora" no sentido de ser um marcador do discurso, em vez de um marcador do tempo; além disso, uma outra possibilidade de leitura é criada pela homofonia "ora" / "hora". A palavra final "demora" dá uma impressão de impaciência, como se fosse resultado de uma longa espera ou um atraso, correspondendo assim à disposição gráfica peculiar da palavra, entre cujas letras se inserem espaços. A forma linear de cima para baixo, tanto ilustrada no chinês original quanto reproduzida na tradução inglesa de Waley, chega a ser reconstituída nas frases portuguesas com significados elusivos e espaços entre si. A disposição gráfica abre diversas possibilidades interpretativas.

18 Sim? Não? / Não? Sim? Agora! / Paro / olho / para (refluam passo-pluma) / ela / pluma ante pluma / demora!

A "leitura disruptiva" provocada pela espacialização da tradução para o português faz com que o poema rompa com a leitura convencional, na qual a interpretação do verso geralmente se deriva de um paradigma analítico-discursivo. Desta forma, a compreensão de um poema jamais se mantém exclusivamente no âmbito exclusivamente verbal. A natureza inexplícita do verso chinês original, virtude tanto valorizada por Pound, é assim refletida e intensificada na tradução portuguesa, por ter uma maior gama de decodificações.

Na nota anexa do poema, Haroldo de Campos reconhece que a adoção da espacialização gráfica em português consiste em uma maneira de se envolver com a visualidade da caligrafia chinesa: "procuro compensar os aspectos caligráfico-visuais de uma poesia monossilábica, escrita por meio de ideograma, adotando técnicos de espacialização gráfica da poesia moderna para dispor o texto no branco na página"[19].

O texto português convida o leitor a integrar os diferentes blocos do texto e dar sentido a deles. O bloco inicial (sim? não?) pode ser compreendido como expressão de uma animação, embora volátil, à medida que o Imperador começa a perceber a imagem da sua saudosa e querida mulher aparecendo na cortina; enquanto o segundo bloco, à direita da página, descreve as ações dele (paro/olho). A frase entre parênteses e o penúltimo verso enfocam percepções: o ruído suave dos passos e a pluma se aproximando uma por uma; até o último verso, que dá uma sensação de impaciência ao ritmo em que a imagem da mulher gradualmente toma forma.

No poema "Li Fu-Jen", a organização visual em geral e o posicionamento das palavras enriquecem em grande medida as possibilidades interpretativas do poema recriado. O espaço branco torna-se uma contrapartida funcional do texto; a combinação frustra qualquer tentativa de decodificar o poema de maneira linear. Pelo contrário, no que concerne ao ideograma, o leitor tem que compreender e integrar diversos elementos espaciais significativos antes de ele ou ela ter chegado em um sentido global do poema. A composição do poema serve mais uma vez para ilustrar a preocupação de Haroldo de Campos

19 *Escrito Sobre Jade*, p. 14.

com as propriedades formais inerentes à poesia chinesa, como ele próprio afirma, "Minha tradução propõe um desenho frásico à la cummings, quase concreto."[20] Até os anos de 1990, aproveitando-se da poesia de vanguarda de diversas línguas, Campos adotou ampla gama de estratégias para traduzir o ideograma, tanto concretas quanto quase-concretas.

Um outro importante atributo na transcriação de Haroldo de Campos – a dicção –, também é digna de nota, embora a crítica – levando em conta o perfil de Haroldo de Campos como uma figura central da poesia concreta – tenda a priorizar os aspectos visuais de uma transcriação e, consequentemente, relega a questão da dicção para segundo plano. A leitura ideogrâmica dele do complicado caractere 翩 (literalmente: "voar ligeira e elegantemente") lembra como Pound e Fenollosa aplicam sua visão do ideograma à prática da tradução. A solução de Haroldo de Campos ecoa uma declaração em que Pound e Fenollosa concebem o modo composicional do ideograma chinês como uma metáfora natural, capaz de suscitar "pinturas abreviadas de ações ou processos"[21]. O ideograma 羽 (pena de ave, pluma) é a repetição de dois elementos iguais 习 (literalmente, "estudar"). Waley traduz o elemento para *swish, swish*, no verso "The Swish, Swish of a Silk Skirt". Com o som de "ruflam", Haroldo de Campos faz eco da preocupação de Waley, mas, em seguida, ele transforma a seda em "passos-pluma", inspirado pela imbricação do elemento 习 contido no ideograma. A ideia de ter plumas sobrepostas uma na outra é ilustrada com mais contundência no verso seguinte "pluma ante pluma", possivelmente referindo-se ao modelo visual reiterado no ideograma 姗姗 (trata-se de uma expressão chinesa que descreve uma mulher andando a pé numa maneira ligeira e calma) e na repetição incorporada no elemento 册 (literalmente, "volume, cópia").

Ao traduzir o complexo ideograma 翩 como "ruflam passos-pluma" seguido por "pluma ante pluma", a versão de Haroldo de Campos leva o leitor a sentir a vitalidade e o dinamismo dos movimentos sugeridos visualmente pelos respectivos ideogramas chineses. Ancorada na "leitura inteligente" (*inteligente reading*),

20 Ibidem, p. 125.

21 *The Chinese Written Character as a Medium for Poetry...*, p. 46; apud H. de Campos, Ideograma, Anagrama, Diagrama: Uma Leitura de Fenollosa. *Ideograma*, p. 115.

proposta por Fenollosa durante sua aprendizagem do chinês, a transcriação de Haroldo de Campos alude às "rimas visuais"[22] ou às "matizes" (*overtones*), termo cunhado por Fenollosa[23]. Nas traduções bilíngues, as frases de Haroldo de Campos operam como uma "intracódigo relacional" no nível "hiperliteral". Elas funcionam não simplesmente no nível de expressão no texto-alvo; elas manipulam a forma e o conteúdo do original. A respeito do modo da transcriação, Jackson (2005, 168) observa:

> Sempre existe este elemento e a tarefa do tradutor consiste em captar a face concreta da linguagem. Por essa razão, a tradução literal da poesia, a tradução do conteúdo não teria importância alguma se não for seguida pela transposição – trans-criação – dos elementos formais – quer sejam fonéticos e prosódicos, quer sejam morfossintáticos –, os quais são inerentes ao original e contribuem decisivamente para os efeitos semânticos do poema em questão.[24]

Considera-se que as versões de Haroldo de Campos da poesia chinesa, reunidas em *Escrito Sobre Jade* talvez sejam a ilustração quintessencial dos esforços empreendidos por um tradutor para "captar a face concreta" do ideograma. As traduções aludem ao conteúdo literal do texto de partida (o que é notoriamente indireto e obscuro); o valor dele reside, porém, na redistribuição rigorosa dos recursos da experimentação modernista que estão a serviço da transcriação. A transcriação ideogrâmica de Haroldo de Campos incentiva o leitor a descobrir novos significados ou caminhos pouco trilhados no processo de apreender o mundo e construir uma resposta emocional a ele. A menção a esse potencial de estímulo consta de um ensaio publicado por Haroldo de Campos em 1977. Nesse ensaio sobre o ideograma, Haroldo recorre explicitamente à linguística e à poética formal com o propósito de afirmar não apenas a natureza arbitrária da relação

22 Ibidem, p. 65.
23 Cf. *The Chinese Written Character as a Medium for Poetry…*, p. 58.
24 *Haroldo de Campos: A Dialogue with the Brazilian Concrete Poet*, p. 168. (There is always this element and the task of the translator is to capture this concrete face of language. For this reason, the literal translation of poetry, the translation of the content, is of no importance when not followed by the transposition – trans-creation – of the formal elements – either phonic and prosodic, or morpho-syntactic – that inhere in the original and contribute decisively to the semantic effects of the given poem.)

entre o significante e o significado, mas também a legitimidade da descoberta – pelo poeta e pelo leitor – dos sentidos encontrados naquelas relações. Tais descobertas são intrinsicamente imaginativas – pois não precisam ser validadas pela etimologia, nem pela ciência linguística ou empírica. Elas dependem da colaboração lúdica e séria entre tradutores e leitores ativos, dispostos a explorar as relações fluidas, aleatórias e sugestivas entre as formas visuais multilinguísticas do significante e as múltiplas possibilidades do que é significado. Por proporem uma ampla gama de respostas criativas à questão de como transcriar a forma poética, as traduções da poesia chinesa da antologia *Escrito Sobre Jade* ampliam com êxito o método ideogrâmico de Fenollosa e Pound, estabelecendo assim um campo de competência própria.

Uns Tantos Dados Sobre o Lance de Dados de Haroldo de Campos

Júlio Castañon Guimarães

O conhecido trabalho visual de Marcel Broodthaers criado a partir do *Lance de Dados*, para além de seus aspectos próprios, tem, em relação ao poema de Mallarmé, como que a função de destacar sua organização espacial. Nele, as áreas do poema ocupadas pelo texto são preenchidas por faixas pretas; assim, as páginas são ocupadas por faixas de diferentes extensões e diferentes alturas, tal como os versos. Assim, o trabalho colabora para salientar que, no caso do poema, não se trata de um texto que foi disposto de modo espacejado, mas que foi organizado espacialmente, com os espaços – e até mesmo se poderia dizer que se trata de um texto que elabora esses espaços, que os define. A criação de Broodthaers naturalmente não salienta todos os aspectos visuais presentes no poema de Mallarmé, e nem é esse com certeza seu propósito; desse modo, os aspectos de natureza especialmente tipográfica desaparecem. Diferentes versões do trabalho de Broodthaers (impresso em livro ou apresentado em chapas de alumínio) sugerem, por outro lado, um aspecto do poema que só virtualmente se concebe – a profundidade que lhe daria uma constituição tridimensional. A ela já se referia Robert Greer Cohn:

O Poema de Mallarmé está construído, em termos gerais, em torno de uma armação com três dimensões que correspondem às três dimensões de um livro no espaço. Mas como uma Página só tem duas dimensões e como é impossível ler sem alguma dificuldade mais de uma Página ao mesmo tempo, não se pode levar em conta a terceira dimensão a não ser em alguns pontos particulares que estudaremos mais tarde.[1]

Todavia, essa virtualidade como que é realizada num trabalho do artista plástico e poeta Albert Dupont. Num livro-objeto, ou livro de artista[2], o poema é impresso em folhas transparentes, e, devido ao material, transparente e espesso, o volume ganha então espessura, profundidade, uma terceira dimensão. Tem-se um bloco transparente, ocupado internamente, em diferentes planos, pelas linhas do poema.

Se cada um desses trabalhos insiste numa dimensão do poema e a enfatiza ou a expande, ambos são concretizações da abertura do poema, daquele futuro a dele se desatar que o prefácio à sua publicação em *Cosmopolis* anunciava em seu final. O poema continuaria assim a se produzir. E esses trabalhos continuam a repropor o poema como propulsor de novas obras. Desencadeados pelo poema, mais do que uma leitura, esses trabalhos são extensões que o reconfiguram, ou talvez melhor, que reconfiguram alguns de seus aspectos. E estes são os aspectos que não eram apenas inovadores, pois eram também fundamentais. Numa carta ao editor Ambroise Vollard, Paul Valéry disse de modo peremptório: "O essencial desse poema é a disposição do texto na página. Ele consiste sobretudo na experiência profunda e singular de tornar inseparável o escrito e os brancos que o penetram, o cercam, segundo uma proporção ou pensamento subjacente desaparecido. Toda reprodução ou publicação que não comportasse o aspecto físico desejado pelo autor, seria, portanto, inútil e nociva."[3].

O próprio Mallarmé deu sinais nesse sentido em carta ao mesmo Vollard, quando, a propósito das gravuras de Redon que

1 R.G. Cohn, *L'Oeuvre de Mallarmé: Un Coup de dés*, tradução de René Arnaud, p. 49-50.

2 S. Mallarmé, *Un Coup de dés jamais n'abolira le hasard*. Inclui *Désir-hasard-dés*, de Albert Dupont. Impresso em serigrafia sobre poliéster transparente; não paginado, folhas soltas, acondicionadas numa caixa de madeira, tendo encaixados dados em resina transparente; o prefácio de Mallarmé e a variação de Albert Dupont, impressos em papel Velin d'Arches.

3 Carta transcrita em Thierry Roger, *L'Archive du Coup de dés: Étude critique de la réception d'Un Coup de dés jamais n'abolira le hasard de Stéphane Mallarmé (1897-2007)*, p. 72.

acompanhariam a edição do poema, pedia que os desenhos não tivessem fundo branco, pois nesse caso haveria uma duplicação em relação ao "desenho de meu texto que é preto e branco"[4]. Ou seja, o aspecto visual era central. Esse preto, de maneira mais evidente, era a matéria impressa, era o elemento tipográfico. Mas, de modo menos evidente, o mesmo também se dá com o branco. Anne-Marie Christin diz que os brancos do poema são "brancos tipográficos", que fazem a poesia participar da "substância das imagens"[5]. Ou seja, os brancos não são apenas um espaço vazio resultante automaticamente da separação entre as palavras, entre grupos de palavras. Eles são elaborados como parte da tipografia. Assim, nesse processo, Mallarmé foi também, conforme explicita Anne-Marie Christin, "o primeiro a ter utilizado os recursos do *espaço tipográfico* como uma verdadeira 'língua escrita'"[6]. Esses espaços, se não integram diretamente o trabalho de tradução, qualquer que seja sua orientação ou sua meta, não só têm de ser respeitados, como merecem atenção em função de a mudança de uma língua para outra implicar alteração na extensão e no número de palavras, o que leva a repercussões na organização do novo texto, a tradução – e Haroldo de Campos não deixou de chamar a atenção para isso.

De fato, Mallarmé deixou o *Coup de dés* como obra *inaboutie* (incompleta), como refere Bertrand Marchal em sua edição da obra completa pela coleção Pléiade (p. 1315). A publicação na revista *Cosmopolis* não correspondia ao projeto do poeta, mas foi aceita como concessão deste, que compreendia a impossibilidade de o periódico atender a suas exigências. Com a morte de Mallarmé, que deixou várias provas da futura publicação em livro, Valéry considerava que ou se teria à disposição a composição efetiva do texto vista por Mallarmé ou a publicação do poema seria impossível, pois não haveria como chegar à efetiva intenção do poeta. Por fim, houve a publicação de 1914, que correspondia "no essencial em todo caso"[7] às intenções do autor. Houve a seguir diferentes edições que procuraram cumprir essas intenções – com

4 Apud Anne-Marie Christin, De l'image au texte: L'Expérience du Coup de dés, *La Poétique du blanc: Vide et intervalle dans la civilisation de l'alphabet*, p. 142.
5 Anne-Marie Christin, *De l'image au texte*, p. 145-146.
6 Ibidem, p. 157.
7 Ibidem, p. 145.

ou sem os trabalhos de Redon, sem o prefácio que fora escrito apenas para a revista, nas dimensões e com a tipologia desejada. O projeto estabelecia página de 38 cm por 29 cm; como o poema é disposto em páginas duplas, isso significava que a largura era de fato de 58 cm. O tipo deveria ser Didot, mas provavelmente Mallarmé teria escolhido um Bodoni (a edição de 1914 usou Garamond)[8]. Assim, além da difícil amplitude de leitura proposta pelo poema, esse conjunto de situações de sua publicação acrescenta instâncias, ora mais ora menos importantes, de instabilidade, que acabam por tornar, de certo modo, quase todas as edições em falta em relação a alguns aspectos.

É sabida a importância atribuída ao poema pelo grupo concretista. Thierry Roger, em seu estudo sobre a recepção do poema, aborda essa importância, ressaltando o "olhar sobretudo *pictural*"[9] do grupo sobre Mallarmé. Refere inclusive – com ênfase talvez excessiva – a influência exercida pela leitura do texto de Benjamin, que expõe Mallarmé como o que "incorporou as tensões gráficas da publicidade na apresentação tipográfica"; de fato, o texto de Benjamin foi incluído na edição brasileira de Mallarmé realizada pelos irmãos Campos e por Pignatari. Cabe, porém, ressaltar que Haroldo de Campos, sem fazer separações, diz: "Desde logo, apliquei-me a estudar minuciosamente e a transpor – 'traduzir' – o nível *gráfico* (tipográfico) do original. É esse que, sob a forma de uma verdadeira partitura de leitura, dá curso à sintaxe visual do poema."[10] Assim, não há apenas um "olhar pictural", pois é referida uma "partitura de leitura". E por partitura pode-se entender a compreensão musical do poema como sucessão e organização dos elementos visuais.

Thierry Roger salienta como Mallarmé está presente em toda a trajetória do grupo concretista – de fato, ele está presente desde o texto "Pontos – Periferia – Poesia Concreta" (1956) de Augusto de Campos[11], onde *Un Coup de dés* é comparado à série de Schönberg e Webern, bem como a Boulez e Stockhausen, com o que se tem pelo menos mais um sinal de que não se trata de

8 Ibidem, p. 146.

9 T. Roger, op. cit., p. 498.

10 H. de Campos. Das Estruturas Dissipatórias à Constelação: A Transcriação do *Lance de Dados* de Mallarmé, em M. Tápia; T.M. Nóbrega (orgs.), *Haroldo de Campos: Transcriação*, p. 137.

11 O ensaio foi incluído na primeira edição do volume *Teoria da Poesia Concreta*.

uma percepção do poema exclusivamente visual. E sua presença permanece até o texto de Haroldo de Campos "Poesia e Modernidade: Da Morte do Verso à Constelação. O Poema Pós-Utópico"[12], publicado inicialmente em 1984 e já tão distante de qualquer disposição programática. Atento a esse espectro, Thierry Roger observa como, para os concretos, Mallarmé fez parte tanto do projeto de vanguarda quanto do momento a que se refere como pós-moderno. Se podemos inferir que pode haver aí algum esquematismo, a percepção não é incorreta. Mas esse Mallarmé que está assim tão presente já não seria mais exclusivamente Mallarmé, pois ele foi de certo modo recriado e transformado, por sua vez, no criador de uma vanguarda, o que ele nunca teria sido – é como se poderia resumir o que Roger expõe sobre Mallarmé e o concretismo[13]. Assim, não seria de estranhar que se pudessem situar nesse contexto também as traduções que os concretos fizeram dos poemas mallarmeanos.

Tanto o trabalho de Marcel Broodthaers quanto o de Albert Dupont inserem-se no domínio do que foi desencadeado pelo poema de Mallarmé – fazem parte do que Thierry Roger refere como "conjunto de 'enunciados' que [*Un Coup de dés*] fez nascer", podendo o poema então ser concebido como um vasto conjunto, que surge "como o pedestal de uma 'formação discursiva'"[14]. Roger refere também uma "transformação do material poético" tanto em "matéria gráfica" (mencionando neste caso já as litografias de Redon) quanto em "conceito filosófico", o que lhe permite ressaltar "dois traços específicos dessa recepção: sua imensa *plasticidade* e sua dimensão *dialética*"[15].

Nesse âmbito poder-se-ia incluir uma "postura" perante a tradução, por parte de Haroldo de Campos, sinalizada já apenas pelas várias formas como se refere à prática. Além do conceito de "transcriação", que conta com um embasamento teórico, encontram-se em diferentes momentos da produção haroldiana outras denominações, como "transposição criativa"[16]. O próprio Haroldo referiu-se à situação, observando que, em suas sucessivas

12 H. de Campos, *O Arco Íris Branco*.
13 Op. cit., p. 492s.
14 Ibidem, p. 30.
15 Ibidem, p. 44-45.
16 H. de Campos, Um Voo de Pássaro, *O Segundo Arco-Íris Branco*, p. 39.

abordagens do problema da tradução, "o próprio conceito de tradução poética foi sendo submetido a uma progressiva reelaboração neológica"[17]. Refere, então, identificando-os sumariamente, termos como recriação, transcriação, reimaginação, transtextualização, transparadisação, transluminação e transluciferação. E explica essa "cadeia de neologismos" como resultante de uma "insatisfação com a ideia 'naturalizada' de tradução, ligada aos pressupostos ideológicos de restituição da verdade (fidelidade) e literalidade (subserviência da tradução a um presumido 'significado transcendental' do original)"[18].

Têm aqui interesse as traduções que Haroldo fez de três poemas de Julio Cortázar, em função dos termos que empregou para as denominar. No caso do "Zip Sonnet", seu trabalho é referido como "contraversão com várias licenças". Mais especialmente ainda, chamam a atenção as traduções de dois outros poemas, na medida em que eles têm Mallarmé como tema – "Tombeau de Mallarmé" e "Éventail pour Stéphane". Em ambos, a tradução é referida como "periperífrase"[19]. Haroldo observa que em "contraversão" estariam "contravenção" e "contrafação", devendo-se o termo ao fato de na tradução ele não ter conseguido obter uma rima consoante que ele transformou em toante. Já no caso de "periperífrase", a própria dose de redundância do termo cunhado constituiria um excesso em relação ao que de fato ocorre na tradução. Nesses usos não deixa então de haver um certo aspecto lúdico, que apenas aponta para a liberdade com que o tradutor pode enveredar por suas próprias criações, desencadeadas a partir do texto que está sendo traduzido e do próprio texto que está sendo produzido.

A tradução de *Un Coup de dés* realizada por Haroldo de Campos pode ser, assim, inserida em vários contextos. Em primeiro lugar, foi publicada num volume que engloba traduções de outros poemas de Mallarmé, estando, portanto, no contexto de um empreendimento conjunto de apresentação da obra do poeta. Esse trabalho veio a ser a primeira publicação brasileira de um

17 Idem, Da Transcriação: Poética e Semiótica da Operação Tradutora, em M. Tápia; T.M. Nóbrega (orgs.), op. cit., p. 78. Em sua introdução ao volume, Marcelo Tápia chama atenção para esse ponto.

18 Ibidem, p. 79.

19 H. de Campos, "Julio Cortázar", *O Segundo Arco-Íris Branco*, p. 119-133.

conjunto significativo de poemas de Mallarmé, o que o insere, por sua vez, no âmbito de uma história das traduções desse poeta no Brasil. Sabendo-se o papel que Mallarmé desempenhou desde o começo do movimento concreto, em seu embasamento teórico e em suas perspectivas críticas, sua tradução também se inscreve nesse outro conjunto. Integrado ao projeto concretista, havia um projeto de tradução, embasado em uma abordagem teórica dessa atividade, em que naturalmente a tradução do poema de Mallarmé está inscrita. Haverá outras possibilidades de organização das várias questões que circundam essa tradução; no todo, porém, chamam sobretudo a atenção para o fato de que a tradução não é só uma prática que desemboca neste ou naquele resultado.

Considerando-se a tradução no âmbito da crítica, não se deve desconsiderar a situação da bibliografia crítica no momento da realização do trabalho de Haroldo de Campos. Observe-se que livros como os de Michel Murat (*Le "Coup de dés" de Mallarmé*), Thierry Roger (*L'Archive du "Coup de dés"*), Jacques Rancière (*Mallarmé – La Politique de la sirène*), Jacques Scherer (*Grammaire de Mallarmé*), Bertrand Marchal (*Lecture de Mallarmé*) são posteriores. Em seus comentários, Haroldo apoiou-se sobretudo em dois dos livros constantes de sua bibliografia: os de Robert Green Cohn (*L'Oeuvre de Mallarmé – "Un Coup de dés"*) e Gardner Davies (*Vers une explication rationnelle du "Coup de dés"*). O de Cohn hoje em dia, ainda que ressalvada sua importância, não deixa de merecer restrições. A edição Pléiade da obra de Mallarmé veio a ser substituída no final dos anos 1990 por uma nova, organizada por Marchal, que traz novos documentos, novos dados.

Imediatamente anterior ao trabalho de Haroldo de Campos, pode-se mencionar um artigo na página Poesia-Experiência, publicada no *Jornal do Brasil*, de que os concretos tanto participaram. Em 19 e 26 de maio de 1957, Mário Faustino publicou nessa página uma breve e excelente exposição sobre Mallarmé, referindo-se ao *Coup de dés*. Acompanhava a exposição uma tradução do prefácio de Mallarmé, realizada por Ecila de Azeredo[20]. O percurso da tradução de Haroldo de Campos tem seu primeiro registro no ano seguinte, 1958, no número de agosto do *Jornal de Letras* (Rio de Janeiro). Aí Haroldo publicou o artigo

20 Sobre outras referências ao poema, cf. J.C. Guimarães, Presença de Mallarmé no Brasil, *Entre Reescritas e Esboços*.

"Lance de Olhos Sobre 'Um Lance de Dados'", acompanhado da tradução de dois fragmentos do poema de Mallarmé. Dois anos depois, em 14 de agosto de 1960, na página "Invenção", que se publicou no jornal *Correio Paulistano*, saiu um artigo de Jean Hyppolite em tradução de Haroldo de Campos – "O Lance de Dados de Stéphane Mallarmé e a Mensagem" –, acompanhado de uma nota de apresentação do tradutor intitulada "Uma Análise Teórico-Informativa do 'Lance de Dados'". O artigo na tradução de Haroldo e a nota que o acompanhava foram republicados no volume *Cibernética e Comunicação*, em 1973, no qual havia um "*post scriptum* 1973" de Haroldo. Nesse *post scriptum* se lia: "Até 1960 eu já havia feito uma primeira versão do poema constelar de Mallarmé". A seguir, refere a publicação em jornal de 1958 e o fato de que nesse momento, 1973, "o texto definitivo dessa tradução já se encontra em vias de publicação" (trata-se do volume que seria publicado pela editora Perspectiva logo a seguir)[21].

Os fragmentos saídos no *Jornal de Letras* foram impressos de uma forma que não respeita de modo algum a disposição efetiva do poema (talvez tanto pela precariedade gráfica do jornal quanto pela dificuldade de compreensão do material), revelando nisso os constantes percalços que essa dimensão do poema enfrentou. Afora isso, a tradução aí apresentada difere muito pouco da que viria a ser publicada na edição em livro de 1974. Há apenas três pequenas variantes (excluindo-se a repetição de um verso por evidente erro tipográfico e a transformação de "n'algum" em "em algum"), diante das quais é o caso de lembrar que no livro Haroldo refere a importância para o trabalho de pesquisa que pôde fazer graças a um período de trabalho na França em 1969. Assim, o trabalho continuava em andamento mais de dez anos depois da publicação no *Jornal de Letras*, quando ele diz que já tinha um primeiro esboço da tradução levado a termo e que estava sendo retrabalhado.

Os dois fragmentos publicados no jornal são os de número VII, "plume solitaire éperdue", e XI, "excepté à l'altitude". Há uma

21 I. Epstein (org.), *Cibernética e Comunicação*, p. 233-241; a nota diz: "Tradução de Haroldo de Campos, revista para esta publicação pelo mesmo tradutor e José Paulo Paes". Qual teria sido a participação de José Paulo Paes, que à época trabalhava na editora Cultrix? Teria sido limitada ao texto de Hyppolite? Incluiria as passagens de Mallarmé?

variante no primeiro fragmento e duas no segundo. No jornal, o trecho "plume solitaire éperdue" aparece traduzido como "pluma solitária enlouquecida". Em 1973, a palavra "enlouquecida" foi substituída por "perdida". A tradução de *éperdue* por "perdida" é comentada por Haroldo, sem que, no entanto, seja feita clara referência à opção anterior (enlouquecida), ainda que o comentário observe que "perdida" é uma solução que "envolve o sentido de 'enlouquecida', aproximando-se mais da configuração sonora do original". O comentário cita ainda, acrescentando outro aspecto que justifica a escolha, a associação apontada por Gardner Davies: "*éperdue* 'descreve o movimento sugerido pelo verbo *voltige*'" (*voltige*, que aparece na parte anterior, VI, é traduzido por "esvoaça"). Essa pequena alteração no correr da tradução mostra, ainda que de modo modesto, que mesmo nessa dimensão restrita nem sempre se trata apenas da busca de uma solução adequada àquele ponto do original, mas de uma busca que se espraia. O mesmo ainda se pode ver no segundo pequeno exemplo. No outro fragmento, no trecho "d'un compte total", a tradução inicial no jornal – "de um cômputo total" – foi substituída no livro por "de um cálculo total". O comentário à tradução diz: "Usei *cálculo* em vez de 'cômputo', por um óbvio argumento de eufonia"; além dessa explicação, o tradutor acrescenta dados etimológicos para justificar a opção.

A segunda variante do mesmo fragmento ocorre no trecho "vers ce doit être", traduzido no jornal, de modo direto, simplesmente como "em direção a". No livro, essa locução prepositiva foi substituída pela preposição latina *versus*. A solução, especialmente problemática, para dizer o mínimo, constitui assim, bom exemplo das questões propostas pela tradução. É objeto de detalhada nota de Haroldo, que se apoia numa tradução alemã do poema e em razões sonoras e etimológicas. A mesma solução foi adotada em outro ponto do poema, a parte V, *ancestralement*, no trecho "le vieillard vers cette conjonction", passagem traduzida por Haroldo como "o velho *versus* esta conjunção". Para a passagem também há detalhada nota, de modo que o conjunto das duas notas vem a constituir uma longa explanação a partir da solução adotada. No caso, abandonou-se uma tradução imediata, clara, por outra, bem mais complexa, que assim soma à leitura do poema uma série de questões expostas nas notas. A solução é considerada um "contrassenso" por Álvaro Faleiros, na medida em que *versus* é lido em português com o sentido de "oposição", ou seja, o contrário de "em direção a"[22].

Mas se poderia argumentar que a nota de Haroldo explicita a situação, eliminando os problemas de leitura[23]. De fato, a escolha introduz um complicador, leva a uma reviravolta. Mas seria possível ler o poema, ler uma tradução do poema sem notas e introduções que regularmente os acompanham? Sua leitura não seria sempre a de um conjunto de enunciados por ele desencadeados? Haroldo, em suma, opta por uma solução conforme à sua própria orientação criativa, somando problemas à leitura, como tantos outros trabalhos críticos e criativos elaborados a partir do poema.

Como o texto de Jean Hyppolite cita algumas passagens de *Un Coup de dés*, as traduções que Haroldo fez delas constituem mais algumas situações do desenvolvimento de seu trabalho de tradução do poema. Entre a publicação na página *Invenção*, em 1960, e a republicação no volume *Cibernética e Comunicação*, há diferenças nas traduções de algumas das citações, sendo que a forma que adquiriram nesse volume de 1973 já é a mesma que se encontra no volume *Mallarmé* saído em 1974. Conforme salienta Haroldo, na nota já referida quando da publicação do texto de Jean Hyppolite em *Invenção*, seu trabalho de tradução do poema já estava em andamento (basta lembrar que já houvera a publicação dos fragmentos em 1958); assim, esses trechos das citações correspondem a esse momento do trabalho, aproximadamente o mesmo dos fragmentos estampados no *Jornal de Letras*, enquanto a forma que adquirem no volume de 1973 já corresponde à configuração final apresentada na edição de 1974. Embora as passagens sejam poucas e de pequena extensão, somam-se aos pequenos trechos saídos no *Jornal de Letras*. De algum modo, esse reduzido conjunto fornece alguns exemplos do processo de elaboração da tradução, desde o aspecto da seleção vocabular até mesmo o da efetiva compreensão da organização do texto. Esses exemplos

22 Veja o comentário de Álvaro Faleiros na introdução de sua tradução de *Um Lance de Dados* (São Paulo: Ateliê, 2014). Optando por novas soluções de tradução, o trabalho de Faleiros traz comentários que são excelente contribuição para a compreensão do poema, bem como para a discussão das soluções problemáticas de Haroldo de Campos.

23 Mesmo um dicionário corrente como o Houaiss assinala a mudança de sentido do latim para o português – e não parece ser demais que o leitor de obra de tal natureza consulte dicionários.

constituem como que excertos dos manuscritos da tradução (não foi possível verificar se foram preservados). Assim, numa passagem do fragmento IV, lê-se no texto de 1960: "cadáver separado pelo braço do segredo que detém". Em 73 e 74, tem-se esta versão: "cadáver pelo braço apartado do segredo que guarda"[24]. Aí, a escolha de "apartado" foi objeto de comentário do tradutor, sem dúvida porque se trata de uma escolha menos imediata do que a inicial, "separado" – como em outros pontos, vê-se uma evolução da tradução no sentido que vai do mais evidente em direção ao menos evidente, às vezes mais complexo, e assim mais ocasionador de discrepâncias e provocador de leituras divergentes.

Mas há situações em que se percebe a busca de uma solução simplesmente mais adequada em termos de significado dos vocábulos, ao lado de alterações em função de uma compreensão do contexto. É o caso de uma passagem do fragmento V. No texto de 1960, ela recebeu esta formulação: "o mar pelo avô tentando, ou o avô contra o mar, uma chance ociosa"; no de 73 e 74, esta outra: "as águas pelo ancião tentando, ou o ancião contra as águas, uma chance ociosa"[25]. Avô é de fato a primeira acepção que se encontra para *aïeul* nos dicionários, que naturalmente também apresentam a de ancião, velho; Gardner Davies, por exemplo, refere-se frequentemente ao personagem como *vieillard*, termo que surge em passagem anterior do poema, quando é traduzido por Haroldo como "velho". Já a mudança de "mar" para "águas" é de outra natureza, pois é a primeira solução que é conforme ao dicionário. Foi objeto de nota de Haroldo em que este explica que, "sendo *mer* palavra feminina em francês e masculina (mar) em português, tive que recorrer a *as águas*, para preservar a imagem do conúbio (*conjunção*) do velho navarco e do princípio feminino, maternal." Aí se tem um exemplo em que um contexto mais amplo leva a uma alteração, bem localizada, para uma solução menos imediata.

Outras passagens ainda mostram motivações de natureza diferente. Um trecho do fragmento III foi inicialmente traduzido,

24 No livro de 1973, lê-se, na verdade, "apertado", mas é óbvio que se trata de um erro tipográfico.

25 O acréscimo estranho da pontuação talvez possa ser entendido como um recurso circunstancial, uma maneira de tornar mais legível esta e outra passagem a seguir, por se tratar de citações isoladas, dentro de um texto em prosa.

em 1960, como "asa de antemão retombada duma inépcia a erguer o voo", para depois, em 1973 e 1974, ganhar esta versão: "asa de antemão retombada do mal de alçar o voo". Há uma nota sobre "mal de alçar", em que além de expor a compreensão da sintaxe e do significado das palavras, Haroldo justifica a solução pelo acréscimo de ressonâncias, como "*mal de azar*, evocando assim o próprio 'acaso'". Não se trata aí apenas de busca de adequação do significado, mas das próprias repercussões que o texto desencadeia em seu tradutor. De certo modo, dentro das intenções do tradutor que soma ao texto, tem-se o caso da passagem que em 1960 fora traduzida como "uma insinuação simples, ao silêncio com ironia envolta", e que em 1973 e 1974 passou a "uma insinuação simples, ao silêncio enrolada em ironia". Nesse caso, a nota justifica a escolha da preposição "em" (no lugar de "com", já que no original se emprega *avec*), entre outras razões, sobretudo por uma economia métrica, pela possibilidade da elisão – situação que não parece ser uma exigência do texto, no qual até seria possível uma elisão entre a preposição "com" e a palavra seguinte. Já aí se está, como no exemplo anterior, no campo das "ressonâncias" que o poema desencadeia no sistema poético do próprio tradutor. Todavia, vale observar que as notas à tradução não mencionam essas etapas precedentes, tratam das soluções adotadas na versão final da tradução. Mesmo quando referem alternativas (como nos casos perdida/enlouquecida e cálculo/cômputo, acima citados), as notas não mencionam o fato de terem sido usadas em etapas anteriores, ou seja, não se leva em conta que houve um percurso de alterações. O conhecimento desse percurso, como mostram os poucos exemplos referidos, poderia contribuir para uma compreensão mais ampla da tradução, de como ela compreende o poema e de como ela se compreende.

A bibliografia do livro de Augusto e Haroldo de Campos *Panaroma do Finnegans Wake*, cuja primeira edição data de 1962, inclui o livro *Joyce et Mallarmé*, de David Hayman, publicado em 1956. Além disso, na reedição do *Panaroma*, em 1971, numa nota a seu texto introdutório, Haroldo de Campos refere ter tido contato epistolar com Hayman. Embora citado no texto que acompanhava a tradução dos fragmentos de *Un Coup de dés* publicados no *Jornal de Letras*, não deixa de chamar a atenção o fato de o livro de Hayman não estar incluído na bibliografia do texto de Haroldo que antecede sua tradução no volume de 1974, porque isso não impede, contudo, que se constate a importância que sua leitura terá tido para a tradução de *Un Coup de dés*.

No *Panaroma do Finnegans Wake* há também o artigo de Augusto de Campos "O Lance de Dados do *Finnegans Wake*" (publicado originalmente em 29 de novembro de 1958 em *O Estado de S. Paulo*), onde o livro de Hayman é citado como aquele que permitiu "a compreensão das afinidades entre Mallarmé e Joyce". Augusto também refere o livro de Hayman em seu estudo "Um Lance de '*dés*' do Grande Sertão" (1959)[26]. Não é o caso de entrar aqui nos detalhes desse texto que permitem a referência a Mallarmé num estudo sobre Guimarães Rosa. O que interessa é a situação de aproximação desses autores, que dá a medida do projeto de criação, de tradução e de crítica dentro do qual se elaborou a tradução de *Un Coup de dés*. Trata-se de um universo de invenção linguística, de criação vocabular, de pesquisa filológica, de busca de étimos, de reelaborações sintáticas, de exploração de potencialidades da língua. Mais do que apenas numa correlação com o original, a tradução se opera nesse universo.

Do grande número de trabalhos consagrados a Mallarmé constantes da biblioteca que pertenceu a Haroldo de Campos[27], muitos trazem marcas de leitura – simples traços ou anotações. O volume da obra de Mallarmé da coleção Pléiade traz marcas discretas (como que levando em conta o fato de se tratar de um livro especial), sobretudo na parte em prosa, mas traz também anotações de números de páginas que remetem de um texto a outro (indicação assim de uma leitura especialmente interessada). Já o exemplar do livro de Hayman apresenta enorme quantidade de marcas, sublinhados e anotações nas margens. Embora muito anotado, o que plausivelmente terá sido feito antes da publicação do volume de traduções de Mallarmé, uma vez que está citado na bibliografia do *Panaroma*, chama por isso mais uma vez a atenção que não tenha sido incluído na bibliografia do texto sobre a tradução de *Un Coup de dés*, o que talvez se explique por não se tratar de um trabalho exata e diretamente de exegese do poema, como

26 Incluído em Augusto de Campos, *Poesia Antipoesia Antropofagia*, p. 197.

27 Hoje no Centro de Referência Haroldo de Campos, da Casa das Rosas, em São Paulo.

é o caso dos livros de Robert Greer Cohn[28] e Gardner Davies[29], referidos por Haroldo sob a rubrica "Exegeses Básicas". Todavia, a abordagem comparativa inevitavelmente se dá por um esmiuçamento dos textos. E de qualquer modo o livro faz parte do acervo de conhecimentos do tradutor relativos ao poema de Mallarmé. Assim, numerosas marcas têm a ver diretamente com o trabalho de tradução e, talvez de modo mais importante, estão relacionadas com as diretrizes de Haroldo.

Entre os capítulos do livro de Hayman mais profusamente anotados por Haroldo está o que se intitula "Du *Coup de dés* à *Finnegans Wake*", justamente o que tem a ver de modo mais próximo com seu trabalho em relação a Mallarmé. Na nota da pág. 140 do 2º volume, está assinalado *image du hasard* e ao lado anotado: "Cf. Vieira, Xadrez de Estrelas". Essa anotação da expressão que em 1976 viria a ser título da reunião da obra poética de Haroldo pode sugerir outras aproximações. Mais do que a associação com Vieira, interessa aqui a aproximação entre Mallarmé e a própria produção de Haroldo, como breve índice da tradução não apenas como tarefa de transposição de um texto, mas de produção de um texto integrante da própria obra do poeta-tradutor. Eliot salientou que "seria um erro considerar separadamente o trabalho original de Pound e sua tradução, erro que implica erro ainda maior sobre a natureza da tradução"[30]. Sem dúvida, essa visão tem a ver com a situação do trabalho Haroldo, como poeta e como tradutor, em que as duas atividades se comunicam. Assim, num trabalho sobre os fundamentos do concretismo, Frederick Rodgers associa o poema de Haroldo SI LÊN CIO (de *O Â Mago do Ô Mega*) com uma página específica de *Un Coup de dés*, o fragmento VI – "comme si une insinuation"[31]. Mais do que a análise dos detalhes da aproximação, de resto razoavelmente evidente, vem ao caso – o que não é novidade alguma – a repercussão da obra traduzida sobre a obra do tradutor, ainda mais nesse caso em que a obra de Mallarmé desde sempre esteve profundamente

28 *L'Oeuvre de Mallarmé "Un Coup de Dés"* (Paris: Les Lettres, 1951) e *Mallarmé's Materwork: New Findings* (Haia: Mouton, 1966).

29 *Vers une explication rationnelle du "Coup de Dés"* (Paris: José Corti, 1953).

30 T.S. Eliot, Introduction, em Ezra Pound, *Selected Poems*, p. 15.

31 F.-G. Rodgers, *The Literary Background of Brazilian Concrete Poetry: The Impact of Pound, Mallarmé and Others Majors Writers on the "Noigandres" Group*, p. 183-186.

associada aos pressupostos concretos. Da anotação de Haroldo à análise do crítico, expõe-se pelo menos o circuito imaginativo que o poema mallarmeano pode desencadear para além de leituras mais estritas.

No âmbito mais específico da exegese do poema, as anotações de Haroldo no volume de Hayman incluem todo um conjunto que tem a ver com a dimensão visual. Assim, na página 162, está anotado "imagem tipográfica", que é uma expressão presente no texto de Hayman ao lado da anotação – em vez de simplesmente sublinhá-la, Haroldo a ressalta, a enfatiza numa anotação marginal. Na página 139, anota-se à margem "imagens tipográficas – motivo musical" – aí a anotação reproduz dois elementos do texto de Hayman, mas como que estabelecendo uma relação mais imediata entre os dois. É a associação que ele também faz no texto mais acima referido, estando aqui, portanto, mais um exemplo, de sua atenção à dimensão musical e, mais ainda, à associação desta com o aspecto visual. Na página 134, encontra-se a anotação "tipografia" junto a uma referência do texto à proximidade da distribuição dos versos e da tipografia, tanto no poema de Mallarmé quanto no livro de Joyce. A atenção assim frequente à "tipografia", ou seja, à dimensão material do texto permite lembrar que se trata de um texto tipográfico, que se constitui pelos recursos tipográficos – é nesse sentido que é um poema visual, e não apenas porque há um texto disposto espaçadamente. A insistência das anotações nesse aspecto vai ao encontro da referência que Haroldo faz ao fato de que na tradução atentou para a dimensão tipográfica do poema. Não se trataria apenas de traduzir e imprimir o texto seguindo o projeto tipográfico original, afinal na tradução, como já referido, alteram-se número de palavras, extensão das palavras, e assim por diante, o que terá implicações no desenho tipográfico do poema.

Se não há passagens relacionadas diretamente com os problemas de tradução abordados nas notas de Haroldo ao seu trabalho, as anotações ao livro de Hayman fazem parte do acervo de conhecimentos mobilizado para esse trabalho. E isso em vários planos, como nas anotações que se dão tanto à sintaxe quanto aos jogos de palavras, ao duplo sentido, quando não às duas situações em conjunto, como na anotação da página 168: "double sens syntaxique", expressão utilizada no texto por Hayman. Na página 171, está anotado: "jeux de mots", ao lado de passagem que fala da importância do jogo de palavras em Mallarmé; na página 130: "calembours", ao lado de passagem que fala sobre os "calembours 'clássicos'".

O extremo a que Haroldo terá levado as possibilidades que admitiu para seu trabalho de tradução talvez possa ser percebido numa dessas inúmeras anotações. Ele assinalou, no capítulo "Vers l'oeuvre suggestive intégrale", um trecho em que se encontra esta passagem: "Somos tentados a dizer que *Finnegans Wake* é a elaboração de *Un Coup de dés*". Trata-se, sem dúvida, de uma imaginativa, desafiadora e hiperbólica compreensão do poema mallarmeano, a qual terá pautado o seu trabalho de tradução.

À tradução de James Joyce feita por Antônio Houaiss com frequência foram feitas observações de que se tratava de um trabalho rebuscado, recorrendo a soluções eruditas, que em muitas passagens seriam mais difíceis, mais complexas que o texto original. O Mallarmé de Haroldo e o Joyce de Houaiss são trabalhos de cultores e manipuladores da língua que exploram um grande conhecimento de natureza filológica, o que não quer dizer que isso necessariamente leve a resultados eficazes, mas explica pelo menos a postura adotada[32]. Por outro lado, ocasionalmente, algum crítico procura, de um modo ou outro, em diferentes níveis, matizar a dificuldade de Mallarmé. Ao mesmo tempo, um autor como Marchal, que diz que a dificuldade de Mallarmé "não tem praticamente nada a ver com acrobacias de sintaxe", inclui em seu livro sobre o autor uma espécie de análise sintática de *Un Coup de dés*, indicando que tal palavra é sujeito de tal verbo, tal outra é objeto etc. Também no livro de Gardner Davies há em apêndice uma "Sintaxe de *Un Coup de dés*". No livro de Murat há também

32 Vale lembrar a longuíssima e minuciosa recensão que Augusto de Campos fez da tradução de Houaiss (reproduzida no *Panaroma do Finnegans Wake*), recensão em que, aliás, fica evidente a mesma postura diante do trabalho linguístico por parte do recenseador e do tradutor. E vale lembrar ainda que a tradução do *Un Coup de dés* de Haroldo de Campos só veio a receber sua abordagem de maior fôlego com a recente publicação da tradução de Álvaro Faleiros, cerca de quarenta anos depois. Na época de sua publicação, o volume *Mallarmé* dos Campos e de Pignatari recebeu, por exemplo, uma resenha que não se arriscou a sequer uma palavra especificamente sobre a tradução (de autoria de Alexandre Eulálio, "Um Lance Triplo de Dados: Mallarmé-Campos-Pignatari-Campos", ela saiu no número 36, jan.-jun. 1976, do *Boletim Bibliográfico* da Biblioteca Municipal Mário de Andrade, p. 3-8).

um quadro sumário da organização do poema. Emilie Noulet, num detalhado trabalho filológico, mostra como dificuldades de compreensão da sintaxe mallarmeana podem ter motivado equívocos editoriais[33].

Nesse ambiente textual, para além da inesgotável margem de interpretação, subsistem pontos discutíveis em vários níveis – vocabular, sintático, simbólico. As traduções têm assim um espaço de discussão imenso, discussão que acaba sendo exposta, não apenas no resultado a que chega, mas no aparato que o terá de acompanhar. No início de seu trabalho, Haroldo de Campos foi claro e clarividente em seu artigo do *Jornal de Letras*: "A tentativa de amostragem que fazemos tem, portanto, uma única justificativa: incitar". Em primeiro lugar, a tentativa incitou o trabalho do próprio Haroldo – incitação no mesmo nível, por exemplo, daqueles trabalhos plásticos aqui inicialmente referidos –, que continuará a incitar outros similares. Numa tradução desse porte, o conhecimento de natureza filológica de sua realização (dificultado com muita probabilidade pela escassez de documentos) pode contribuir, ainda que de modo moderado, não apenas para que seja mais bem situada historicamente, mas também para desencavar aqui e ali talvez ainda um ou outro desafio.

33 Ver, por exemplo, os comentários sobre o poema "A la nue accablante tu" em E. Noulet, *Dix poèmes de Stéphane Mallarmé*, Lille/Genève: Giard/Droz, 1948.

Trans-Helenizações[1]

Marcelo Tápia

Na concepção de Haroldo de Campos, a "tradução de textos criativos será sempre recriação, ou criação paralela, autônoma, porém recíproca". Tal conceito fundamental (exposto em seu primeiro artigo substancial sobre o assunto, "Da Tradução Como Criação e Como Crítica", publicado originalmente em 1962), hoje bem conhecido dos estudiosos de tradução poética, distancia-o daqueles que entendem a tradução como uma operação regida pela "fidelidade" ao significado do texto, ainda que se possa constatar, em suas traduções – como alguns poucos e breves exemplos o demonstrarão, neste estudo – um nível bastante elevado de correspondência com os originais em seu plano de conteúdo. Para Campos, na recriação

não se traduz apenas o significado, traduz-se o próprio signo, ou seja, sua fisicalidade, sua materialidade mesma (propriedades sonoras, de imagética visual, enfim tudo aquilo que forma [...] a iconicidade[2] do signo estético

1 Este artigo incorpora, com alterações, trechos de minha tese de Doutorado: *Diferentes Percursos de Tradução da Épica Homérica Como Paradigmas Metodológicos de Recriação Poética: Um Estudo Propositivo Sobre Linguagem, Poesia e Tradução*, apresentada ao Departamento de Teoria Literária e Literatura Comparada da FFLCH-USP, em 2012.

2 O termo utilizado por Campos se refere a um dos tipos (ícone) que integram a classificação dos signos, proposta pelo criador da semiótica norte-americana, ▸

[...]. O significado, o parâmetro semântico, será apenas e tão-somente a baliza demarcatória do lugar da empresa recriadora. Está-se, pois, no avesso da chamada tradução literal[3].

No artigo "Transluciferação Mefistofáustica", em que se detém no célebre ensaio "A Tarefa do Tradutor", de Walter Benjamin, Campos afirma que o "tradutor de poesia é um coreógrafo da dança interna das línguas, tendo o sentido [o 'conteúdo'][...] [apenas] como bastidor semântico ou cenário pluridesdobrável dessa coreografia móvel" (p. 181). Para ele, conforme já propunha no referido artigo de 1962, na tradução de poesia

como que se desmonta e se remonta a máquina da criação, aquela fragílima beleza aparentemente intangível que nos oferece o produto acabado numa língua estrangeira. E que, no entanto, se revela suscetível de uma vivissecção implacável, que lhe revolve as entranhas, para trazê-la novamente à luz num corpo linguístico diverso. Por isso mesmo a tradução é crítica[4].

Referindo-se às concepções de Roman Jakobson acerca da tarefa da tradução poética, Haroldo de Campos assim sintetiza (em conferência de 1985), pragmaticamente, suas etapas:

Pedagogicamente, o procedimento do poeta-tradutor (ou tradutor-poeta) seria o seguinte: descobrir (desocultar) [...] o código de "formas significantes" [pelo qual] o poema representa a mensagem [...] (qual a equação de equivalência, de comparação e/ou contraste de constituintes, levada a efeito pelo poeta para construir o seu sintagma); em seguida reequacionar os constituintes assim identificados, de acordo com critérios de relevância estabelecidos *in casu*[5], e regidos, em princípio, por um isoformismo

▹ Charles S. Peirce, em ícone, índice e símbolo. No dizer de Lucrécia D'Aléssio Ferrara, "o ícone apresenta-se como uma representação que se mantém, com o objeto ao qual se refere, uma relação de qualidade; o índice se apresenta como uma representação que mantém, com o objeto ao qual se refere uma correspondência de fato, o símbolo se apresenta como uma representação que mantém, com o objeto ao qual se refere, uma relação imposta", Lucrécia D'Aléssio Ferrara, *A Estratégia dos Signos*, p. 67.

3 H. de Campos, Da Tradução Como Criação e Como Crítica, *Metalinguagem*, p. 24.

4 Ibidem, p. 31.

5 Pode-se, penso, estender esta noção de *in casu* para além do poema – para a poesia, de modo que a recriação de poéticas diversas assuma características próprias; assim, não surpreende que Haroldo tenha chamado seu traslado da *Ilíada* homérica de "trans-helenização" (como se poderá constatar em reprodução de manuscrito incluída no fim deste artigo), do *Paradiso* dantesco de "transluminação" e das cenas do Fausto goethiano de "transluciferação".

icônico, que produza o mesmo sob a espécie da diferença na língua do tradutor (paramorfismo, com a ideia de paralelismo - como em paráfrase, em paródia ou em paragrama - seria um termo mais preciso, afastando a sugestão de "igualdade" na transformação, contida no prefixo grego iso-). Os mecanismos da "função poética"[6] instruiriam essa "operação metalinguística" por assim dizer, de segundo grau.[7]

Em dois artigos seus, especialmente relevantes, publicados inicialmente em periódicos, "Tradução, Ideologia e História" (1983) e "Da Tradução à Transficcionalidade" (1989) - depois denominado "Tradução e Reconfiguração: O Tradutor Como Transfingidor"[8] - Haroldo vale-se de conceitos do teórico alemão Wolfgang Iser para trazer nova dimensão de esclarecimento a respeito de suas concepções sobre transcriação. Por meio do texto em que se fundamenta[9], Campos define os contornos de sua orientação aos procedimentos tradutórios: seu ponto de partida se dará segundo um modo de abordagem do texto baseado

6 O pensamento de Haroldo de Campos sobre tradução considera, como um de seus princípios fundamentais, a definição da "Função Poética da Linguagem", de Roman Jakobson - função dominante da "arte verbal" (*Linguística e Comunicação Linguística e Comunicação*, p. 128) - que implica o "tratamento da palavra como objeto" (*Metalinguagem*, p. 22), e, por conseguinte, o fato de que a palavra deixa de ser um mero instrumento de transmissão de um conteúdo, para chamar a atenção a si mesma (coisificando-se, portanto) e a suas relações com outras palavras, criando uma "teia de significantes" característica do fenômeno poético. Na linha de pensamento jakobsoniana, tal teia seria irreproduzível, sendo possível, apenas, a "transposição criativa" (ibidem, p. 72). Esta transposição se daria, necessariamente, conforme fica implícito em tal concepção, pela via do "princípio construtivo do texto" (ibidem), que, assim, atentaria à palavra e a suas relações com outras do ponto de vista de sua existência como objeto, a qual caracterizaria tais relações por uma dimensão significante, ou seja, de forma. Para esclarecimento complementar, diga-se que, segundo Jakobson, "a função poética projeta o princípio de equivalência do eixo de seleção sobre o eixo de combinação" (ibidem, p. 130); como explica Décio Pignatari, "dois são os processos de associação ou organização das coisas: por contiguidade (proximidade) e por similaridade (semelhança). Esses dois processos formam dois eixos: um é o eixo de seleção (por similaridade), chamado paradigma ou eixo paradigmático; o outro é o eixo de combinação (por contiguidade), chamado sintagma ou eixo sintagmático" (*O Que É Comunicação Poética*, p. 13).

7 H. de Campos, Da Transcriação: Poética e Semiótica da Operação Tradutora, em Marcelo Tápia; Thelma Médici Nóbrega (orgs.), *Haroldo de Campos: Transcriação*, p. 93.

8 Ambos os artigos integram o acima referido volume, *Haroldo de Campos: Transcriação*.

9 W. Iser, Problemas da Teoria da Literatura Atual: O Imaginário e os Conceitos-Chaves da Época, em Luiz Costa Lima, *Teoria da Literatura em Suas Fontes*, p. 369.

em sua estrutura, modo este que corresponde ao primeiro entre outros dois "conceitos-chave" identificados por Iser, que "constituem os conceitos de orientação central na análise da literatura": "estrutura, função e comunicação". Tal visão prioriza os "fatores intratextuais"[10]; a partir desta perspectiva, Haroldo de Campos, ao considerar o poema escrito, atentará fundamentalmente para as relações entre som, sentido e visualidade no texto. Sua abordagem prevê, também, uma apropriação dos fatores históricos relativos ao texto original, com o objetivo de construir uma "tradição viva"; assim, em vez de se concentrar na "tentativa de 'reconstrução de um mundo passado' e de 'recuperação de uma experiência histórica'" (tentativa esta coerente com o modo de abordagem do texto que mencionaremos a seguir), o ato de traduzir será regido "pelas necessidades do presente da criação": o novo texto, "por desconstrução e reconstrução da história, traduz a tradição, reinventando-a"[11].

A outra perspectiva distinguida por Iser privilegia a função do texto, um conceito que permite compreender a "relação do texto com seu contexto"[12], e, portanto, atenta para sua historicidade, para as condições históricas e sociais em que o texto foi concebido. Tal enfoque poderá envolver o conceito de "fidelidade" à função, levando à tentativa de produzir um poema que corresponda às relações que estabelecia com seu contexto original. Se este ponto de vista, centrado no conceito de função, privilegia a origem, a "gênese do texto", aquele visto primeiramente, ao considerar a estrutura do texto e sua inserção em outro tempo e lugar, ressalta a "validade do texto" (ou seja, sua "vida" após as condições históricas em que nasceu), que prevê "um modelo de interação entre texto e leitor"[13]. Enfatizar, portanto, a estrutura do texto e sua interação com o leitor permitirá um desapego da ideia de reconstruir um mundo passado (uma vez que este se modifica

10 Ibidem.

11 As frases provêm do já mencionado Tradução, Ideologia e História. O trecho citado inclui, por sua vez, citações de Iser, op. cit., p. 39.

12 W. Iser, op. cit., 371.

13 H. de Campos, Tradução e Reconfiguração: O Tradutor Como Transfingidor, em *Da Transcriação: Poética e Semiótica...*, op. cit., p. 118. Campos cita Iser, para quem "o modelo da interação entre texto e leitor é fundamental para o conceito de comunicação" (op. cit., p. 365), sendo a comunicação, lembre-se, o terceiro dos "conceitos-chave" identificados pelo autor alemão.

pelo mundo presente no ato da leitura e da recriação), indo ao encontro do conceito "make it new" (tornar novo, renovar) do poeta e tradutor norte-americano Ezra Pound. Nesse caso, um texto, ao ser traduzido, sofrerá a interferência do contexto em que é lido: sua estrutura será reconfigurada e, a partir disso, sua função será novamente determinada.

TRANSCRIAÇÕES DE POESIA GREGA

No início de seu artigo "Píndaro Hoje", que traz uma tradução sua da "Primeira Ode Pítica" do poeta grego, diz Haroldo de Campos:

> Naturalmente esta tradução não é para filólogos ensimesmados em suas especialidades como em tumbas de chumbo, indesejosos de comércio com os vivos. É uma tradução para os que se interessam por um texto de poesia como poesia, e não como pretexto para considerações sapientes em torno do autor e de sua era, ou para escavações de paleologia linguística, coisas todas essas úteis e necessárias, respeitáveis como as que mais o sejam, mas que, em si mesmas, nada têm a ver com a função poética do texto.[14]

Campos postula que o poeta-tradutor, um *designer* da linguagem, levará vantagem em relação ao erudito não poeta, embora este tenha maior "conhecimento da língua do texto a ser vertido", uma vez que o "poeta de ofício" detém maior "estoque de formas" e pode valer-se, para sua recriação, de "boas edições bilíngues (tanto melhores quanto menos 'literárias' e mais literais)"[15]. Refere-se, a título de exemplificação, a diversas traduções (como as de poesia chinesa, de Pound, e as da obra sofocliana, de Hölderlin) consideradas modelares por seu resultado estético, ainda que o trabalho possa apresentar problemas relativos à compreensão da língua do original.

Esclarece-se assim, mais uma vez, sua opção pela recriação do poema com base em "fatores intratextuais", de modo a "re-correr o percurso configurador da função poética, reconhecendo-o no texto de partida e reinscrevendo-o, enquanto dispositivo

14 H. de Campos, Píndaro Hoje, *A Arte no Horizonte do Provável*, p. 109-110.
15 Ibidem.

de engendramento textual, na língua do tradutor, para chegar ao poema transcriado como re-projeto isomórfico do poema originário"[16].

Segundo Campos, sua "tradução da 'Primeira Ode Pítica' [...] procura situar-se dentro dessa concepção programática da tradução como espécie de categoria da criação"[17]. Tendo recriado a partir do original, servindo-se de duas edições bilíngues acadêmicas, o tradutor – coerentemente à noção de "renovar" – valeu-se "sem reservas do arsenal técnico da poesia moderna, desde o verso livre [...] até o espacejamento com função dinâmica"[18]. Campos teria ido "à busca de Píndaro não como um monumento glorioso, mas como um poeta de carne e osso [...] Píndaro [...], agora poeta contemporâneo, falando a um auditório de hoje":

> Assim no Etna entre o píncaro
> (folhas negras) e o plaino
>   preso
> ele jaz,
>   numa cama de pontas
> descarnando as costas contrapostas.[19]

A recriação de Haroldo de Campos de um fragmento de Safo – outra de suas traduções isoladas de poesia grega, recolhidas no livro de poemas *Crisantempo*[20] – reverbera há décadas nos ouvidos e olhos de muitos poetas-leitores, desde sua aparição, em 1970[21]:

> em torno a Selene esplêndida
> os astros
> recolhem sua forma lúcida
> quando plena ela mais resplende
> alta
> argêntea[22]

16 H. de Campos, Transluciferação Mefistofáustica, *Deus e o Diabo no Fausto de Goethe*, p. 181.
17 *A Arte no Horizonte do Provável e Outros Ensaios*, p. 111.
18 Ibidem, p. 112.
19 Ibidem, p. 117.
20 Cf. H. de Campos, *Crisantempo*.
21 Cf. Ezra Pound, *ABC da Literatura*, org. e trad. Augusto de Campos e José Paulo Paes.
22 *Crisantempo*, p. 173.

Para que se explicite o papel do presente criador em tal tradução, observe-se outra, de Giuliana Ragusa, feita a partir de conceitos e propósitos diversos, e mais "literal" em relação ao original e a sua condição fragmentária[23]:

ἄcτερες μὲν ἀμφὶ κάλαν cελάνναν
ἂΨ ἀπυκρύπτοιcι φάεννον εἶδοc
ὄπποτα πλήθοιcα πάλιcτα λάμπῃ
γᾶν....

* * *

ἀργυρία

... e as estrelas, em torno da bela lua,
de novo ocultam sua luzidia forma
quando plena ao máximo ela ilumina
a terra ...

* * *

argêntea

Evidentemente, a principal realização de Haroldo de Campos como tradutor da poesia grega antiga é sua recriação da *Ilíada*, de Homero. Acerca de traduções da épica grega ao português, diga--se que Campos promoveu, décadas antes de sua própria versão da epopeia, uma releitura crítica do trabalho do pré-romântico maranhense Manuel Odorico Mendes (1799-1864), que verteu ao nosso idioma os poemas homéricos e a *Eneida*, do poeta latino Virgílio. A recuperação de Odorico, cujas traduções foram depreciadas pelo crítico Silvio Romero e, depois, por Antonio Candido, efetivou-se por meio do empenho de Campos – empreendido a partir do referido ensaio de 1962 –, ainda que precedido por um esforço como o de Silveira Bueno, autor do prefácio para a edição de 1956 da *Ilíada*, no qual presta reconhecimento ao trabalho do tradutor. Hoje, muitas vozes se juntam para a celebração das traduções de Odorico, considerado, por Campos, "o patriarca da tradução criativa no Brasil"[24]. O crítico aponta, como qualidade

23 Fragmento 34 conforme a edição de Eva-Maria Voigt, *Sappho et Alcaeus: Fragmenta* (Amsterdam: Atheneum – Pollak & Van Gennep, 1971), em G. Ragusa, *Fragmentos de uma Deusa*, p. 241-242.

24 Diz Haroldo de Campos: "Odorico, com efeito, é o patriarca da tradução criativa no Brasil, no seu intuito pioneiro de conceber um sistema coerente de procedimentos que lhe permitisse helenizar o português, em lugar de neutralizar a diferença do original, rasurando-lhe as arestas sintáticas e lexicais em nossa

do trabalho de Odorico Mendes – "o primeiro a propor e a praticar com empenho aquilo que se poderia chamar uma verdadeira teoria da tradução" – sua opção pela síntese,

seja para demonstrar que o português era capaz de tanta ou mais concisão do que o grego e o latim; seja para acomodar em decassílabos heroicos, brancos, os hexâmetros homéricos; seja para evitar as repetições e a monotonia que uma língua declinável, onde se pode jogar com as terminações diversas dos casos, emprestando sonoridades novas às mesmas palavras ofereceria na sua transposição de plano para um idioma não flexionado[25].

A apreciação do trabalho de Odorico Mendes por Haroldo de Campos prenuncia a afinidade e o diálogo de sua própria recriação de Homero com a do poeta maranhense. A valorização da síntese associa-se à concepção de poesia do tradutor como vinculada ao presente em que se dá a recriação; a visão sobre o traduzir se libertará, portanto, do imperativo da recuperação de características relacionadas ao contexto da produção original, optando por um caminho estético que incorpora conceitos, recursos e elementos próprios do ambiente em que se traduz.

A "ILÍADA" DE HAROLDO DE CAMPOS

Sobre a *Ilíada* e a tradução do poema realizada por Campos, diz Trajano Vieira:

a linguagem da *Ilíada* é elaboradíssima, ao contrário do que até pouco tempo atrás entendiam alguns comentadores. [...] Se é verdade que a *Ilíada* apresenta características formais que indicam sua natureza oral – retomada de expressões fixas ao longo do texto, repetição de cenas típicas, predomínio da sintaxe paratática – isso não implica que, no plano estético, sua linguagem seja simples ou despojada. [...]

Desconheço outra tradução tão fiel à complexidade formal da *Ilíada* quanto esta.[26]

A mencionada fidelidade à complexidade formal do poema épico não exigirá incluir, conforme os pressupostos de Haroldo

língua." Para Transcriar a *Ilíada*, H. de Campos; Trajano Vieira, *Mênis: A Ira de Aquiles*, p. 12.

25 H. de Campos, *Metalinguagem e Outras Metas*, p. 27.

26 T. Vieira, Introdução, em H. de Campos, *Ilíada de Homero*, p. 20-21.

de Campos, uma tentativa de adaptação do hexâmetro dactílico ao português (como o fizera outro notável tradutor brasileiro das épicas grega e latina, Carlos Alberto Nunes) e de outras características da epopeia, por razões que podem ser depreendidas a partir do que foi exposto – e do que se exporá – sobre seu pensamento acerca da transcriação e, particularmente, das referências que faz às traduções de Odorico Mendes.

Acerca do metro adotado por Campos em sua recriação da *Ilíada*, cite-se o próprio tradutor:

De minha parte, em lugar do decassílabo de molde camoniano, que mais de uma vez obrigou Odorico a prodígios de compressão semântica e contorção sintática, recorri ao metro dodecassílabo (acentuado na sexta sílaba, ou, mais raramente, na quarta, oitava e décima-segunda). Evitei, assim, o risco do prosaísmo, decorrente de um verso mais alongado, e sua contrapartida, a constrição derivada de um metro demasiadamente conciso.[27]

Em nota referente à sua opção pelo metro dodecassílabo, Campos menciona opiniões de Said Ali e de Silveira Bueno:

M. Said Ali, estudando o hexâmetro latino, refere que a "ideia primitiva de construir verso de seis pés, uniformemente dactílicos", teve de ser modificada na prática, já que "o predomínio dos hexâmetros de 15 e 14 sílabas se observa em qualquer poeta latino"[28]. Silveira Bueno, por sua vez, considera o dodecassílabo (alexandrino) "o único metro moderno que se aproxima do hexâmetro dactílico".[29]

No livro *Mênis: A Ira de Aquiles*, em que apresenta sua tradução do Canto I da *Ilíada*, Haroldo de Campos faz comentários sobre seus propósitos tradutórios, ausentes da edição do poema completo (que conta com introdução, no volume I, de Trajano Vieira). Esses comentários são bastante esclarecedores sobre seus pontos de vista acerca de tradução da épica grega; assim, é importante que se incluam, aqui, trechos de sua apresentação "Para Transcriar a *Ilíada*", citados a seguir. Após dizer de sua opção pelo dodecassílabo, Campos afirma: "Busquei, por um lado, preservar a 'melopeia' homérica (que Ezra Pound considerava inexcedível) e, por outro, estabelecer

27 H. de Campos; T. Vieira, Para Transcriar a *Ilíada*, em *Mênis: A Ira de Aquiles*, p. 13-14.
28 *Acentuação e Versificação Latinas*, Rio de Janeiro: Organização Simões, 1957.
29 Prefácio de 1956 da edição da *Ilíada* traduzida por M. Odorico Mendes.

uma correspondência verso a verso com o original (ou seja, obter, em português, o mesmo número de versos do texto grego)"[30].

Seu trabalho, como já foi dito e ele próprio revela, dialoga com o de Mendes:

Por um lado, retomo o legado, até certo ponto "arcaizado", de Odorico, com cujas soluções meu texto frequentemente dialoga; por outro, com o escopo de dar uma nova vitalidade ao verso traduzido, mobilizo todos os recursos do arsenal da moderna poética nesse sentido (desde logo há a considerar, em matéria de retomada épica, o exemplo de dicção dos *Cantos* de Ezra Pound [...]). Estou persuadido, pelo caminho até aqui percorrido, de que do "transcriador" da rapsódia homérica se requer, no plano da fatura poética, uma atenção micrológica à elaboração poética de cada verso (paronomásias, aliterações, ecos, onomatopeias), aliada a uma precisa técnica de cortes, remessas e encadeamentos frásicos (o tradutor, no caso, deverá comportar-se como um "coreógrafo" ou "diagramador" sintático).[31]

Aparece em seu texto, em seguida, como proposta tradutória, a ideia de "vivificação" do verso traduzido, que se associa à abordagem do texto de modo a considerar sua validade:

Recuperações etimológicas (por exemplo, a que levei a efeito no verso 47, traduzindo *nyktì eoikós* por "ícone da noite", em lugar de "semelhante à noite", Odorico; "à noite semelha", C.A. Nunes) podem, estrategicamente aplicadas, vivificar o verso em português. Assim também, no caso dos epítetos (lição premonitória de Odorico, que não se deve descartar neste ponto, mas aperfeiçoar criteriosamente), este efeito vitalizador pode ser obtido através da cunhagem de compostos, isomorfos em relação a essas virtuais "metáforas fixas" que brasonam os heróis gregos e seus deuses.[32]

O tradutor lançará mão, muitas vezes – motivado pela natureza combinatória de vocábulos gregos –, da criação dos referidos compostos, embora também de modo diverso do de Odorico, por fazer-se, com frequência, pela simples justaposição: "pés-velozes" (para Odorico, "velocípede"), "doma-corcéis"; "bom-pugilista" etc.

Os versos 109 a 121 do Canto XXIII da *Ilíada*, nos quais se relatam preparativos para o funeral de Pátroclo, podem ilustrar o processo de composição haroldiano; observem-se os vocábulos compostos e a cadeia sonora produzida nos versos de ritmo ágil:

30 H. de Campos; T. Vieira, Para Transcriar a *Ilíada*, op. cit., p. 14.
31 Ibidem.
32 Ibidem, p. 14-15.

Àqueles que, em redor do cadáver, choravam,
dedos-rosa Éos-Aurora apareceu. Possante,
Agamêmnon, o rei, manda mulos monteses
e, de todas as tendas, homens para o corte
de lenha; como chefe, o valente Meríone,
escudeiro do insigne Idomeu. Manejam
machados talha-lenha, afiados, e cordame
bem-trançado; caminham os mulos monteses
à frente; por veredas, seguiam-nos os homens
avante, de través, de flanco, a ré; mas quando
chegaram aos convales do Ida polifluente,
se deram a lenhar, a bronze, robles alti-
coifados, com ribombo tombados.[33]

Valoriza-se, como era de se esperar, o trocadilho:

Por vezes, toda uma precisa carga retórica pode estar encapsulada num simples trocadilho, que mobiliza som e sentido, e que, portanto, ao invés de rasura desatenta, demanda reconfiguração no texto traduzido; veja-se o v. 231:

"demobóros basileús, epeì outidanorsin anásseis".

Odorico traduz: "Cobardes reges, vorador do povo, recuperando o demobóros com a fórmula paronomástica "'vorador do povo".

C.A. Nunes, menos feliz, mais discursivo, escreve:

Devorador do teu povo! Não fosse imprestável, Atrida, toda esta gente [...][34]

O tradutor fornece, em seguida, a sua versão, moldada pela "lei da compensação":

Atento a todos esses revérberos, procurei reconstituir, sonora e semanticamente, com o máximo de economia, o jogo de palavras que nas traduções consultadas (incluindo-se a de Robert Fitzgerald e a de Robert Fagles) passou em branco:

Devora-Povo! Rei dos Dânaos? Rei de nada.

Observe-se que, no texto português, o trocadilho expandiu-se em paronomásia (dos DÂNAos/de NADA), enquanto em grego outiDANOîsin repercute sonoramente no verbo ANÁsseis (anássein, "reinar sobre", regendo um dativo, no caso). Lei da compensação, regra de ouro da tradução criativa.[35]

Na convergência de teoria e prática, revela-se uma amplitude de conduta que permite a diversidade de resultados, ditados pela identidade única de cada empreendimento recriador: não há

33 *Ilíada de Homero*, v. II, p. 395.
34 H. de Campos; T. Vieira, Para Transcriar a Ilíada, op. cit., p. 15.
35 Ibidem, p. 15-16.

preceitos estritos a serem seguidos, genericamente, como "receita", mas uma recomendação, fundamentada, de *hýbris*[36] criadora, de ousadia na transposição criativa.

A *hýbris* do tradutor – preceito indispensável, desse ponto de vista, para a tradução desvinculada da tradição de subserviência ao original – já encontra expressão na própria apresentação da *Ilíada*: os volumes trazem, como autor, Haroldo de Campos, reservando-se ao título a forma *Ilíada de Homero*. Trata-se da assunção, pelo tradutor, do *status* de autor, de criador de obra autônoma, embora paramórfica[37].

Manuel Odorico Mendes (citado por Campos) diz que "se vertêssemos servilmente as repetições de Homero, deixaria a obra de ser aprazível como a dele; a pior das infidelidades"[38]. Como se pode notar, o que outro tradutor consideraria como característica essencial da obra homérica a ser preservada numa tradução é visto por Odorico – e por Haroldo de Campos – como indesejado, devido à natureza diversa das línguas envolvidas: o aspecto da diversidade incorporada ao padrão repetitivo, presente no verso grego, não encontra correspondente em nossa língua, e essa constatação orienta Odorico (e, também, ainda que com diferenciação, Campos) no sentido de recriar a épica de modo a não envolver o que seria uma monotonia inexistente no original[39].

36 Haroldo de Campos propõe – apoiando-se em Walter Benjamin – a postura não subserviente, ousada, do tradutor em relação ao original; a tarefa da tradução seria orientada "pelo lema rebelionário do *non serviam* (da não submissão a uma presença que lhe é exterior, a um conteúdo que lhe fica intrinsecamente inessencial; [...] estaríamos diante de uma hipótese de tradução luciferina" (Transluciferação Mefistofáustica, *Deus e o Diabo no Fausto de Goethe*, p. 180). Diz ele: "a última '*hybris*' do tradutor luciferino: transformar, por um átimo, o original na tradução de sua tradução". (Para Além do Princípio da Saudade: A Teoria Benjaminiana da Tradução", em M. Tápia, T.M. Nóbrega (orgs.), op. cit., p. 56.)

37 Esse modo de apresentação, decorrente de um conceito sobre a própria tarefa do tradutor, encontra – mencione-se – antecedência no país, em livros de poesia traduzidos por Guilherme de Almeida: *Poetas de França* (1936), *Paralelamente a Paul Verlaine* (1944) e *Flores das Flores do Mal de Charles Baudelaire* (1944), todos apresentando como autor o poeta paulista.

38 H. de Campos, *Metalinguagem*, p. 27.

39 Acerca da questão, diga-se que: o metro resultante da passagem do sistema quantitativo – baseado na duração das sílabas, que podem ser longas ou breves –, do poema original, para o sistema quantitativo, próprio das línguas neolatinas, apresenta regularmente cinco unidades ternárias e uma binária descendentes; não se pode, nesse sistema, reproduzir as substituições de duas sílabas breves por uma longa, como ocorre frequentemente no verso grego, atribuindo-lhe grande variabilidade.

Por sua vez, Campos adota, em seus dodecassílabos, procedimentos regulares de elisão e sinérese que orientam a leitura de modo a permitir a acomodação, por vezes, de um número um pouco maior de sílabas do que o esperado no padrão versificatório.

Considerem-se, a seguir, os seguintes versos em grego, dotados de particular sonoridade que nos permitirão observar, nas traduções, as correspondências às "relações entre som e sentido", características da função poética da linguagem:

> ἔκλαγξανδ᾽ ἄρ᾽ὀϊστοὶἐπ᾽ ὤμων χωομένοιο,
> (éklangxan d'ár oïstoì ep' ómon khooménoio, *Ilíada*, I, 46)
> Ressoaram as flechas do ombro do furioso
>
> δεινὴ δὲκλαγγὴ γένετ᾽ ἀργυρέοιο βιοῖο:
> (deinè dè klangè génet' arguréoio bioîo: , *Ilíada*, I, 49)
> terrível ruído surgiu do prateado arco

Fizemos acompanhar os versos do que seria uma "tradução literal" (palavra-a-palavra) do grego: tais palavras podem ser vistas como índices da construção das frases naquele idioma, dando conta do seu "sentido".

Marquemos as repetições aliterativas (consoantes ou grupos consonantais similares):

> é**k**lan**gx**an **d'ár** oï**st**oì e**p'** ó**mon** **kh**oo**m**é**n**oio
> **d**ei**n**è **d**è **klang**è **g**é**n**et' a**rg**u**r**éoio **b**ioîo.

Associadas às evidentes assonâncias (repetições de vogais), as aliterações e, também, as semelhanças fônicas de algumas palavras entre si (paronomásias), colaboram para que se perceba um efeito dos ruídos referidos no plano do conteúdo; a sequência (onomatopaica) de consoantes oclusivas (/k/, /d/, /t/, /g/, /b/), em ambos os versos, ocasionam o efeito de som forte, imitativo de golpes, batidas, ações que percutem.

Apresentemos a tradução de Odorico Mendes:

> Tinem-lhe ao ombro as frechas. Ante a frota
> (v. 45, correspondente ao 46 do original)
> Terrível o arco argênteo estala e zune:
> (v. 47, correspondente ao 49)

E a de Haroldo de Campos:

À espádua do iracundo retiniam flechas, (46)
Horríssono clangor irrompe do arco argênteo. (49)

Sobre esta última, diga-se que "À espádua do iracundo retiniam flechas" incorpora todas as informações do verso grego; o uso do verbo no passado, embora no imperfeito, guarda relação com o verso homérico; chama a atenção a escolha de verbo derivado daquele que Odorico empregou (tinir/retinir), indicando a referência à tradução anterior. O dodecassílabo parece acomodar perfeitamente os elementos que, dando conta plena do sentido, são palavras que podem atender ao referencial do paramorfismo relativo à dimensão icônica do verso; note-se a sucessão de cinco oclusivas: "À es**p**á**d**ua do ira**c**un**d**o re**t**iniam flechas".

A reiteração atende, em quase todo o verso, à necessidade de presença onomatopaica, com nítida construção icônica: as ocorrências se dividem em dois grupos, se considerarmos a cesura na sexta sílaba: três antes desta, e duas após, sendo que, ademais, a vogal aberta em "flechas" reverbera a vogal aberta em "espádua", finalizando o verso com a ênfase desejada, a sugerir a ampliação da ação de Apolo. A escolha de "espádua", em vez de ombros, chama a atenção, embora o relativo preciosismo vocabular não seja estranho à tendência "barroquizante" da obra do poeta e tradutor Haroldo; a opção pelo vocábulo claramente sugere a preocupação com as ocorrências aliterantes e assonantes: além do mais, o fonema /a/ atribui força à "explosão" do /p/, na segunda sílaba do verso, promovendo a intensidade do início da ação.

O verso "Horríssimo clangor irrompe do arco argênteo" também encerra toda a informação semântica comunicada pelo verso homérico. A escolha de "clangor" enfatiza, no plano de conteúdo, a natureza metálica, estridente, do som envolvido na ação, ao mesmo tempo em que o "significante" traz a dimensão grave, ressoante, das vogais fechadas, associadas às consoantes explosivas (ou oclusivas). O verso constitui um verdadeiro modelo, dificilmente superável, de relação som-sentido; observem-se as notações (feitas com diferentes marcas) de correspondências internas à linha que procuram assinalar as reiterações de vogais, consoantes fricativas e explosivas e dos segmentos paronomásticos:

***Hor**r**íss**o**n**o **cl**a**n**gor **irr**o**m**pe do **arc**o **arg**ê**n**teo**

Observemos, em seguida, os primeiros sete versos também do "Canto I" da *Ilíada*, igualmente acompanhados de uma possível "tradução literal":

> Μῆνιν ἄειδε θεὰ Πηληϊάδεω Ἀχιλῆος
> A ira (duradoura) Canta Deusa do Pelida Aquiles,
> οὐλομένην, ἣ μυρί ᾿Ἀχαιοῖς ἄλγε᾿ ἔθηκε,
> funesta, que dez mil aos aqueus dores fez,
> πολλὰς δ᾿ἰφθίμους ψυχὰς Ἄϊδ προΐαψεν
> muitas valentes almas no Hades lançou precocemente
> ἡρώων, αὐτοὺς δὲ ἑλώρια τεῦχε κύνεσσιν
> de heróis, e a eles mesmos presa produziu para os cães
> οἰωνοῖσί τε πᾶσι, Διὸς δ᾿ἐτελείετο βουλή,
> e para as aves todas, de Zeus cumpria-se a decisão,
> ἐξ οὗ δὴ τὰ πρῶτα διαστήτην ἐρίσαντε
> desde que primeiro apartaram-se em discórdia
> Ἀτρεΐδης τε ἄναξ ἀνδρῶν καὶ δῖος Ἀχιλλεύς.
> O Atrida, chefe de homens, e o divino Aquiles.

Apresentemos, sempre com o objetivo de assinalar, por meio de breves exemplos, soluções ilustrativas de procedimentos adotados por Haroldo de Campos para a recriação de épica, sua tradução para tais versos:

> A ira, Deusa, celebra do Peleio Aquiles,
> o irado desvario, que aos Aqueus tantas penas
> trouxe, e incontáveis almas arrojou no Hades
> de valentes, de heróis, espólio para os cães,
> pasto de aves rapaces: fez-se a lei de Zeus;
> desde que por primeiro a discórdia apartou
> o Atreide, chefe de homens, e o divino Aquiles.

Veja-se, a seguir, a relação de correspondências entre as palavras usadas pelo tradutor e as da "tradução literal" que adotamos como referência:

A ira (duradoura)	A ira
funesta	o irado desvario
canta	celebra
Deusa	Deusa
do Pélida Aquiles,	do Peleio Aquiles
que dez mil dores	que tantas penas
aos aqueus fez	aos aqueus trouxe
muitas valentes almas de heróis	incontáveis almas de valentes, de heróis

no Hades lançou precocemente	arrojou no Hades
e (deles mesmos) presa produziu para os cães	espólio para os cães
e para as aves todas,	pasto de aves rapaces:
de Zeus cumpria-se a decisão	fez-se a lei de Zeus
desde que primeiro	desde que por primeiro
apartaram-se em discórdia	a discórdia apartou
O Atrida, chefe de homens	O atreide, chefe de homens,
e o divino Aquiles	e o divino Aquiles

De imediato, sobressai, no plano do conteúdo, a variante relativa ao significado de αειδε (*aeide*), imperativo presente do verbo αειδᾳ (αδᾳ) – (*aeido, ado*), ao qual é atribuído, em primeiro lugar, o sentido denotativo de "cantar", mas que pode significar, também, "celebrar em versos ou canto". A opção de Campos é por "celebrar", que permite dois tipos de ocorrência interessantes para o resultado de recriação: o primeiro, a adequação da palavra ao esquema métrico dodecassilábico, com a tônica da palavra "celebra" localizando-se na sexta sílaba do verso, ou seja, na posição intermediária usual de pausa (ou cesura) no dodecassílabo; segundo, a repetição de /le/ (celebra do Peleio Aquiles), em variantes aberta e fechada. Também se nota a variação dos significados comumente atribuídos a ουλομενην (*oulomenen* – "perdido, arruinado / pernicioso, funesto"): o tradutor prefere "o irado desvario", aparentemente "afastando-se da letra". Entretanto, é preciso considerar que o dicionário Liddell & Scott[40] traz, como referência preliminar, a seguinte indicação para ουλομενοω (oulomenos): "used as a term of abuse" (usado como um termo de abuso), o que sugere o "desvario" na solução de Campos. Uma hipótese para a opção do tradutor é a de que a palavra ουλομενεν (*oulomenen*) mantém uma relação paronomástica com μηνιν (*menin*), lembrando que ε e η correspondem, ambos, a /e/ em português. Ao utilizar "o irado desvario", Campos inclui a palavra "ira" por meio do adjetivo, e a faz reverberar no substantivo, numa disposição anagramática (desvario), criando uma dupla paronomásia, que pode associar-se, na leitura, ao sentido de insistente, persistente. Um ganho, portanto, que permite a perspectiva de uma relação som-sentido. Deve-se considerar, ademais, que a solução adotada se adequa às exigências do padrão métrico, com a tônica da palavra "desvario" na posição da cesura.

40 . H.G. Liddell; R. Scott, *Greek-English Lexicon*.

Campos acomoda, com certa flexibilização, uma correspondência palavra-a-palavra em seu dodecassílabo, mantendo, além do mais, proximidade sonora com o original (como na opção por "Atreide"). As ideias de concisão e concentração de efeitos correspondem ao que ocorre neste trecho; confira-se a ocorrência das consoantes oclusivas tomadas como referência potencial da poeticidade pela repetição:

> A ira, **D**eusa, cele**br**a do **P**eleio A**qu**iles,
> o ira**d**o **d**esvario, **qu**e aos A**qu**eus **t**an**t**as **p**enas
> **tr**ouxe, e in**c**on**t**áveis almas arrojou no Ha**d**es
> **d**e valen**t**es, de heróis, es**p**ólio **p**ara os **c**ães,
> **p**as**t**o de aves ra**p**aces: fez-se a lei **d**e Zeus;
> **d**es**d**e **qu**e **p**or **pr**imeiro a **d**is**c**ór**d**ia a**p**ar**t**ou
> o A**tr**ei**d**e, chefe **d**e homens, e o **d**ivino A**qu**iles.

Recorrendo à quantificação para estabelecer referências, constatamos que as opções do tradutor parecem coerentes com o referencial, por ele adotado, da função poética da linguagem: as 39 ocorrências de oclusivas permitem engendramento de relações paradigmáticas que compõem, na leitura, associações entre som e sentido. A destacar, também, entre outros caminhos de identificação, semelhanças como a entre "pasto" e "rapaces", e toda a sequência sonora desse verso:

> *pas*to de *aves* ra*paces*: *fez-se a* lei de Zeus

E, ainda, a observar: "a ira", "Peleio" e "pasto" são escolhas também de Odorico[41], possível "citação" do trabalho considerado referencial pelo tradutor.

Faça-se, a seguir, a escansão dos dodecassílabos, marcando-se as tônicas e a pausa na sexta sílaba, e registrando-se as tônicas e semitônicas, de modo a evidenciar as variações no esquema rítmico dos versos:

> A i / ra, / Deu / sa, / ce / le / bra / do / Pe / lei / o A / qui / les,
> o i / ra / do / des / va / rio, / que aos / A / queus / tan / tas / pe / nas

41 Odorico Mendes (I, 1-6): "Canta-me ó deusa, do Peleio Aquiles / A ira tenaz, que, lutuosa aos Gregos, / Verdes no Orco lançou mil fortes almas, / Corpos de heróis a cães e abutres pasto: / Lei foi de Jove, em rixa ao discordarem / O de homens chefe e o Mirmidon divino."

trou / xe, e in / con / tá / veis / al / mas / ar / ro / jou / no / Ha / des
de / va / len / tes, / de he / róis, / es / pó / lio / pa / ra os / cães,
pas / to / de a / ves / ra / pa / ces: / fez- / se a / lei/ de / Zeus;
des / de / que/ por / pri / mei / ro a / dis / cór / dia a / par / tou
o A / trei / de, / che / fe / de ho / mens, / e o / di / vi / no A / qui / les.

Com o mesmo início de Odorico, o verso também faz elisão em "A ira", encontro entre uma vogal átona e uma tônica; esse tipo de elisão será um recurso comum em Campos, assim como em Odorico. É também frequente, na *Ilíada* de Campos, o uso da já mencionada sinérese (passagem de um hiato, no interior da palavra, a ditongo), como em "Des / pre / zo es / sa / tua / có / le / ra / ca / ni / na. As / sim" (VIII, 484), e de sinéreses associadas a elisões, como em "Não / me im / por / ta / tua / có / le / ra, ain / da / que / te / lan / ces" (VIII, 478). A esse respeito, vejam-se duas páginas manuscritas por Haroldo de Campos, contendo a escansão de versos do Canto XXIV da *Ilíada*:

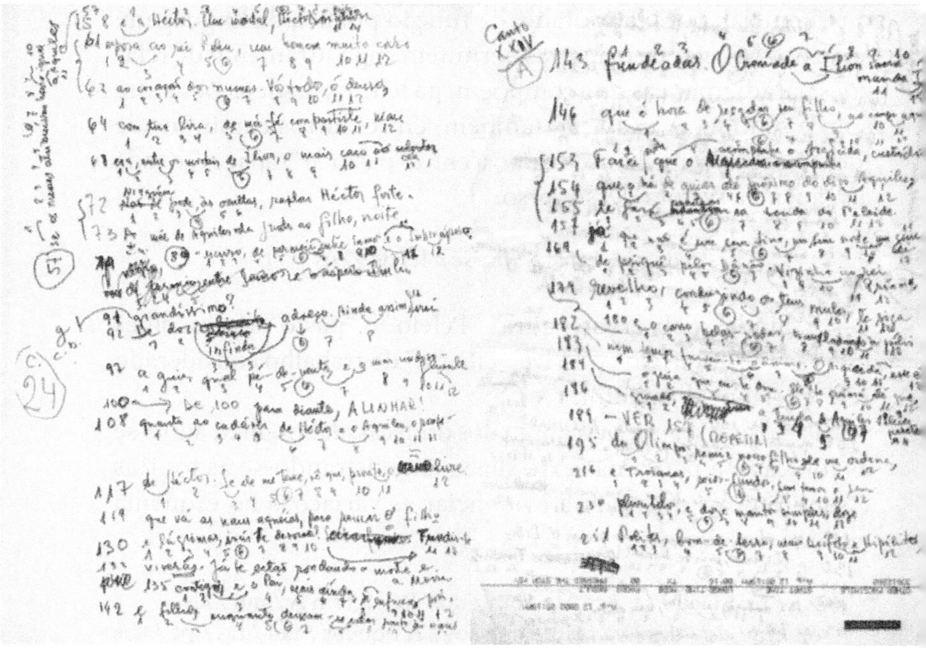

Os manuscritos permitem constatar que, poeta de longa experiência, Haroldo não desprezou a escansão anotada de versos, que fornece um registro de seus critérios de metrificação; como se pode ver, a cesura na sexta sílaba é um deles. Fica evidente, também, a flexibilidade no uso de diferentes modos de elisão, como se tem observado; vejam-se, por exemplo, os versos (em dois dos quais anoto tônicas e semitônicas, evidenciando-se, mais uma vez, a variação rítmica):

e a Héctor. Um mortal [...] (XXIV, 58)[42]
que é ho / ra / de / res / ga / tar / seu / fi / lho, ao / cam / po a / queu (XXIV, 146)
e / troi / a / nas, / seios / fun / dos, / sem / te / mor / e / sem (XXIV, 216)

Nesses versos, destacam-se a elisão em "e a Héctor" e em "que é ho (ra)", e a sinérese em "seios", exemplos da flexibilidade incorporada aos critérios do tradutor[43]. Sobre o dodecassílabo de Campos, diga-se que não corresponde ao padrão do alexandrino clássico, tão utilizado pelos poetas parnasianos, embora o tradutor tenha optado por manter, preferencialmente, a pausa na sexta sílaba[44] (um dos critérios relativos ao referido alexandrino, não seguido pela escola romântica, que reagia "contra o rigorismo antigo, deslocando muitas vezes a cesura central para outro ponto e fazendo largo emprego do cavalgamento"[45]). Campos, coerentemente à composição épica (que envolve a narrativa), emprega com frequência o cavalgamento, sem, contudo, abdicar da cesura clássica. Tal recurso, comente-se, introduz um elemento de constância na diversidade rítmica dos versos, ocasionada pela variação na posição das demais sílabas tônicas.

Tomemos como referência ilustrativa, agora, um fragmento da *Odisseia*. Segue-se o texto grego dos primeiros cinco versos do Canto I, acompanhado de uma "tradução literal", à semelhança das apresentadas anteriormente:

ἄνδραμοι ἔννεπε, μοῦσα, πολύτροπον, ὃς μάλα πολλὰ
(ándramoi énnepe, mousa, polýtropon, hos mala pollà)
homem cantai-me, Musa, multívio/astuto, que muitíssimas vezes

42 O verso que consta no manuscrito foi posteriormente modificado pelo tradutor; aparece assim, na edição da *Ilíada* de Homero: "e a Héctor. Mortal, em peito de mulher mamou", op. cit., v. II, p. 443.

43 Faça-se, também uma observação de outro teor: o tradutor indica a repetição, para o verso 186, do verso 157 do mesmo canto; tais versos são, também, iguais no texto grego.

44 Relembre-se a seguinte afirmação do tradutor: "recorri ao metro dodecassílabo (acentuado na sexta sílaba, ou, mais raramente, na quarta, oitava e décima-segunda" (Para Transcriar a Ilíada, op. cit., p. 13).

45 S. Ali, *Versificação Portuguesa*, p. 108.

πλάγχθη, ἐπεὶ Τροίης ἱερὸν πτολίεθρον ἔπερσεν:
(plánkhthe, epei Troíes ieròn ptolíethron énersen:)
vagou, porque de Troia sagrado baluarte destruiu;

πολλῶν δ' ἀνθρώπων ἴδεν ἄστεα καὶ νόον ἔγνω,
(pollôn d'anthropon íden ástea kai nóon égno)
de muitos homens viu cidades e soube pensamento,

πολλὰ δ' ὅ γ' ἐν πόντῳ πάθεν ἄλγεα ὃν κατὰ θυμόν,
(pollà d'ó g'em póntoi páthen álgea on katà thumón,)
e muitas ele no mar sofreu dores seu no ânimo,
(e no mar muitas dores sofreu ele em seu ânimo,)

ἀρνύμενος ἥν τεψυχὴν καὶ νόστον ἑταίρων.
(arnúmenos em tepsykhèn kai nóston etaíron.)
tentando salvar sua vida e retorno de companheiros.

Leia-se a recriação de Haroldo de Campos:

> Do homem poliengenhoso, Musa, dá-me conta,
> do que perambulou por muitas partes, desde
> que saqueou Troia, urbe sagrada. Profusão
> de povos e de pólis viu e desvendou;
> padeceu profusão de penas sobre o pélago,
> para salvar-se e garantir a volta dos seus.[46]

A tabela a seguir mostra a relação de correspondências semânticas estabelecidas pela tradução de Campos com a "tradução literal" apresentada:

Cantai-me, Musa, o homem multívio astucioso	Do homem poliengenhoso, Musa dá-me conta
que muitíssimas vezes vagou	do que perambulou por muitas partes
porque destruiu sagrado baluarte de Troia	desde que saqueou Troia, urbe sagrada
viu cidades	Profusão [viu] [...] de pólis
e soube pensamento	e desvendou
de muitos homens	[de povos]
e no mar muitas dores sofreu em seu ânimo	padeceu profusão de penas sobre o pélago
tentando salvar sua vida	para salvar-se
e o retorno de companheiros	e garantir a volta dos seus

46 Fragmentos de cantos da *Odisseia* traduzidos por Haroldo de Campos foram reunidos no livro: H. de. Campos, *Odisseia de Homero – Fragmentos*, op. cit. Na edição consta, relativamente ao fragmento do Canto I (versos 1- 37), a seguinte nota dos organizadores: "Provavelmente, Haroldo de Campos não considerasse esta uma versão definitiva de sua tradução da abertura da *Odisseia*, a julgar pelos manuscritos que deixou, em que os versos iniciais do poema homérico recebem outras formulações. Feito o registro, consideramos mesmo assim interessante a publicação do texto nesta oportunidade" (p. 9).

Conforme se pode verificar, o texto de Campos permanece no campo de sentido do texto grego. A destacar, primeiramente, a recriação (por modo usual nos procedimentos do tradutor, à semelhança daqueles praticados por Odorico Mendes) do epíteto de Odisseu, que consiste em palavra criada a partir do termo grego, utilizando-se para tanto, neste caso, o mesmo antepositivo, "poli": "poliengenhoso", por *polýtropon*.

Diga-se que a tradução de Campos relativa aos cinco primeiros versos do texto homérico vale-se de seis versos para abranger o campo de sentido daqueles, contudo, no conjunto dos dez primeiros versos do Canto I, a "transcriação" realizada fará manter-se a correspondência numérica, conforme mostra a leitura de seus versos de 7 a 10, incluídos a seguir:

> Aos companheiros, não logrou poupá-los, mesmo
> querendo. Por si próprios perderam-se. Loucos,
> predando os bois do Sol, do retorno privaram-se.
> Começa de onde queiras, Deusa, a nos contar."

Note-se que o décimo verso corresponde de modo quase "literal" ao verso grego de mesmo número, eliminando-se apenas a informação (com valor de epíteto) referente à Musa ("filha de Zeus").

Continuemos com breves comentários acerca da configuração dos versos. Localizaremos nossa análise num âmbito decorrente de uma hipótese de leitura, sustentada pela observação de repetições fônicas nos cinco primeiros versos homéricos (por vezes aproximadas, por semelhança). Destaquem-se, com grifos, as ocorrências (entre outras de possível identificação) que tomaremos por base para a discussão:

> ándram**oi** énne**pe**, mousa, **polýtropon**, h**o**s mala **pollà**
> **pl**ánkh**the**, e**p**ei **Tro**íes ie**rò**n **ptolíethron** énersen:
> **pollôn** d'an**thropon** íden ástea kai n**óon** égno
> **poll**à d'**ó** g'en **pónto**i **p**áthen álgea **o**n katà thum**ón**,
> arnúmen**o**s em te**p**sykhèn kai n**ó**st**on** **etaíron**.

A hipótese de leitura, fundamentada na projeção paradigmática sobre o sintagma, é de que se constrói, no texto, uma teia de correspondências entre elementos contidos no epíteto do herói, tecendo-se sua errância e multiplicidade por entre os versos[47]. As manifestações de iconicidade fônica e gráfica, efeitos sugestivos de marcação rítmico-sonora, permitem a composição da figura da errância, que, em nível de indicialidade, pode corresponder a lugares diversos da peregrinação do herói, no anúncio de sua múltipla aventura:

o p polýtropon o l poll

pl th p Tro rò ptolí thron

pollôn thropon óon o

poll ó pónto p on th ón

o p ó on t ron

Relendo-se as traduções em questão, à luz dessa hipótese, conclui-se que a transcriação de Haroldo de Campos permite a observação de teia comparável de elementos icônicos, assim como dos índices das posições do herói errante:

Do homem poliengenhoso, Musa, dá-me conta,
do que perambulou por muitas partes, desde
que saqueou Tróia, urbe sagrada. Profusão
de povos e de pólis viu e desvendou;
padeceu profusão de penas sobre o pélago,
para salvar-se e garantir a volta dos seus.

Se, além das ocorrências (aproximativas) no plano fônico, destacarmos as ocorrências de notação, ampliaremos a teia de relações gráfico-sonoras::

Do homem poliengenhoso, Musa, dá-me conta,
do que perambulou por muitas partes, desde
que saqueou Tróia, urbe sagrada. Profusão
de povos e de pólis viu e desvendou;
padeceu profusão de penas sobre o pélago,
para salvar-se e garantir a volta dos seus.

47 A leitura em questão considera prioritariamente uma das possíveis significações atribuídas ao termo *polytropos*, "de muitos caminhos", embora não se incompatibilize com o outro sentido admissível, relacionado à ideia de versatilidade, de multiplicidade (que se associa a outro epíteto de Odisseu, *polumetis* - "multiastucioso"). Confira-se comentário sobre tais termos em A. Malta, *A Astúcia de Ninguém*.

Isoladas, assim ficam as ocorrências, nas duas versões de destaque:

o ho em poliengenhoso e on	**o ho em poliengenhoso e on**
o e pe lo po i p e e e	**o e pe lo po i s p es es e**
e eo ói e Po s o	**e s eo ói es Po s o**
e poo e e póli e e emo	**e poos e e pólis e es en o**
p e e po s o e pen o e o pél o,	**p e e po s o e pens so e o pél go,**
p l e e n ol o e	**p l s l se e g n ol os se s**

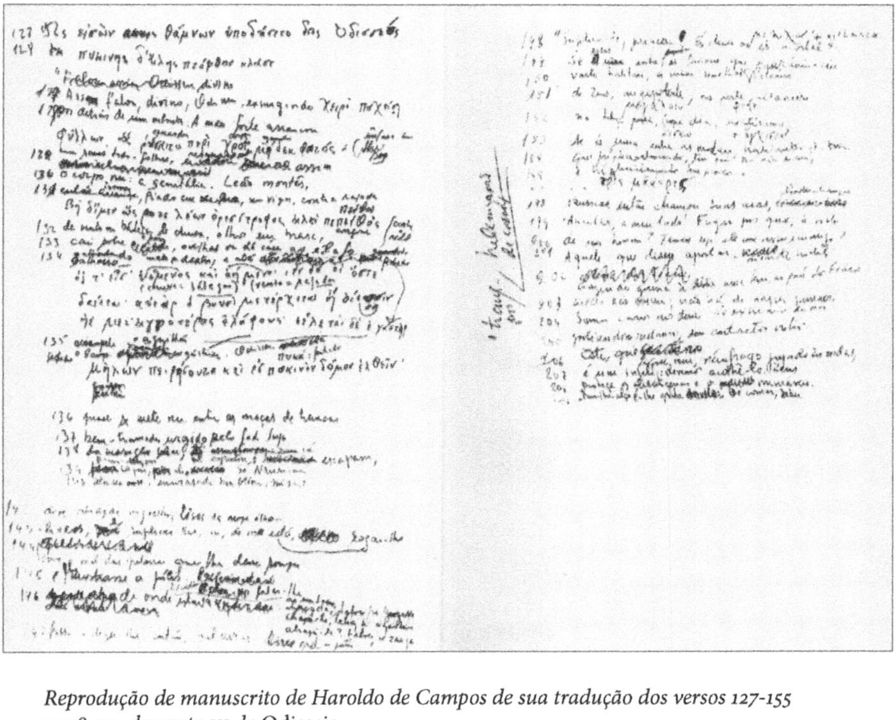

Reprodução de manuscrito de Haroldo de Campos de sua tradução dos versos 127-155 e 198-210 do canto VI da Odisseia.

A utilização dessa hipótese de leitura constitui-se num meio de evidenciar que, no caso de uma tradução que considera a necessidade de atentar para "os revérberos", ou, genericamente, para as associações grafofônicas observadas no texto, uma possibilidade de leitura interpretativa baseada em correlações observáveis no plano de expressão poderá demonstrar o nível de correspondência entre a tradução e o original quanto às relações entre som e sentido, privilegiadas no labor transcriativo de Haroldo de Campos.

Reimaginando Homero

Robert de Brose

It is a test (a positive test, I do not assert that it is always valid negatively), that genuine poetry can communicate before it is understood.

T.S. ELIOT, Dante.[1]

For it is vain and foolish to talk of knowing Greek, since in our ignorance we should be at the bottom of any class of schoolboys, since we do not know how the words sounded, or where precisely we ought to laugh, or how the actors acted, and between this foreign people and ourselves there is not only difference of race and tongue but a tremendous breach of tradition.

VIRGINIA WOOLF, On not knowing Greek.[2]

Em 1990, Haroldo de Campos, após alguns flertes iniciais com a poesia mélica grega, decide empreender, a partir dos pressupostos teóricos de sua filosofia tradutória, a "transcriação"[3] da *Ilíada* de Homero, um passo audacioso se formos considerar não apenas a dimensão do poema, mas sobretudo a práxis implicada para se alcançar tal objetivo, isto é, nas palavras do próprio tradutor, "recriar, em nossa língua, quanto possível, a *forma da expressão* (no plano fônico e ritmo-prosódico) e a *forma do conteúdo* (a "logopeia", o desenho sintático, a "poesia da gramática") do Canto I da *Ilíada*"[4]. Tanto via como complexo e difícil esse objetivo que Haroldo, num primeiro momento, não cria ser possível uma transcriação do poema por inteiro, mas encarava o processo de trabalho do ponto de vista do estabelecimento de um "modelo intensivo, um

1 "Eis um teste (positivo; não quero dizer que seja sempre válido quando negativo): a verdadeira poesia pode comunicar mesmo antes de ser compreendida."

2 "Pois é vão e tolo falar que se sabe grego, uma vez que, em nossa ignorância, deveríamos estar abaixo do nível de qualquer aluno do primário, já que não sabemos qual era o som das palavras, ou onde, precisamente, deveríamos rir, ou como os atores atuavam, e entre esse estranho povo e nós não há apenas uma diferença de raça e língua, mas uma tremenda quebra de tradição."

3 A partir daqui, sem aspas. Gostaria de aproveitar a oportunidade para agradecer a revisão atenta deste capítulo feita por Andreia Guerini e Walter Carlos Costa.

4 H. de Campos, Para Transcriar a "Ilíada". *Revista USP*, n. 12, p. 143-160.

paradigma atual e atuante, de "transcriação homérica". O cuidado demandado pela transposição do primeiro canto para o português deixa-se medir pelo tempo dispendido nessa tarefa: mais de três anos, de maio de 1990 a dezembro de 1993. Posteriormente, Haroldo iria mudar de ideia, e empreenderia a tradução completa do poema, que tomaria forma nos oito anos seguintes, aparecendo em dois volumes publicados respectivamente em 2001 e 2002.

A recepção crítica de sua tradução tem sido mista, e varia consideravelmente de acordo com o seu público leitor. A maior resistência aos resultados de sua transcriação advém do público especializado, versado no grego e, especialmente, dos homeristas[5], mas com pouco conhecimento das premissas teóricas do projeto tradutório de Haroldo e, algumas vezes, pouco familiarizado tanto com as ciências linguísticas quanto com os Estudos da Tradução – ademais um campo de pesquisa relativamente novo em nosso país. Dessa forma, alguns críticos, animados pela ideia, tácita ou não, de que o domínio (o que quer que isso signifique) de uma determinada língua implica, necessariamente, na autoridade para determinar seus significados e, sobretudo, suas translações para o vernáculo, acreditam ter uma ideia precisa do que determinada palavra, trecho ou passagem denota, reagindo quando leituras alternativas distanciam-se desse modelo. Fiéis aos princípios da Filologia Clássica, uma disciplina ainda em muitos círculos marcada pela veneração à letra morta do texto[6], contentam-se em transmitir de maneira inexata "um conteúdo não essencial", como diria Benjamim[7].

Não é meu objetivo, neste ensaio, fazer uma apreciação histórica da recepção da *Ilíada* de Haroldo, até porque a maioria

5 Algumas felizes exceções são Jacyntho Lins Brandão, Imitação e Emulação: A "*Ilíada*" Brasileira de Haroldo de Campos. *Folha de S.Paulo*, 13 jul. 2002 e Donald Schüler, Um Lance de Nadas na Épica de Haroldo, disponível em: <http://www.schulers.com/donaldo/haroldo>.

6 Assim, Bruno V.G. Vieira, Contribuições de Haroldo de Campos Para um Programa Tradutório Latino-Português. *Terra Roxa e Outras Terras – Revista de Estudos Literários*, v. 7.

7 W. Benjamin, Die Aufgabe des Übersetzers, em Tillmann Rexroth (ed.), *Gesammelte Schriften*, v. 4. ("Daher rührt in der Tat ein zweites Merkmal der schlechten Übersetzung, welche man demnach als eine ungenaue Übermittlung eines unwesentlichen Inhalts definieren darf." – "Portanto, há de fato uma segunda característica da má tradução, que pode ser definida como uma transmissão imprecisa de um conteúdo inessencial.")

das resenhas ateve-se apenas ao primeiro canto do poema, lançado dez anos antes que a tradução completa visse a luz do dia, o que implica que qualquer julgamento acerca da versão completa deva permanecer *sub judice* ao menos até que um estudo mais detalhado de sua tradução possa nos dar uma perspectiva mais acurada dos resultados de seu trabalho com esse texto homérico[8]. Neste ensaio, interessa-me, sobretudo, esclarecer como a ideia de tradução criativa, ou "transcriação", é posta em prática na tradução da Ilíada, como ela se articula com a teoria linguística de Jakobson e de que maneira o resultado dessa prática tradutória nos ajuda a entender aspectos dos poemas homéricos que permaneceriam, de outra forma, ocultos ao leitor não versado no grego. Ainda, é minha intenção colocar em perspectiva a tradução como uma criação original do tradutor, mas que mantém com o texto de partida uma relação de isomorfia resultante de uma série de regras transformacionais previamente estabelecidas que indicam o caminho de ida ao e de volta do original e que, portanto, determinam quais níveis de fidelidade face àquele estão sendo salientados e em que graus. De fato, um dos conceitos mais importantes para a tradução criativa é o reconhecimento da impossibilidade de qualquer tipo de tradução literal em qualquer grau. Ao contrário, para Haroldo o que se deve procurar é uma imagem especular, isomórfica, de um determinado texto de partida em uma determinada língua de chegada. Isto se torna possível apenas quando se consegue identificar as regras transformacionais que regem o primeiro.

Essa ideia de "isomorfismo"[9], emprestada da cristalografia e crucial para o pensamento haroldiano, pode ser melhor compreendida à luz da poética linguística proposta por Jakobson, segundo a qual qualquer tipo de discurso poético articula-se por meio de dois planos da linguagem para produzir significado: o plano da forma e o do conteúdo. Obviamente, forma e conteúdo nem sempre cooperam da mesma maneira e o modo como o fazem depende essencialmente da natureza do texto, que, por sua vez, é o resultado da operação de uma função linguística sobre a mensagem.

8 Algumas exceções são, por exemplo, Marcelo Tápia e, de maneira mais geral, Emilio Crespo e Jorge Piqué. (cf. bibliografia)

9 Exposta pela primeira vez no ensaio Da Tradução Como Criação e Como Crítica em M. Tápia e Telma M. Nóbrega (eds.), *Haroldo de Campos: Transcriação.*

No texto poético, como deve estar claro, é a função poética, centrada na mensagem, que domina a orientação e a estruturação dos conteúdos semânticos ou, nas palavras de Jakobson[10], "projeta o princípio da equivalência do eixo da seleção sobre o eixo da combinação"[11], o que implica dizer que o meio de transmissão da mensagem assume o controle na criação de significados através do processo de equivalência e paralelismo[12]. Isso é apenas um outro modo de expressar o caráter especial, marcado, do discurso poético em relação ao não poético. Essa marcação, que é o resultado da translação do eixo paradigmático sobre o sintagmático, privilegia a construção da sentença a partir de uma "equação", que pode variar de sociedade a sociedade e de tradição poética a tradição poética (ou mesmo de escola a escola), mas cujo denominador comum é parâmetro mensurador que dispõe os elementos da sentença de acordo com o contraste entre eles, a fim de salientar diferenças ou semelhanças. Entre os gregos, por exemplo, "poesia" distinguia-se de "fala" pela presença de ritmo e melodia[13] e, em sua métrica quantitativa, as sílabas eram ordenadas de acordo com padrões sequenciais que exploravam o contraste entre sílabas curtas e longas. Para Nagy[14], aliás, a estilização dos ritmos e melodias inerentes

10 R. Jakobson, Linguistics and Poetics, em Krystyna Pomorska; Stephen Rudy (eds.), *Language in Literature.*

11 Respectivamente, do "eixo paradigmático" sobre o "eixo sintagmático", para usar os termos da glossemática de Hjelmeslev que prefiro por ser mais clara.

12 Como diria Sartre, cujo pensamento aproxima-se muito das ideias expressas por Jakobson: "Car l'ambiguïté du signe implique qu'on puisse à son gré le traverser comme une vitre et poursuivre à travers lui la chose signifiée ou tourner son regard vers sa réalité et le considérer comme objet. L'homme qui parle est au-delà des mots, près de l'objet; le poète est en deçà. Pour le premier, ils sont domestiques; pour le second, ils restent à l'état sauvage. Pour celui-là, ce sont des conventions utiles, des outils qui s'usent peu à peu et qu'on jette quand ils ne peuvent plus servir; pour le second, ce sont des choses naturelles qui croissent naturellement sur la terre comme l'herbe et les arbres"" (Pois a ambiguidade do signo implica que se pode, à vontade, transpassá-lo como a uma janela e perseguir através dele a coisa significada ou voltar olhar para sua realidade e considerá-lo como um objeto. O homem que fala está além das palavras, perto do objeto; o poeta está junto delas. Para o primeiro, eles são familiares; para o último, permanecem selvagens. Para aquele, são convenções úteis, ferramentas que gradualmente se desgastam e são substituídas quando já não podem ser usadas; para este, são coisas naturais que crescem naturalmente na terra, como a grama e as árvores; *Qu'est-ce que la littérature?*, p. 17-18)

13 Cf., por exemplo, Aristóteles, *Poética*, 1447a20.

14 G. Nagy, *Pindar's Homer*, disponível em: <http://www.press.jhu.edu/books/nagy/PH.html>.

ao discurso não poético foi o que, diacronicamente, produziu os ritmos e melodias regulares da canção, algo reconhecido já por Aristoxeno[15], para quem o canto diferenciava-se da fala justamente através do modo de execução dos intervalos melódicos: nesta, contínuos (*synekhés*); naquele, intervalados (*diastēmatikoí*).

Voltando, no entanto, ao princípio de isomorfismo, quando Haroldo fala que o texto de partida e a tradução "cristalizar-se-ão dentro de um mesmo sistema", ele está fazendo alusão ao fato de que é preciso que o tradutor entenda as regras que regem tal sistema, e que são operantes dentro do original, para poder aplicá-las na transposição do sentido (que, aliás, nunca é apenas verbal na poesia) para a língua de chegada. No entanto, para que a tarefa seja exitosa, é preciso que o tradutor saiba não apenas descrever o intricado mecanismo de relojoaria do original (ou seja, faça uso da função metapoética/linguística), mas, sobretudo, que seja capaz de escutar o ritmo das suas engrenagens, a velocidade de seu maquinário interno, a mecânica que lhe anima a vida, elementos esses que jazem muito além da soma dos sentidos de dicionário da mensagem, mas deita suas raízes nas águas profundas e silenciosas do que há de não verbal no arranjo dos signos.

De posse, então, desse conhecimento das regras que regem o jogo poético, é possível recriar, com maior ou menor grau de fidelidade, uma projeção da figura do original para o plano da língua alvo. Essa projeção, no entanto, não admite apenas uma única transformação, e não precisa ser colocada em uma única perspectiva, mas, como seus análogos geométricos, guarda com o texto de partida diferentes aspectos de proporcionalidade de acordo com a perspectiva escolhida pelo tradutor. Como na Matemática, o conjunto de todas as transformações de uma mesma forma (nesse caso, o original) dá origem a um grupo de transformadas (o universo de traduções), e muito embora a combinação de todas as transformadas desse grupo não seja jamais idêntica à forma original, ela comporta uma quantidade de informação maior que a daquela, de maneira que podemos dizer, parafraseando Benjamin, que as traduções de um determinado original mantêm-nos informados não apenas sobre os diferentes aspectos sincrônicos dele, mas também da série de suas transformações diacrônicas.

15 Aristoxeno de Tarento, *Harm*, 1.8-10.

Diante dessas considerações preliminares, parece-me que a teoria da transcriação de Haroldo não implica em uma ruptura com o original, nem em um abandono à literalidade. Ao contrário, o que ela propõe é justamente uma literalidade mais profunda, válida topologicamente (isto é, inalterada por quaisquer transformações interlinguais), porque se baseia nas regras arquitetônicas do original. Isso implica que, independente do plano de transposição sobre o qual iremos reconstruí-lo, preservar-se-ão as proporções tanto internas quanto externas do texto poético. É apenas assim que podemos entender a afirmação de Haroldo de que uma maior dificuldade do texto de partida facilitaria sua tradução criativa para outro idioma, já que essa maior "dificuldade" revela, na verdade, uma maior estilização, no plano da forma de expressão, das sentenças construídas a partir do princípio da equivalência no eixo da combinação, privilegiado pela função poética. Em outras palavras, isso equivale dizer que o desenho gráfico resultante dessa operação, que é o poema, quanto mais intricado, mais transparente se torna no que tange à sua equação fundamental[16], algo ainda mais verdadeiro no caso da poesia grega antiga que, imersa em um fazer poético eminentemente oral, conceitualizava a práxis poética como um fazer artesanal, cujo produto final, a canção, é mormente descrita como um objeto precioso[17], composto, ademais, a partir de uma técnica com princípios e regras bastante definidos, os quais o tradutor deve buscar entender para poder compor adequadamente todas as dimensões de seu sentido total e não apenas metalinguístico.

Dessa feita, e voltando nossa atenção a Homero, veremos que um dos princípios organizadores de sua poesia baseia-se em uma regra métrica que produz uma matriz superordenada a partir da qual o ritmo de cada verso é construído a partir do contraste entre sílabas longas (–) e breves (⏑). Essa matriz, conhecida como hexâmetro[18], teria, por conseguinte, o seguinte esquema métrico:

– ⏑ ⏑ ⁝ – ⁝ ⏑ ⏑ – |M ⏑ |F ⏑ – ⁝ ⏑ ⏑ ⁝B – ⏑ ⏑ – –

16 Ou *frequência* fundamental.

17 Cf. por exemplo, o excelente estudo de René Nünlist, *Poetologische Bildersprache in der frühgriechischen Dichtung*.

18 Por tomar a forma de uma sequência de seis (*hexa*) medidas (*metra*).

onde as barras pontilhadas representam pontos naturais de pausa e as duas barras cheias representam a cesura masculina (m, ou *pentemímere*) e a feminina (f). Não caberia aqui entrar em detalhes sobre a relevância dessas pausas para o ritmo do hexâmetro[19], mas apenas salientar o quão importante elas deveriam ser, durante a performance, para que a recitação não se tornasse monótona. Basta, por hora, sabermos que a cesura masculina é a mais frequente, seguida pela diérese bucólica (b, no esquema acima) e a cesura feminina. Outra informação importante para que o leigo não tenha uma impressão errada das possibilidades rítmicas do hexâmetro é que as duas breves de cada dátilo (i.e., o pé da forma –⏑⏑) podem se contrair em uma longa e que, de fato, versos que sigam o esquema acima à risca (e que seriam chamados de "holodátilos") são bastante raros, o que também acontece com versos compostos apenas por pé contratos: –– –– –– –– –– –– [20]. Ao contrário, a maioria dos versos homéricos apresenta grande variedade rítmica entre esses dois extremos, sobretudo se levarmos em consideração a questão das pausas no interior de cada período.

Essa breve explanação do hexâmetro grego deve nos levar a duas considerações principais, quais sejam: em primeiro lugar, até que ponto é possível reproduzir uma métrica quantitativa, i.e., baseada no contraste entre sílabas longas e breves, num sistema métrico construído sobre o contraste entre sílabas tônicas e átonas, como é o caso do português e o de tantas outras línguas modernas? Depois, qual seria a vantagem de empobrecer o ritmo do original, que vai muito além da matriz holodátila representada por –⏑⏑ –⏑⏑ –⏑⏑ –⏑⏑ –⏑⏑ –– se é justamente a variação, construída sobre esse protótipo, que é usada como recurso de construção semântica no original? A resposta à primeira pergunta é a de que não é possível traduzir sistemas de versificação diferentes pelas mesmas regras e, quanto à segunda, parece-me que seria apenas por uma veneração vazia à fôrma, e não à forma, que se poderia querer colocar Homero em uma camisa de força.

Haroldo de Campos soube entender esses problemas e, em vez de optar pela monotonia artificiosa promovida pelo verso de

19 Discuto em detalhes o valor semântico das pausas métricas do hexâmetro em: Da Fôrma às Formas: Metro, Ritmo e Tradução do Hexâmetro, *Cadernos de Tradução*, v. 35, n. 2, set. 2015, p. 124-160. Disponível em: <https://periodicos.ufsc.br/>.

20 Chamados *holospondeus*.

dezesseis sílabas de C.A. Nunes ou a métrica procustiana de Odorico Mendes, com seus decassílabos, resolveu adotar um meio termo, vertendo o hexâmetro grego a partir de uma matriz, em português, baseada em uma linha de doze sílabas[21] com acento relativamente livre e de cadência majoritariamente grave. Feitas as devidas ressalvas, o ritmo dessa medida em português, bem como em outras línguas, oscila em torno de um pulso jâmbico central que se organiza em três pés de quatro sílabas cada, e cuja cesura central (|c, abaixo) tende a recair após a sétima sílaba, podendo oscilar entre uma ou duas sílabas para frente ou para trás. Como nos exemplos a seguir:

a. Diomedes, voz altíssona, acomete Axilo (6.12)
f F f F - f F |^{c} f f - f F f F (f)
b. Falou. E deu a Péone o encargo de curá-lo (5.899)
f F f F- f F|^{c} f F - f f f F (f)

Note que a pontuação, infelizmente, obscurece o andamento rítmico já que, para que o verso escanda em doze sílabas, deve haver elisão entre "altíssona" e "acomete" e entre esta última e "Axilo", de modo que, na recitação, teríamos, na verdade */D^{j}omèdes, vòzalti:sson'acomèt^{j}Axilo/*[22]. Igualmente, no segundo exemplo, em "Péone o Encargo" a primeira sílaba de "Péone" é naturalmente ditongada em *Pé^{w}ne* e há a consequente sinérese entre a sílaba final deste com o artigo "o" e a primeira sílaba de "encargo" em um tritongo, o que faz com que a linha soe, na verdade, */Falòu. E dèu a Pè^{w}:-n^{j}oen-càrgo de curà-lo/*. Não se trata aqui, como o leitor poderia ser levado a crer, de meros artifícios gráficos para fazer com que o verso traduzido caiba na medida, e qualquer um poderá testar a análise aqui feita declamando o verso em voz alta.

Surpreendente é que, muito embora o ritmo esteja longe da batida do verso holodátilo prototípico, que, como vimos, é raro em Homero, ele reproduz, na tradução, um andamento típico do hexâmetro real como encontrado em diversas passagens da Ilíada, quando os dois hemistíquios são divididos pela cesura masculina ou feminina em quatro partes, como, por exemplo, em:

21 Treze, se, como Said Ali, contarmos até a última tônica, como me parece mais acertado.

22 O "j" e o "w" sobrescritos estão pelas semivogais /j/ e /w/ produzidas naturalmente na emissão do verso. Os dois pontos representam o alongamento (e a consequente pausa) produzido pela última sílaba tônica do primeiro hemistíquio.

c. τὴν δ' ἐγὼ : οὐ λύσω·|M πρίν μιν καὶ : γῆρας ἔπεισιν || (1.29)
tēn d'egō: ou lū:sō | prín min kaì : gêras épeisin ||
– ᴗ ᴗ : – – – | – – – : – ᴗ ᴗ – – ||
essa eu não libertarei; não antes que lhe sobrevenha a velhice
d. θάμβησέν : τ'ἄρ' ἔπειτα |F ἔπος τ'ἔφατ':B ἔκ τ'ὀνόμαζε· || (3.398)
thámbēsén : t'ár'épeita – épos t'éphat ': ék t'onómazde ||
– – – : ᴗ ᴗ – ᴗ | ᴗ – ᴗ ᴗ : – ᴗ ᴗ – – ||
ficou pasmo; mas então a palavra dirigiu-lhe, e a interpela

Obviamente, tanto nos exemplos "a" e "b", quanto em "c"[23] o ritmo da tradução não coincide com aquele do original tanto porque, como já deve estar claro, o objetivo de Haroldo não é reproduzir, linha a linha, o esquema métrico do poema inteiro, o que seria, ademais, impossível: repare que nem em "d" nem em "e" poder-se-iam agrupar três sílabas tônicas em sequência, mesmo se se buscasse uma relação biunívoca entre o grego e o vernáculo.

Uma outra prova, no entanto, de sua familiaridade auditiva com o ritmo do hexâmetro, mais do que com o seu metro, é o fato de ter percebido intuitivamente um outro padrão largamente ignorado pelos tradutores, mas que em geral tem um papel central na construção de cenas tensas na epopeia, os "trípticos ascendentes"[24], isto é, frases rítmicas que não são marcadas por uma cesura central forte, e sim por duas pausas (uma, mais fraca, logo após a primeira longa do segundo dátilo e a outra, mais forte, após a longa do quarto dátilo) que produzem um verso tripartite de cadência ascendente (*raising* ou *steigend*, na nomenclatura mais técnica dos manuais) com coda em –ᴗ ᴗ –ᴗ ᴗ ––, o que pode ser visto em

e. διογενὲς : Λαερτιάδη | πολυμήχαν'Ὀδυσσεῦ (2.173)
dīogenès : Laertiádē | polumḗkhan'Odusseû
Ó filho de Laerte, Odisseu multiastuto
f F f : f f F | f f F f f F

e

23 A tradução de "c" e "d" é minha. Haroldo prefere dar maior saliência à cesura medial no primeiro verso, "nunca a libertarei, até que fique velha", e reproduzir o tríptico ascendente (veja acima, a seguir) no segundo com a inserção do nome "Helena": "atônita, exclamou Helena: "Ó demoníaca".

24 *Rising threefolders*, na nomenclatura de Geoffrey Stephen Kirk et al., *The Iliad: A Commentary*.

f. εἰ δὴ ὁμοῦ πόλεμός τε δαμᾷ καὶ λοιμὸς Ἀχαιούς (1.61)
ei dē homoû : pólemós te damâi | kaì loimòs Akhaioús
que, simultâneas, guerra e peste aos Aqueus domam[25]
f f f F f : Ff F | f f F F

O que salta aos olhos aqui, e que eu não acredito ser uma coincidência, até mesmo por ser uma constante em toda sua tradução, é a sensibilidade para um movimento rítmico muito característico do poema que revela uma convivência auditiva e uma sensibilidade rara para a musicalidade da poesia grega, que vai além do mero conhecimento intelectual dos nomes dos pés e dos seus esquemas gráficos e, certamente, muito além do conhecimento de manual, que preconiza que o ritmo do hexâmetro se limita a apenas uma série de cinco dátilos arrematados por um espondeu.

Segundo A.M. Campos[26], no entanto, o uso de uma medida menor para acomodar o hexâmetro grego – que, na sua maior extensão, isto é, aquela do holodátilo, comporta dezessete sílabas métricas – teria obrigado Haroldo de Campos a recorrer excessivamente ao acavalamento em sua tradução, o que, em sua opinião, não seria uma característica da dicção homérica e, portanto, estaria em franca contradição com a intenção do tradutor em transcriar a Ilíada. Obviamente, Campos equivoca-se ao confundir "transcriação" com "reprodução" ou com tradução submissa ao original, mas, independentemente disso, é preciso notar que o próprio M. Parry[27], responsável pelo reconhecimento do caráter oral das rapsódias homéricas, já chamara a atenção para a alta frequência desse dispositivo, dividindo-o, inclusive, em dois tipos, o acavalamento periódico e o necessário, entendendo pelo primeiro o acavalamento que tem por objetivo expandir e dar continuidade à narrativa através da parataxe de complementos

25 Note que o objeto indireto deslocado pede, naturalmente, uma pausa antes e após "aos Aqueus", o que intensifica o efeito ascendente do verso.

26 A.M. Campos, Resenha Sobre "Mênis: A Ira de Aquiles: Canto I da 'Ilíada' de Homero", *Letras Clássicas*, n. 2, 1998. Disponível em: <www.revistas.usp.br/letrasclássicas>.

27 Milman Parry, The Distinctive Character of Enjambement in Greek and Southslavic Heroic Song, *TAPA*, v. 60. Excelente também, acerca dessa característica da poesia homérica, é o trabalho de G.F. Kirk, op. cit., e Zdeslav Dukat, Enjambement as a Criterion for Orality in Homeric and South Slavic Epic Poetry, *Journal Oral Tradition*, v. 6, n. 2-3.

não essenciais ao sentido do verso anterior e, pelo segundo, o que poderíamos chamar de acavalamento sintático, i.é., aquele que, de fato, complementa, por meio de algum objeto, o sentido deixado incompleto no verso anterior. De fato, ao contrário do que afirma Campos[28], a análise estatística de Parry, para uma amostra de cem versos de cada canto homérico, aponta para um total de 51,4% de versos com acavalamento na *Ilíada* e 55,1% na *Odisseia*.

Essas considerações sobre o metro devem bastar, por ora, e num ensaio tão curto sobre uma empreitada tão complexa, para que possamos avaliar o meticuloso trabalho de Haroldo no que tange ao seu esforço para recriar a *Ilíada* no plano da forma da expressão. Algumas outras ainda são necessárias para que possamos ter uma amostra do que tentou fazer no plano da forma do conteúdo, isto é, o que ele chama de "o desenho sintático" do poema.

Nesse quesito, a primeira característica que salta aos olhos é o gerenciamento da velocidade que ele obtém em sua tradução e que é uma das principais qualidades do estilo homérico, que a executa por meio do expediente do metro, tendendo mais ao holodátilo sem cesura discernível nas cenas rápidas, aos quadrupletos nos *stacattos* de grande emoção[29], aos trípticos ascendentes nas passagens tensas e aos versos espondaicos nos momentos solenes, algo que Haroldo precisa reproduzir com uma atenção redobrada à pontuação e à sintaxe. Novamente aqui, a escolha de um verso de comprimento médio confere à sua tradução a velocidade de uma câmera de cinema, preservando o caráter imagístico do original, em que as ações se sucedem como frames em um filme. Consideremos, por exemplo, o início do Canto VI, conhecido como a "Homilia de Heitor e Andrômaca", um dos mais patéticos do poema, em que o contraste entre a guerra que ruge no exterior das muralhas e a vida familiar, ainda inconspurcada, mas já malfadada, atinge seu ápice. Do exterior, esta é a imagem:

28 A.M. Campos, op. cit., p. 392. "Os cavalgamentos são um claro exemplo disso: pode-se dizer, simplificando, que o verso em Homero encerra, na maioria das vezes, uma oração completa, com sua unidade de informação; quando isso não ocorre, ou seja, quando a ideia de um verso só se completa no início do verso seguinte, a comunicação (que para nós hoje não é auditiva, mas visual) é realçada."

29 Como em 1.158, ἀλλὰσοὶ ὦ μέγ'ἀναιδὲςἅμ'ἑσπόμεθ'ὄφρα σὺ χαίρῃς, onde o efeito é transposto sem perdas para o português: "A ti, Grão Sem-Pudor, olho de cão, viemos".

Tróicos e Dânaos ficam sós na luta aspérrima.
Aqui e ali, no plaino, recrudesce o embate.
Lançam, uns contra os outros, os dardos de bronze,
entre as correntes dos dois rios, Xanto e Simoente.
Ájax, o Telamônio, antemuro dos Gregos,
é o primeiro a irromper – luz para os companheiros –
a falange dos Troicos.

Ao passo que, quando finalmente adentramos a cidadela, com os olhos de Heitor, vemos a cidade adormecida e os corredores do palácio, mas não de uma maneira panorâmica, como acima. Ao contrário, as quebras, marcadas pelo fim de verso ou pela pontuação, aqui se alinham perfeitamente com os movimentos de Heitor e com a direção do seu olhar e assim exploramos o palácio junto com ele:

Entrando no solar belíssimo de Príamo,
passando pelos pórticos de liso mármore,
depara com cinquenta aposentos contíguos,
revestidos de pedra polida, onde os filhos
do rei, junto às esposas, dormiam; do outro lado
do pátio, outros doze aposentos, fronteiros,
para as filhas do rei Príamo, em pedra polida,
os tetos com terraços, contíguos. Os genros
de Príamo ali dormiam, junto com as esposas.

Uma outra estratégia de Haroldo, que diz respeito à sua determinação em grecizar o português, mais do que aportuguesar o grego, e que funciona de uma maneira muito eficaz para atrair a atenção do leitor descuidado para o caráter marcado da dicção homérica, mais do que apenas para a história que está sendo contada, é o uso de nomes compostos, de formas não aportuguesadas e da inserção de elementos sintáticos não vernáculos na tradução. Por meio disso ele chama a nossa atenção para o "como", e não apenas para o "quê", como em 1.575-1.583, ao reproduzir a fala de Hefesto quando esse tenta restaurar a paz no banquete dos deuses:

O banquete
deixa de dar prazer, se o ruim prevalece.
Por meu lado, aconselho à mãe querida: agrade
a Zeus, sensatamente. Que o pai não se irrite
e não dis (outra vez!) turbe o nosso banquete!

Se decidisse o Olímpico, o-que-lança-raios,
nos arrojar e a ela dos assentos… É
muito mais forte. Abrande-o com palavras doces
e nos será propício, o pai, senhor do Olimpo.

A opção de traduzir a *tmese*[30] do verbo *συνταράσσω* (lit. "dis-turbar" ou "con-fundir") no verso 579 foi alvo de críticas tanto de A.M. Campos quanto de A.S. Duarte[31], que alegam que o procedimento, corriqueiro em Homero, deixava a sua tradução "pesada"[32] em português. Campos ainda chama a atenção para o fato de que, no verso imediatamente anterior, um outro verbo composto, *ἐπιφέρω*[33], fora ignorado e que, por causa disso, "a tentativa de Haroldo de vislumbrar aí uma 'qualidade diagramática' e uma 'perturbação' da ordem da frase mostra-se infundada"[34]. Novamente aqui o zelo filológico dos professores, ademais legítimo, infelizmente os impede de perceber que, dentro do contexto do "banquete interrompido", a *tmese* do verbo que significa justamente "dis-turbar"/"con-fundir" pode carregar uma informação semântica importante capaz de contribuir, por meio da sintaxe, para projetar no plano da forma aquilo que está a se passar no plano do conteúdo, o que (talvez) não aconteça com o verbo *ἐπιφέρω*[35]. Evidentemente, a *tmese* não implica numa intenção explícita de Homero em projetar, nela, uma imagem do contexto, mas o seu uso corriqueiro também não desautoriza uma tal leitura, sobretudo dado o caráter marcadamente intricado da práxis poética grega, e, ainda mais, devido ao fato de que está na natureza da linguagem poética, como vimos, dar saliência e significado novo ao corriqueiro.

30 I.é. o "corte" entre a preposição e o verbo.

31 Adriane da Silva Duarte, Proposta Concreta Para a Tradução de Homero, *TradTerm*, n. 2.

32 Ibidem, p. 102, "O recurso, banal em Homero, fica pesado em português".

33 Lit. "ofertar a" na expressão *ἐπὶ ἦρα φέρειν* + dat. com o sentido de agradar. Note que algumas edições trazem a variante: *ἐπίηρα φέρειν*.

34 A.M. Campos, op. cit., p. 392.

35 Detendo-me sobre essa passagem enquanto escrevia esse ensaio, pareceu-me que mesmo a *tmese* desse verbo, sobretudo se conjugado com *ἦρα* – palavra de etimologia e sentido obscuros, mas que pode querer significar "primícias, oferta, presente" – pode ser, de fato, motivada: cabe a Hera levar (*φέρειν*) a (*ἐπὶ*) Zeus uma oferta de paz (*ἦρα*) e, assim, refazer as pontes que com ele quebrara. Essa, no entanto, não é a imagem dominante da cena e, portanto, não precisaria ser salientada na tradução.

Cabe salientar, ainda, que a dicção homérica é "pesada" por natureza; ela é, de fato, uma *Kunstsprache* jamais falada, cujo vocabulário e gramática foram construídos a partir de uma amálgama de vários dialetos de diferentes períodos históricos, o que me leva a crer, então, que são as traduções que recaem na falácia da singela simplicidade de Homero que, na verdade, falham em perceber a sua verdadeira natureza. Nada há de simples em Homero, ou, pior, de "corriqueiro": a sua arte representa o máximo da artificialidade poética a partir do qual toda a poesia posterior pôde se desenvolver.

Tudo isso, no entanto, está muito além do ponto em questão aqui, que é o fato de que uma crítica filológica de uma tradução criativa, sobretudo se essa crítica se fecha em sua própria verdade autodeterminada acerca de quais sentidos sejam, ou não, pertinentes ao texto homérico, em nada nos ajuda a entender as opções de Haroldo seja na passagem recém-citada ou e em quaisquer outras espalhadas pelo seu *tour de force* tradutório. O horizonte de expectativa do público imaginado por Haroldo não contempla o tipo de conhecimento filológico que almeja se projetar no passado para tentar reviver uma situação em ruínas, que nos é, que nos deve ser, estranha, como se nossa fosse, como se a pudéssemos entender; muito ao contrário, nesse horizonte há a disposição de se aceitar o que há de estranho nessa poesia pelo próprio efeito de deslocamento que essa estranheza nos causa e de nos conectarmos, dentro de nossas capacidades enquanto leitores modernos de poesia, com aquilo que, em meio a essas ruínas, ainda é capaz de nos falar com eloquência. Sua honestidade, nesse sentido, é transparente, quando, por exemplo, comenta seu experimento com a *Primeira Ode Pítica* de Píndaro:

> Naturalmente esta tradução não é para filólogos ensimesmados em suas especialidades como em tumbas de chumbo, indesejosos de comércio com os vivos. É uma tradução para os que se interessam por um texto de poesia como poesia, e não como pretexto para considerações sapientes em torno do autor e de sua era, ou para escavações de paleologia linguística, coisas todas essas úteis e necessárias, respeitáveis como as que mais o sejam, mas que, em si mesmas, nada têm a ver com a função poética do texto.[36]

O que me leva aos dois pontos finais com que gostaria de encerrar este ensaio e me remete às duas epígrafes com que

36 Cf. H. de Campos, *A Arte no Horizonte do Provável e Outros Ensaios.*

resolvi abri-lo. Certamente qualquer leitor sensível de poesia já experimentou a sensação descrita por Eliot, da mesma forma que qualquer estudante ou conhecedor do grego já partilhou do sentimento de exaspero partilhado por Woolf. Entre ambas, a conectá-las de modo a torná-las parte de uma mesma experiência, ademais comum, face à poesia, está o fato de que a mensagem poética se constrói e mira algo que está muito além da linguagem decodificada por meio de sua função referencial. Dessa forma, o jovem Eliot, com um limitado conhecimento da *Kunstsprache* dantesca – que, como o dialeto homérico, nunca foi falada por ninguém –, pôde, por meio daquilo que na Divina Comédia é mais do que mera informação, conectar-se com uma parte não pouco significativa de sua mensagem poética através de sua sensibilidade para o som e para o ritmo do poema. No outro extremo, a incapacidade de Virginia Woolf para se conectar com textos que, na sua superfície, apresentam-se bastante límpidos e objetivos, mas que estão prontos a devorar aqueles que ousam olhar abaixo de sua pele, onde a carne do texto se desfaz em um abismo de potencialidades, de leituras paralelas, de becos sem saída e – por que não? – mesmo de loucuras. O domínio da poesia é tanto receptivo quanto deceptivo e enquanto guia, também nos faz errar. Nesta terra incógnita não há quem nos tome pela mão e nos possa salvar da selva escura e, aqueles que assim pensam poder fazer estão mais perdidos do que os que perderam o rumo. Haroldo, como poeta, sabe-se perdido e nos propõe imaginar um caminho por onde pode nos guiar, talvez por meio de um atalho ou, talvez, por meio de uma estrada paralela. Talvez seu caminho seja mais longo, talvez nos leve em caminhadas por estranhas paisagens, mas seu olhar está sempre no horizonte, onde raia o seu Homero que, com estranha luz, nos convida a contemplá-lo e a persegui-lo.

Similitude Alheia

A Poesia Alemã Como Fio Condutor da Teoria Poético-Tradutória de Haroldo de Campos

Simone Homem de Mello

Do vasto repertório de referências literárias de Haroldo de Campos, recortar – para análise detida – um âmbito linguístico específico necessariamente implica contrariar sua atitude poética e crítica de constelizar ilimitadamente os mais diversos tempos e espaços culturais. No entanto, em se tratando de investigar sua atuação como poeta-tradutor e pensador da tradução literária, pode ser revelador focalizar suas obras críticas, tradutórias e poéticas dedicadas à literatura de um idioma particular. Isso porque a poética da tradução de Haroldo não está dissociada das obras traduzidas, mas se desenvolve, sim, em consonância com o "vivisecionamento"[1] do objeto a ser "transcriado"; e suas estratégias de tradução poética incluem o resgate da "similitude alheia" (*fremde Ähnlichkeit*, F. Schleiermacher)[2] na passagem da outra língua para a própria.

1 Em Da Tradução Como Criação e Como Crítica, *Metalinguagem*, p. 31. Haroldo de Campos se refere à operação tradutória como uma "vivisecção implacável" do texto original, a ser reconstituído no "corpo linguístico diverso" que representa a tradução.

2 Em *Die verschiedenen Methoden des Übersetzens* (1813), Friedrich Schleiermacher se refere ao método tradutório de adotar uma linguagem que não seja cotidiana, que permita ao leitor intuir que ela não cresce livremente, mas pende para uma similitude alheia. Esse método faz parte do repertório de procedimentos utilizados por Haroldo de Campos em suas traduções.

O que se pretende delinear aqui é a relevância do trabalho de Haroldo com a literatura alemã para sua teoria e prática da transcriação. Embora as leituras em língua alemã tenham acompanhado o poeta ao longo de toda sua produção, podem-se destacar três momentos em que ele se concentrou mais intensamente – como tradutor-crítico – no repertório literário desse idioma. Entre 1956 a 1967, durante a fase de propagação da Poesia Concreta, Haroldo resgatou alguns poetas da vanguarda moderna alemã, traduzindo-os e contextulizando-os criticamente em artigos publicados em diferentes jornais e periódicos. Cinco anos após a publicação de seu texto fundador sobre tradução poética, "Da Tradução Como Criação e Como Crítica" (1962)[3], uma indicação de Anatol Rosenfeld o levaria ao estudo da tradução de *Antígone*, de Sófocles, por Friedrich Hölderlin, bem como à tradução de um fragmento dessa versão hölderliniana e de dois poemas tardios do mesmo autor. O tema da tradução de/por Hölderlin, que alavanca mais uma importante etapa de seu pensamento sobre tradução, o ocupa pelo menos de 1967 a 1970. Já na primeira metade da década de 1980, Haroldo se aprofunda na obra tardia de Goethe, traduzindo não apenas amostras de sua poesia lírica, mas a passagem final de *Fausto II* – publicada em *Deus e o Diabo no Fausto de Goethe* (1981), obra em que se desdobraria o capítulo central de sua teoria da tradução.

Outras "afinidades eletivas" do poeta na Alemanha são – além do filósofo Walter Benjamin, os "primeiros românticos" (sobretudo Novalis e Friedrich Schlegel, autores provavelmente estudados em decorrência das leituras de Benjamin), G.W.F. Hegel, de cujos escritos o poeta extrai poemas *ready-made*, revelando a materialidade logopaica da linguagem do filósofo[4], e Max Bense, cuja estética – marcada por seu interesse pela semiótica e pela cibernética – se tornou uma relevante referência para o poeta paulistano, sobretudo durante a década de

3 Texto originariamente apresentado no III Congresso Brasileiro de Crítica e História Literária, na Universidade da Paraíba, em 1962, e posteriormente publicado no livro *Metalinguagem*.

4 Ver o ensaio Hegel Poeta, com traduções e poetizações do filósofo, Haroldo de Campos, *O Arco-Íris Branco: Ensaios de Literatura e Cultura*, p. 61-73. Os poemas *ready-made* incluídos nesse ensaio foram republicados no volume de poemas *Crisantempo: No Espaço Curvo Nasce Um*, p. 215-222.

1960[5]. Também é importante mencionar filósofos que, embora não estejam entre suas "afinidades eletivas" e representem referências à crítica literária sociológica e/ou marxista, avaliada como redutora por Haroldo em diferentes contextos, foram estudados e citados pelo poeta em diversos estudos: o húngaro György Lukács (aqui citado por ter escrito parte de sua obra em alemão) e Theodor E. Adorno. Uma abordagem sobre a leitura desses pensadores por Haroldo de Campos fugiria, no entanto, do propósito deste breve estudo, dedicado exclusivamente aos poetas de língua alemã por ele traduzidos.

AUTORES ALEMÃES DO "PAIDEUMA AXIAL DA POESIA CONTEMPORÂNEA"

Os ensaios de Haroldo de Campos sobre os poetas alemães da vanguarda moderna do início do século XX, acompanhados de traduções próprias, foram publicados a partir de 1956, ano significativo em diversos aspectos para o grupo Noigandres, composto pelos poetas Augusto de Campos, Décio Pignatari e Haroldo de Campos. Em meados desse ano, Décio retornava de sua viagem à Europa, durante a qual havia localizado inúmeros artistas e literatos com cuja obra o grupo Noigandres mantinha ou viria a manter diálogo, entre os quais o poeta suíço-boliviano Eugen Gomringer (então residente em Ulm, na Alemanha), em intercâmbio com o qual viria a se cunhar a denominação de Poesia Concreta e se lançar um movimento de notável internacionalidade. Foi também em 1956 que os poemas concretos do grupo Noigandres chegaram a um público mais amplo, no contexto da I Exposição Nacional de Arte Concreta, no MAM de São Paulo, na qual se expuseram poemas-cartazes dos três poetas, de Ronaldo Azeredo – que passara a integrar o grupo –, de Ferreira Gullar e Wlademir Dias Pino. Nesse mesmo ano, Mário Faustino convidou os poetas do grupo Noigandres a escrever para o "Suplemento Dominical" do *Jornal do Brasil*, uma colaboração que seria inaugurada com a publicação de "John Donne:

5 Ver o ensaio A Nova Estética de Max Bense, Haroldo de Campos, *Metalinguagem*, p. 9-20, os poemas Meninos Eu Vi, *Crisantempo*, p. 89-93, e Max Bense Desenha Épuras, *Entremilênios*, p. 25.

O Êxtase", de Augusto de Campos, em 28 de outubro, e de "Kurt Schwitters ou o Júbilo do Objeto"[6], de Haroldo de Campos, em 28 de outubro e 4 de novembro. Kurt Schwitters (1887-1948), artista alemão que se movia entre as diversas artes, tendo se tornado um dos pioneiros da poesia fonética moderna, com sua *Ursonate* (1923), e um referencial nas artes plásticas por meio de colagens de materiais até então não utilizados em obras de arte visuais, foi o primeiro de uma série de poetas de vanguarda alemães que Haroldo viria a apresentar ao público brasileiro por meio de suas traduções e de sua apreciação crítica. O que ele destaca em Schwitters é, sobretudo, a concretude de suas colagens plásticas e verbais. Especificamente no caso de suas obras poéticas, trata-se da ênfase à materialidade fônica e visual da palavra: a "invenção tipográfica", a "desarticulação da palavra", o "aspecto visual dos vocábulos", "suas possíveis disposições no horizonte espacial", "suas reações e transformações recíprocas quando postos em presença simultânea"[7]. Esses são também alguns dos traços fundamentais da Poesia Concreta, conforme postulariam os poetas do grupo Noigandres em diversos textos programáticos publicados durante a década de 1950. "Há uma presença de Kurt Schwitters no *paideuma* axial da poesia contemporânea"[8], afirma Haroldo, após ter apontado convergências do poeta alemão com James Joyce e com e. e. cummings, dois pivôs do *paideuma* noigândrico, ao lado de Stéphane Mallarmé e Ezra Pound. O alinhamento ao programa estético da Poesia Concreta pressupunha não apenas aproximar a obra do poeta abordado com os autores referenciais ao movimento, mas também distingui-la de outras tendências de vanguarda com as quais os poetas concretos não gostariam de se ver identificados. Para Haroldo, os "experimentos schwittersianos" no início do século XX não afluiriam no letrismo francês, com sua "monótona sistematização", mas sim na "revolução cummingsiana", que abriria "reais possibilidades de catalisação do riquíssimo material 'optofonético' elaborado por Schwitters"[9].

6 Ensaio republicado em Haroldo de Campos, *A Arte no Horizonte do Provável e Outros Ensaios*, p. 35-52.
7 Ibidem, p. 37.
8 Ibidem, p. 51.
9 Ibidem, p. 48-49.

Em um texto intitulado "Nova Poesia: Concreta (Manifesto)" e publicado em dezembro de 1956, na *Revista Ad – Arquitetura e Decoração*, Décio Pignatari recodifica o "paideuma" concreto da seguinte forma: "tática: joyce, cummings, apollinaire (como visão, não como realização), morgenstern, kurt schwitters. estratégia: mallarmé, pound (junto com fenollosa, o ideograma)." Talvez se possa conjecturar sobre o significado dessa distinção (de conotação bélica), cogitando-se que a noção de poema-partitura e de "divisão prismática da ideia" (Mallarmé) e a noção de ideograma, com sua sobreposição de escrituralidade e iconicidade (Pound) pudessem definir a macroestrutura conceitual do poema, enquanto princípios como a aglutinação neologística (Joyce), a fragmentação geradora de ambiguidades (cummings), a picturalidade caligrâmica (Apollinaire), a radical reversão dos mecanismos constituintes de sentido (Morgenstern) e o destaque à colagem de materiais pré-existentes em uma nova forma (Schwitters) pudessem ser artifícios a potencializarem a carga de significação do poema.

Esse texto de Pignatari é um dos documentos que alinham ao cânon concreto o poeta *nonsense* Christian Morgenstern (1871-1914), ao qual Haroldo de Campos já dedicara uma abordagem crítica e algumas traduções, publicadas na página "Invenção", do *Correio Paulistano*, em dezembro de 1960: "O Fabulário Linguístico de Christian Morgenstern". Aqui Haroldo aponta – nos poemas do autor alemão – "experiências com deformações de palavras, palavras-valise, efeitos de humor gerados no absurdo e no paradoxo, invenções tipográficas, aproveitamento do material sonoro e das possibilidades do campo visual"[10], além de destacar sua "sátira ferina ao esteticismo parnasiano"[11]. Em suas traduções de Morgenstern (realizadas provavelmente após o primeiro trabalho tradutório mais intenso do poeta, *Cantares de Ezra Pound*, em coautoria com Décio Pignatari e Augusto de Campos, publicado em 1960), Haroldo reconstitui os jogos rítmicos, cuja mecanicidade exacerba ainda mais o teor absurdo dos poemas, e recria seu tecido sonoro e rítmico, além de reproduzir – nos cortes da versificação – ambiguidades do original.

10 Haroldo de Campos, O Fabulário Linguístico de Christian Morgenstern, *O Arco-Íris Branco: Ensaios de Literatura e Cultura*, p. 97.

11 Ibidem, p. 101.

Esse mesmo desempenho tradutório se revela nas traduções haroldianas de August Stramm e Arno Holz (este último traduzido em coautoria com Augusto de Campos). Ambos os autores, aos quais o poeta dedicou estudos publicados respectivamente em 1960 e 1966[12], são atribuídos – na historiografia da literatura – à mesma linhagem inovadora da linguagem. A poesia de Arno Holz, mesmo na expansividade ímpar que demonstra em *Phantasus* (1898-1929), é considerada – em muitos aspectos – precursora dos reduzidos poemas de August Stramm, sobretudo quanto à inventividade neologística. Na breve obra poética de August Stramm, que mereceria depois um volume de traduções de Augusto de Campos (*August Stramm: Poemas-Estalactites*), Haroldo destaca a "singular estrutura [dos poemas], quase sempre verticalizada do ponto de vista visual, apoiada em frequências de verbos (muitas vezes neologismos verbais – adjetivos ou substantivos verbificados) e acionada semanticamente pelo recurso da palavra-valise"[13].

Criações verbais como "fervitorrente", "meclamorosa", "telírioterna", "flamirrasgada", "fantasmambula", "tresnoita" e "transtece" grassam em meio aos filamentos textuais expressionistas de August Stramm, reconstituindo a estranheza de seu *staccato* paratático. Tais composições lexicais proliferam ainda mais no poema de Arno Holz que os irmãos Campos escolheram para traduzir: "Marinha Barroca", que – pelo que o próprio nome insinua – se desenvolve em um delírio verbal orgiástico, adequada matéria-prima para dois poetas-tradutores ávidos de invenções verbais.

Por meio de suas traduções, Haroldo enfatiza em Stramm – além da condensação poética, também postulada pelos concretos – seu "gosto pelas aglutinações de palavras, fomentado, aliás, pelo próprio gênio do idioma (o imediato precursor de Stramm é outro revolucionário do verso alemão, Arno Holz)"[14]. É de se pensar que o "gênio do idioma" alemão, propenso à composição de amálgamas lexicais (um traço da língua, aliás, amplamente explorado nos experimentos de vanguarda de

12 Idem, Os Estenogramas Líricos de August Stramm, publicado na página Invenção do *Correio Paulistano*, em 15 de maio de 1960, e Arno Holz: Da Revolução da lírica à Elefantíase do Projeto, impresso em duas partes no Suplemento Literário de *O Estado de S. Paulo*, respectivamente em 10 de março e 12 de maio de 1962, fazem parte da coletânea *O Arco-Íris Branco*, op. cit., p. 109-127 e p. 75-95.

13 Idem, Os Estenogramas Líricos de August Stramm, op. cit., p. 109.

14 Ibidem.

diversas épocas), tenha intensificado o interesse de Haroldo por poetas modernos da tradição alemã, muito embora essa língua não detenha evidentemente nenhuma hegemonia em se tratando de inventividade verbal. Tanto que o poeta enxerga nos poemas de Stramm "montagens de palavras pré-joyceanas[15], associando assim o expressionista alemão – teleologicamente – a esse autor irlandês, cuja obra linguisticamente mais complexa, *Finnegans Wake* (1939), ele viria a traduzir – em fragmentos – com Augusto de Campos[16], dois anos após a publicação do artigo sobre Stramm.

A redescoberta de alguns autores da vanguarda modernista alemã talvez tenha sido instigada pelo contato com os poetas concretos alemães, em especial Eugen Gomringer, que – em seu primeiro manifesto "vom vers zur konstellation: zweck und form einer euen dichtung" (Do Verso à Constelação, Função e Forma de uma Nova Poesia, 1954) –, incluíu o *Phantasus*, de Arno Holz, em seu elenco de referências. Embora todos esses poetas do modernismo do início do século XX fizessem parte da tradição alemã, o impacto disruptivo do nazismo e sua perseguição à arte de vanguarda como "arte degenerada" levou tais autores a um transitório ostracismo, do qual eles começariam a ser resgatados apenas na década de 1950[17]. Esse fator histórico levou à paradoxal situação de que a poesia moderna de vanguarda em língua alemã talvez fosse tão desconhecida dos poetas alemães da década de 1950 quanto o era entre seus contemporâneos brasileiros.

No artigo "Poesia de Vanguarda Brasileira e Alemã", publicado na revista *Cavalo Azul*, em abril/maio de 1966, Haroldo de Campos destaca o pioneirismo da sua geração – mais especificamente de seu grupo – em deslocar, no Brasil, o eixo de interesse literário da tradição francesa para a alemã e em lançar um "movimento de vanguarda de trânsito nacional e internacional, não subsequente a movimentos europeus análogos"[18]. E aponta o

15 Ibidem, p. 112.

16 *Panaroma do Finnegans Wake*, São Paulo: Comissão Estadual de Literatura, Secretaria da Cultura, 1962.

17 A esse respeito, ver Eugen Gomringer, Konkrete Poesie als mittel der Kommunikation einer Neuen universalen Gemeinschaft. Ein Rückblick auf die Ursprünge in den frühen 1950er Jahren, em Anne Thurmann-Jajes (ed.), *Poesie Konkret. Schriftreihen für Künstlerpublikationen*, n. 7, p. 203-207.

18 H. de Campos. Poesia de Vanguarda Brasileira e Alemã, *A Arte no Horizonte do Provável e Outros Ensaios*, p. 156.

que aproximara poetas brasileiros e alemães nos anos 1950: "Um traço característico e comum do movimento internacional de poesia concreta, que partia de duas matrizes principais: o Brasil e o domínio alemão, foi, justamente, o empenho em desmarginalizar a vanguarda, integrando-a numa tradição viva."[19]

Na abordagem dessa convergência, Haroldo paraleliza a redescoberta de Arno Holz e de Kurt Schwitters pela vanguarda alemã da década de 1950 com a revalorização concomitante de Sousândrade e Oswald de Andrade pelos integrantes do grupo Noigandres. Assim como o gesto iconoclasta e a postura paródica seriam traços de convergência em autores como Schwitters e Oswald, o paralelo entre Holz e Sousândrade seria os traços barroquizantes de suas obras épico-líricas.

Também é de 1966 o ensaio "Arno Holz: Da Revolução da Lírica à Elefantíase do Projeto", no qual Haroldo faz uma ampla apreciação historiográfica do *Phantasus* holziano, destacando inovações como o eixo central de diagramação do poema, a concepção de uma "rítmica natural e necessária" (Holz), o uso do "aspecto gráfico da composição para preservar a eficácia fonético-sonora", conquistas essas modernas, além do "fluxo verbal torrencial, a linguagem em estado de dispersão, não de concentração" e de seu "monumentalismo hipertrófico", traços estes que também aproximariam o poema da estética do excesso de um certo barroco[20].

Pode-se dizer que o resgate de certa vertente da poesia alemã modernista para o público brasileiro, via tradução e crítica, e sua contextualização no programa estético da Poesia Concreta, foi o que marcou o interesse de Haroldo de Campos pela literatura alemã ao longo dos anos 1950-1960. À parte desse interesse, outros autores modernos de língua alemã, como Franz Kafka, Bertolt Brecht e Gottfried Benn, também atraíram momentaneamente a atenção do poeta paulistano. O que marca seus textos sobre esses últimos autores (e/ou suas traduções dos mesmos) parece ser, no entanto, o impulso de manifestar sua discordância de outras posturas críticas vigentes.

O artigo "Kafka: Um Realismo de Linguagem?", publicado no Suplemento Cultural de *O Estado de S. Paulo*, em maio de 1966,

19 Ibidem, p. 161.
20 Ibidem, p. 80, 84, 86.

surge em resposta ao professor tcheco Eduard Goldstücker, na época em visita ao Brasil. Diante da afirmação do acadêmico tcheco de que não faria sentido associar Kafka ao realismo literário, uma denominação que deveria ser limitada às manifestações literárias do século XIX, Haroldo contra-argumenta, apontando o papel fundamental do "realismo de linguagem"[21] na obra do escritor tcheco de expressão alemã.

No mesmo ano, Haroldo de Campos publica, na revista *Tempo Brasileiro*, uma seleção de poemas de Bertolt Brecht em sua tradução, assinalando – no breve comentário introdutório – a simetria da posição do poeta alemão em relação a Maiakóvski, os processos de montagem, o caráter anti-ilusionista de sua técnica, e paralelizando alguns procedimentos de sua obra poética tardia com os poemas-minuto de Oswald de Andrade. Sendo Brecht um autor cuja motivação literária incluía um engajamento político explícito, Haroldo – lembrando da reivindicação, por Maiakóvski, de uma "forma revolucionária" como pressuposto de uma arte revolucionária – demonstra "o duplo engajamento de Bertolt Brecht", conforme também se intitula o artigo[22].

Não se encontraram informações sobre a motivação de Haroldo de Campos traduzir dois poemas de Gottfried Benn (1886-1956): "Welle der Nacht" (1943) e "Gesänge I" (1913) – publicados na coletânea de poemas póstuma *Entremilênios* (2009), respectivamente como "gottfried benn I" e "gottfried benn II"[23]. Também não há indícios da época em que essas traduções foram feitas. No entanto, poderia ser relevante mencionar, neste contexto, o fato de que a primeira parte do poema "Gesänge", de Benn, foi motivo de conhecido debate entre Adorno e Lukács. Enquanto o crítico húngaro reconhecia nesse poema traços da alienação da vanguarda modernista da primeira metade do século XX, o filósofo de Frankfurt revidava a leitura de Lukács, argumentando que este havia ignorado a ironia do poema. É difícil saber se esse debate crítico teria tido alguma influência sobre o contato de Haroldo de Campos com o poema "Gesänge", de

21 Kafka: Um Realismo de Linguagem?, *O Arco-Íris Branco*, p. 129.

22 A duplicidade do engajamento retorna, sob marca irônica, recontextualizada, no poema "Refrão à Maneira de Brecht". Ver *Crisantempo: No Espaço Curvo Nasce Um*, p. 153-154.

23 *Entremilênios*, p. 243 e 245.

Gottfried Benn, mas vale pelo menos registrar o fato, considerando o conhecimento que Haroldo tinha de obras de ambos os filósofos e sua menção a elas em diferentes contextos críticos.

DO CONCRETO-LACUNAR DE HÖLDERLIN AO OUTRO-CONCRETO ELÍPTICO DE HAROLDO DE CAMPOS

O início da dedicação de Haroldo à obra poética tardia de Friedrich Hölderlin (1770-1843), que resultou em dois ensaios crítico-tradutórios – "A Palavra Vermelha de Hölderlin"[24] e "O Texto Como Descomunicação"[25] –, coincide com suas primeiras menções a Walter Benjamin (1892-1940) em seus textos críticos (em especial, ao canônico "Die Aufgabe des Übersetzers"), que viria a se tornar um dos eixos de referência da teoria haroldiana da transcriação. O destaque de Benjamin às traduções de Sófocles por Hölderlin como paradigma de harmonia entre os idiomas do original e da tradução, essa comportando-se em relação ao primeiro como o protótipo em relação ao tipo, viria a se tornar a referência central da tradução "parricida" postulada por Haroldo em *Deus e o Diabo no Fausto de Goethe*, o primeiro texto em que o crítico-tradutor desenvolve integralmente sua teoria da tradução. No desenvolvimento subsequente dessa teoria, com o acréscimo de uma referência mais marcada do pós-estruturalismo derridiano, o empenho de Haroldo se intensificaria no sentido de encontrar uma solução para a "clausura metafísica" da argumentação benjaminiana[26]. Esse é o contexto dos comentários com que Haroldo viria a emoldurar seu ensaio de 1967, ao reapresentá-lo no colóquio internacional O Valor da Interpretação, em Porto Alegre, em 1996[27]. O propósito desse complemento às reflexões da década de 1960 é legitimar criticamente a tradução (haroldiana) de uma tradução (de Sófocles por Hölderlin), sob

24 Publicado originariamente no *Correio da Manhã*, 14 maio 1967, sob o título de A Gargalhada de Schiller.

25 Publicado originariamente no Suplemento Literário de *O Estado de S. Paulo*, 31 out. 1970, sob o título de Poemas de Hölderlin.

26 Sobre o empenho crítico de Haroldo de Campos em conciliar sua teoria da transcriação com alguns pressupostos derridianos, ver Simone Homem de Mello,. "Haroldo de Campos, o Constelizador", *Revista Cult*, n. 180, 16, jun. 2013, p. 50-52.

27 Publicado em *Haroldo de Campos: Transcriação*, p. 173-196.

o argumento de que a versão hölderliniana é um original autônomo, e apontar que a rejeição de Benjamin à prática da tradução de uma tradução, e não do original, estaria em desacordo com seus próprios princípios teóricos.

Desde meados da década de 1950, as apreciações críticas dos poetas alemães da vanguarda modernista por Haroldo de Campos haviam se concentrado na demonstração de princípios comuns à Poesia Concreta, sendo que as traduções esporadicamente comentadas que sempre acompanharam os textos críticos cumpriam a função de apresentar os autores estrangeiros ao público brasileiro e demonstrar um amplo repertório de recursos inventivos – em parte inéditos na tradição tradutória brasileira – que possibilitariam a recriação dessas tradições em português. Embora a prática da tradução já demonstrasse o que Haroldo viria a teorizar posteriormente como "transcriação", a teorização sobre os procedimentos tradutórios ainda estava em segundo plano.

Durante os estudos da obra tardia de Hölderlin, Haroldo passa a demonstrar um interesse maior pela teoria da tradução. Em seu artigo "O Problema da Tradução"[28], publicado seis semanas antes da divulgação de sua tradução da primeira cena da *Antígone* de Hölderlin, Haroldo constata que "o problema da tradução está na ordem do dia"[29], remetendo-se a publicações internacionais recentes relacionadas ao tema e resgatando as práticas inovadoras de Pound e Hölderlin, ao lado de uma breve recapitulação de exemplos da tradução criativa no Brasil. O interesse teórico explicitado nesse momento por Haroldo é concomitante a uma intensa atividade tradutória em diálogo com Augusto de Campos, Boris Schnaiderman e Décio Pignatari, que culminaria na publicação de projetos tradutórios em conjunto, como *Poemas de Maiakóvski* (com A. Campos e B. Schnaiderman, 1967), *Poesia Russa Moderna* (com A. de Campos e B. Schnaiderman, 1968), *Traduzir e Trovar* (com A. Campos, 1968), *Antologia Poética de Ezra Pound* (com D. Pignatari, A. Campos, José Lino Grünewald e Mário Faustino, 1968). Embora esse intercâmbio praticamente não tenha sido documentado, deduz-se que a teoria da transcriação haroldiana viria a ser o

28 Publicado no jornal *Correio da Manhã*, em 2. abr. 1967.

29 Texto Literário e Tradução, em M. Tápia, T.M. Nóbrega (orgs.), *Haroldo de Campos: Transcriação*, p. 19-25.

desenvolvimento individual de um repertório de ideias sobre tradução poética compartilhado com seus mais próximos interlocutores, inclusive diante da trajetória anterior e posterior de todos esses autores/poetas como tradutores.

Em "A Gargalhada de Schiller" (ou "A Palavra Vermelha de Hölderlin", como viria a ser renomeado o texto posteriormente), Haroldo assinala – na tradução da *Antígone* sofocliana pelo poeta alemão – características que talvez não representassem novidade na prática tradutória dos poetas concretos, mas ainda não haviam sido explicitadas conceitualmente nestes termos: a "literalidade exponenciada", "literalidade à forma", "supraliteralidade" e a "força concreta da metáfora original"[30]. Em sua tradução da *Antígone* de Hölderlin, Haroldo de Campos não recorre diretamente a esses procedimentos tradutórios hölderlinianos. Diferente a outras traduções suas do alemão, aqui ele não opera extensivamente com o resgate etimológico da figuratividade original de metáforas já cristalizadas. Além disso, ele recorre menos à supraliteralidade como técnica tradutória do que à recodificação de elementos centrais do texto hölderliniano, como a concretude e a fragmentação. A tradução haroldiana do diálogo entre Antígone e Ismene e da intervenção do coro dos velhos tebanos que encerra a primeira cena da peça de Sófocles é, de maneira geral, mais compacta que a versão de Hölderlin. Distingue-se dessa por uma concentração verbal maior e por uma elaboração mais consciente e intensa do tecido fônico de algumas passagens, que confere ao texto maior coesão em decorrência da malha de associações sonoras. O uso quase hiperbólico de aliterações, assonâncias e paronomásias, revelado – entre muitos outros exemplos – no verso "ao desfavor do vento revolvido" (*im Wurf ungünstiger Winde*), acaba por gerar um efeito de continuidade maior do que se percebe no texto hölderliniano.

> Porém, a Polinices, pobre morto
> Proíbe-se dar túmulo ou lamento.
> Há de jazer, proclama-se de público,
> Sem lápide, sem pranto,
> Fino pasto de pássaros rapaces.

30 H. de Campos, A Palavra Vermelha de Hölderlin, *A Arte no Horizonte do Provável*, p. 98- 99.

> [...] dass man ihn
> Mit keinem Grabe berg und nicht betraure.
> Man soll ihn lassen unbeweint und grablos,
> Süß Mahl den Vögeln, die auf Fraßes Lust sehn.

A esta tendência de agregamento sonoro se soma o fato de Haroldo recorrer a uma sintaxe menos meândrica que a de Hölderlin. A obra tardia do poeta alemão se caracteriza crescentemente por uma sintaxe entrecortada, dotada de uma desconexão intrafrasal bastante complexa e de um amalgamento de sintagmas que muitas vezes não compõem um período coeso: "Weißt du etwas, das nicht der Erde Vater / Erfuhr, mit uns, die wir bis hierher leben, / Ein Nennbares, seit Ödipus gehascht ward?"

A fala de Antígone que abre a peça, dirigida à sua irmã Ismene, é dotada de um paradoxal laconismo delatador. Uma tradução literal desse fragmento, para fins de intelecção, seria: "Sabes de algo, de que o Pai da Terra não / ficou sabendo, conosco, que vivemos até agora, / algo nomeável, desde que Édipo foi arrebatado?

Em sua tradução, Haroldo mantém o caráter fragmentário do texto hölderliniano, substituindo, no entanto, o truncamento sintático pelo sequenciamento de frases que veiculam o conteúdo de um período completo:

> Conheces algo, algo nomeável,
> Que o Pai da Terra nos haja de poupar?
> A nós, sobrevivas, algo,
> A nós, provadas, desde o ocaso de Édipo?

A fragmentação do texto haroldiano, com sua justaposição de sintagmas completos, muitas vezes em disposição paratática, pode ser revertida pelo leitor por meio da recomposição da ordem das frases ou pelo resgate dos elementos elípticos deduzido do contexto. Em Hölderlin, no entanto, o truncamento sintático corresponde, de fato, a uma interrupção do fluxo lógico-verbal, de modo que as lacunas fazem parte indissociável do texto, na impossibilidade de se preencherem por dedução. Em sua tradução, Haroldo reelabora o encadeamento do texto, a fim de reconfigurar este elemento central da obra tardia hölderliniana que representa a fragmentação. No lugar do texto lacunar de

Hölderlin, ele gera a ilusão de fragmentaridade por meio de cortes sintáticos, do uso mais extensivo da parataxe e da elipse.

Outro elemento central da tradução de Hölderlin é a predileção pela concretude verbal (em geral de ordem imagética e/ou conceitual). No texto hölderliniano muitas expressões geradoras de estranhamento não se deixam parafrasear, parecem não se deixar assimilar pelo contexto, permanecendo, em sua materialidade de imagem conceitual ou conceito imagético, insubordinadas à abstração e impassíveis de subsunção. Trata-se de fatos verbais isolados dentro do texto, inassimiláveis em sua concretude irredutível. (Talvez seja esse um dos fatores que tenha levado Walter Benjamin a afirmar que as traduções hölderlinianas tocam no "problema primordial de toda tradução", ameaçando "emurar o tradutor no silêncio"[31], muito embora esse muramento talvez seja mais característico da obra poética tardia de Hölderlin, incluindo-se poemas e traduções, do que da atividade tradutória propriamente dita.)

Na reconstituição da concretude hölderliniana, Haroldo de Campos adota outras estratégias. O poeta-tradutor não se esquiva da síntese abstrata, em casos nos quais o original opta pela imagem concreta ou simplesmente não inclui nenhuma síntese conceitual. Aqui alguns exemplos desse procedimento: "golpe duplo" (*zwei Hände*, duas mãos), "morte mútua" (*verwandten Tod mit Gegnershand*, morte parental por mão adversária), "me perdoem, se esta é a minha sina" (*mir zu verzeihen, dass mir dies geschieht*, me perdoem que isso me aconteça). Por mais que essas opções gerem um estrato semântico mais abstrato que o original, os conceitos haroldianos são mais sintéticos – e a síntese, em passagens nas quais Hölderlin dilui a imagem ou o conceito em um movimento de expansão sintática meândrica, tem um efeito decisivo de concretude.

Além disso, o texto haroldiano tende à substantivação de expressões adjetivas e de sintagmas verbais ou adverbiais: "sangue do meu sangue" (*Gemeinsamschwesterliches*, comum-fraternal), "desde o ocaso de Édipo" (*seit Ödipus gehascht ward*, desde que Édipo foi arrebatado), náufrago (*untergangen*, decaído, destruído, naufragado), réu confesso de seus próprios erros (*nach selbstverschuldeten Verirrungen*, após desatinos por culpa própria), aos mortos sob a terra (*sie, die drunten sind*; eles, que estão lá embaixo). A expressão

31 Apud Haroldo de Campos, *Haroldo de Campos: Transcriação*, p. 176.

fixa "sangue do meu sangue", as imagens de "ocaso" ou "naufrágio" e outros termos como "sina", "réu" e "morto", apenas para citar alguns exemplos desse procedimento substantivador, geram uma sequência de nós semânticos que contribuem para intensificar a concretude do texto. No original, a tendência é de diluir a nitidez conceitual por meio de um movimento meândrico de verbalização, no qual o objeto se rarefaz numa insolúvel sintaxe labiríntica; dessa maneira, desperta-se a impressão de que o a-ser-dito sempre escapa à verbalização definitiva, mantendo-se inominado.

Outro tipo de fratura demonstrado pelo texto hölderliniano é a concomitância de um registro altamente poético ao lado do coloquial. Tanto a "força da metáfora original" como a direticidade da fala coloquial conferem à *Antígone* de Hölderlin uma crueza bem maior que transparece na tradução de Haroldo, linguisticamente lapidada em um registro mais solene e com alto grau de elaboração da sonoridade – traços esses que a tornam mais *Kunstpoesie* do que *Naturpoesie*, no sentido primeiro-romântico dos termos.

Já em suas traduções de três fragmentos tardios de Hölderlin (poemas inacabados na extensão, mas de extrema plenitude poética), publicadas em 1970, Haroldo de Campos se vale de procedimentos congeniais ao poeta alemão: a sintaxe fragmentária e truncada, as palavras compostas causadoras de estranhamento, os cortes do verso e as pausas[32]. "Multianunciadora", "circunzunir", "pleno-sentido", "exsurgir" são alguns dos exemplos de criações neológicas que pontuam uma estrutura textual praticamente decalcada do poema original, como todas as lacunas e interrupções. Nessas traduções, em decorrência de sua "literalidade à forma", mas também da tendência de concentração e síntese, Haroldo de Campos revela ao público de língua portuguesa o que singulariza a obra tardia de Hölderlin, em toda a sua complexidade.

GOETHE VIA HAROLDO: DA TRANSLUCIFERAÇÃO À METAMORFOSE DA ENTELÉQUIA

Foi o estudo de outro texto dramático canônico, de autoria de outro poeta alemão canônico, o *Fausto II*, de J.W. Goethe, que

32 Texto Como Descomunicação (Hölderlin), *A Operação do Texto*, p. 90-91.

levou Haroldo de Campos, como tradutor, a realizar com êxito ímpar o que denominava "transpoetização" (conceito derivado do termo alemão *Umdichtung*) e, como crítico, a desdobrar suas reflexões sobre tradução em uma teoria da transcriação, associando referenciais teóricos díspares, como Walter Benjamin e Roman Jakobson, em uma metafísica-física da transposição poética. Com nenhum outro autor de língua alemã Haroldo demonstrou tal "afinidade eletiva", a ponto de marcas fundamentais dos originais goetheanos impregnarem sua construção teórico-crítica. O propósito da última parte deste estudo é assinalar a interdependência entre certas conceitualizações da teoria haroldiana, com seu respectivo repertório de imagens, e os textos de Goethe por ele traduzidos.

Além da tradução do fragmento final do *Fausto II*, a partir da disputa entre "deus" e o "diabo" pela alma do protagonista até o fim da peça, que insinua seu reencontro com Margarida no céu, *Deus e o Diabo no Fausto de Goethe*[33] inclui uma detalhada introdução sobre a matéria fáustica; uma recapitulação de expoentes da fortuna crítica do *Fausto*, a culminar na análise da reversão (barroca) de sentido, a partir de uma paralelização do *Fausto* com a *Divina Comédia*, de Dante e da exploração do conceito de carnavalização de Mikhail Bakhtin; e um comentário sobre sua própria tradução, em cotejo com outras em língua portuguesa, a culminar na síntese de sua teoria da transcriação.

Um dos eixos da argumentação haroldiana – tanto na caracterização do original goetheano quanto, como se verá, na teorização sobre tradução poética – é o barroco. É importante notar que o barroco a que se refere Haroldo, de caráter "transepocal", segundo sua designação, marcou o seu interesse pela obra tardia de Hölderlin e de Goethe, nas quais Walter Benjamin havia assinalado indicações inequívocas de qualidades barrocas[34]. Em *Fausto*, Haroldo enxerga um hibridismo (de gêneros, no caráter tragicômico), a reversão de posições (entre céu e inferno na "bufonaria transcendental" identificada no final da peça), a *concordia discors*

33 *Deus e o Diabo no Fausto de Goethe*, p. 101, note-se aqui que, antes de publicar sua tradução de Goethe, Haroldo de Campos havia traduzido Dante (*Dante: Seis Cantos do Paraíso*) e Stéphane Mallarmé (*Mallarmé*, com Décio Pignatari e Augusto de Campos).

34 *Deus e o Diabo no Fausto de Goethe*, p. 129.

e a mistura (do sublime e do grotesco na linguagem de Mefistófeles), a desmesura (da obra enciclopédica, que abarca diferentes vertentes da tradição literária) e o excesso (na saturação da inventividade linguística na fala do "inferno" e, por fim, também do "céu") – todas essas marcas barrocas em sentido lato.

A tradução de Haroldo envolve, antes de mais nada, o resgate de formas poético-dramáticas da nossa tradição (de Gil Vicente a *Morte e Vida Severina*, de João Cabral de Melo Neto), perspectivadas em diálogo com a cena fáustica, e a compilação de um repertório lexical, em parte neologístico, bem mais amplo que o de Goethe, em sua amplitude de registros e de estratos históricos da língua. Mesmo se movendo, desmedido e ilimitado, dentro desse vasto repositório de referências, formas e vocábulos em sua língua, o tradutor se desloca, no entanto, na estreita fresta que lhe permitem as características métrico-rímicas e lexicais do original. É isso que torna a tradução haroldiana, ao mesmo tempo, excessiva e rigorosa. Muito raramente o autor introduz palavras inexistentes no original apenas para manter o esquema rímico, por exemplo. Em geral, os núcleos semânticos de cada verso são mantidos em correspondência com o original. Todas as metamorfoses sofridas pelo *Fausto* na "transluciferação" haroldiana provêm, não da busca de soluções pontuais para a escassez de correspondência entre as línguas, mas sim de uma máquina fáustica operada pelo tradutor, ou seja, do engendramento de um mecanismo criador alimentado por princípios de composição do próprio original. Haroldo parece interiorizar determinados procedimentos presentes no *Fausto* – como o uso paródico de campos semânticos sacro-elevados, a espirituosidade neologística, a diferenciação de ritmos para diferentes registros dramáticos – e os utiliza *ad libitum*.

A apropriação abrangente dos princípios de funcionamento e de significação do original é que garante ao tradutor exegeta o êxito numa "tradução litúrgica", na qual se "transubstancia a linguagem do original na linguagem da tradução como o oficiante-hermeneuta de um rito sagrado que procura conjurar o verbo primordial"[35]. Essa metáfora da transubstanciação ritualística é aplicada por Haroldo, na verdade, à tradução de Sófocles por

35 A Palavra Vermelha de Hölderlin, *A Arte no Horizonte do Provável*, op. cit., p. 97.

Hölderlin. Essa tradução, tomada como um original em si mesmo, ao ser traduzida para o português, comporia – na triangulação das línguas – um "palimpsesto filológico"[36], uma imagem que ressalta a concomitância de três textos em sobreposição. Na teorização sobre sua tradução do fragmento fáustico, Haroldo não se refere, no entanto, à coexistência de original e tradução, mas sim a uma substituição daquele por esta: "Flamejada pelo rastro coruscante de seu Anjo instigador, a tradução criativa, possuída de demonismo, não é piedosa nem memorial: ela intenta, no limite, a rasura da origem: a obliteração do original. A essa desmemória parricida chamarei 'transluciferação.'"[37]

É digno de nota o fato de essa radical formulação implicar uma correspondência com a própria matéria fáustica e com o traço de subversão da ordem analisado pelo tradutor no drama goetheano. Essa não é a única correlação possível entre as formulações teóricas sobre transcriação e elementos destacados por Haroldo no *Fausto II*: o movimento plagiotrópico da literatura reconhecido na transmissão da matéria fáustica é o mesmo atribuído à atividade tradutória como impulso da tradição; o traço paródico e intertextual da obra tardia de Goethe espelha a ideia da tradução como canto paralelo ao original; a dissolução da "cristalização apolínea" do original pela "pulsão dionisíaca" da tradução encontra correspondência no próprio dilema fáustico; até mesmo a autoconfessa "apropriação de tesouros alheios" por Goethe tem como contraponto a noção de "vampirização" agregada ao conceito de transcriação em *Deus e o Diabo no Fausto de Goethe.*

Um conceito que já aparece no *Fausto*, mas ocupará Haroldo de Campos mais intensamente em suas leituras da poesia lírica tardia de Goethe, publicadas em dois artigos escritos por ocasião do sesquicentenário da morte do clássico alemão[38], em 1982, é a ideia de enteléquia, também assimilada pelo tradutor-crítico em

36 Ibidem, p. 102.

37 *Deus e o Diabo no "Fausto" de Goethe*, p. 209.

38 O Arco-Íris Branco de Goethe, Folhetim 296, *Folha de S.Paulo*, 19 set. 1982 e Da Atualidade de Goethe, *Colóquio Letras 68*, Lisboa, julho de 1982. Ambos os artigos foram republicados no livro *O Arco-Íris Branco: Ensaios de Literatura e Cultura*. Esse livro inclui ainda dois textos com reflexões de Haroldo sobre Goethe, nos quais ele retoma pontos-chave de seu livro de 1981: Questões Fáusticas (entrevista publicada no *Jornal da Tarde*, 3 out. 1981) e Problemas de Tradução no *Fausto* de Goethe (Suplemento de Cultura, *O Estado de S. Paulo*, 16 ago. 1981).

sua busca permanente de reatualizar conceitualmente a sua teoria da tradução. No texto crítico que acompanha a tradução do poema "Nicht mehr auf Seidenblatt", do *Divã Ocidental- Oriental*, Haroldo se remete ao episódio biográfico da visão de um arco-íris branco pelo já idoso Goethe, por este interpretado como o prenúncio de uma "nova puberdade", que seria vivida, no entanto, sobretudo literariamente, com a jovem à qual Goethe dirige os poemas do *Divã*.

Enteléquia, como "a força que nos conduz ao *telos*, à completude"[39], é vista por Haroldo sobretudo no sentido de uma "dialética metamórfica", com "ênfase especial na capacidade transformadora do fazer humano". A essa "operação transmutadora, num sentido metamórfico, de transfusão de pessoas (*personae*)"[40] ele associa a tradução poética: "a melhor maneira de corresponder a esse 'sobredurar' (*Fortleben*), no qual o velho Goethe, pensador da morfologia e da metamorfose nas ciências da natureza, punha a sua mais decidida convicção, está na operação tradutora, no que eu prefiro chamar *trans-criação*"[41].

O poema "Nicht mehr auf Seidenblatt", traduzido por Haroldo como "Sobre Folhas de Seda, Não Mais", apresenta um amante que atina para o fato de que "aqui, antes de mim, um amou" e conclui "eu amo como ele / e o adivinho". Aqui também, o foco temático do poema é abordado metalinguisticamente no texto que acompanha a tradução, mais um indício da afinidade entre os campos conceituais dos textos submetidos à tradução e da teoria-prática da transcriação por Haroldo de Campos.

Essa assimilação poético-conceitual da ideia goetheana de enteléquia também derivou em dois poemas, nos quais Haroldo recombina – fragmentariamente – elementos do processo de tradução do *Fausto II* e da lírica tardia de Goethe e de sua respectiva teorização: "Opúsculo goetheano (1)" e "Opúsculo goetheano (2)"[42] . No caso do trabalho haroldiano com Goethe torna-se visível o percurso da leitura constelizadora, passando pela construção teórica que se "usurpa" da matéria/materialidade do

39 O Arco-Íris Branco de Goethe, *O Arco Íris Branco*, p. 20.
40 Ibidem, p. 18
41 Ibidem, p. 20.
42 *Educação dos Cinco Sentidos*, p. 28-31 e 32-33, respectivamente. A esses poemas em torno de Goethe se soma o jocoso Lamento do Conselheiro de Weimar (captado na radiomúsica das esferas), publicado em *Crisantempo*, p. 81-82.

texto original na mesma medida em que a tradução o faz, até a reapropriação desse "palimpsesto" - com seus estratos poético, crítico e tradutório - como material da própria poesia. Nada mais elucidativo do que esse movimento da obra haroldiana para se compreender como a atividade tradutória permanentemente reengendra a tradição literária.

Legado Homérico

Trajano Vieira

Creio que a contribuição mais útil que posso oferecer a esta coletânea relevante será apresentar um breve depoimento sobre os dez anos de meu convívio com Haroldo de Campos, em função de sua tradução da *Ilíada* de Homero, e destacar um ou outro aspecto desse trabalho. A atividade tradutória pode ser bastante fastidiosa, quando o que se busca é a adequação vocabular submissa ao dicionário e a reprodução mecânica das construções do original, com adaptações nos casos em que a versão literal se mostre aberrante. Se o leitor tiver interesse em conhecer algo da dinâmica tradutória de Haroldo de Campos, será fundamental, desde logo, inverter esse princípio.

Definiria sua metodologia como jubilosa e imprevisível. Em nossa segunda aula (inicialmente, Haroldo convidou-me para lhe ministrar aulas de grego, tendo já em mente o projeto homérico), meu "aluno" brindou-me com uma surpreendente "lição de casa" (palavras suas): o traslado dos dez primeiros versos da *Ilíada*. A folha com a lição apresentava aspectos que se repetiriam ao longo do tempo: comentários marginais sobre correlações formais a serem reinventadas em português, citações de versos afins, exclamações sobre a originalidade de certa passagem. As anotações foram se enriquecendo ao longo do tempo, graças às edições, aos comentários e aos estudos sobre o universo homérico que íamos adquirindo. O processo de construção do original colocava-se como desafio ao tradutor. Não almejava a equivalência automática, mas reimaginava o movimento textual, devolvendo-lhe a vitalidade expressiva ausente de versões filológicas. Para Haroldo, ou um texto ficava em pé por méritos próprios, ou de nada adiantavam arrimos prosaicos de sustentação.

Sua leitura pautava-se pelo rigor extremo, mas por um rigor contrário aos princípios do eruditismo sapiencial. Nossos encontros nunca reproduziam um roteiro didático. Eram os enigmas do texto homérico que colocavam questões inusitadas. Logo chamou-me a atenção o impressionante repertório vocabular de Haroldo, capaz de citar a terminologia técnica em português referente, por exemplo, a construções navais, campo em que Homero chega a minúcias praticamente intraduzíveis. O mesmo valia para cenas típicas de ritos e sacrifícios. Não o motivava o prazer da erudição normativa, mas a expressividade poética. Pode-se dizer que, de sua perspectiva, o saber se efetivava pela imersão no processo criativo; fora disso, era língua morta. Daí o humor com que propunha, de uma lufada, diferentes soluções para um mesmo jogo verbal. Haroldo parecia divertir-se com desafios imprevisíveis. Era a expectativa sobre a novidade estética contida no hexâmetro ainda não lido que alimentava sua curiosidade voraz. Nutria-o o risco poético. Seu ânimo jamais esmorecia, mesmo nos momentos de crise decorrente da saúde debilitada, e tinha a ver, suponho, com a rara simbiose que se deu entre autor e tradutor. A extensão da obra tradutória de Haroldo revela as múltiplas facetas de sua *persona*. Contudo, foi em Homero que encontrou a rutilância que refletia um traço fundamental de sua natureza. O cosmo ofuscante dos reflexos das armaduras, do estelário pulsante, da multicoloração marinha, das fogueiras noturnas estavam em consonância com uma dimensão profunda de sua exuberância solar. Sua agilidade intelectual levava-o a preferir a construção discursiva *in media res*, em detrimento da estrutura linear *ab ovo*. Se fizer sentido evocar seu arquétipo, mencionaria Ulisses, herói da *Odisseia* e narrador oculto das *Galáxias*. Sua alta voltagem anímica logo se fez notar na dinâmica de nossos encontros, que passaram a duas vezes semanais, além das conversas ao telefone, que se tornaram diárias.

Recordo-me de uma ocasião em que me ligou para falar de um símile homérico, ou melhor, da ocorrência do símile de um símile de um símile. Eu acabara de terminar uma aula na Unicamp e, pelo viva voz, até fechar o portão de casa em São Paulo, ouvi-o discorrer sobre o trecho notável. Essa intensidade poética não declinou ao longo de dez anos, e não sofria interrupção nem mesmo quando ele ou eu estávamos no exterior.

A poesia homérica possui dois traços fundamentais bastante estudados no século vinte, a partir da obra pioneira de Milman Parry: no plano da estrutura verbal, há um acúmulo de epítetos e de fórmulas tradicionais que refletem sua composição oral. Pode-se dizer que o núcleo da linguagem homérica não é a palavra, mas a fórmula. Essa matriz formular é responsável pelo movimento de contenção. Não se trata apenas do emprego recorrente de expressões fixas, mas de a renovação da linguagem ocorrer muitas vezes a partir da expressão tradicional. Há um padrão na dicção homérica que reflete o uso de fórmulas fixas. Mesmo quando ausentes, é sua estrutura formal que possibilita a geração de outras fórmulas. A estrutura formular é um fenômeno, portanto, de dicção. Ela é o referencial com que o poeta épico trabalha. Ao lado dessa construção, responsável pelo que denomino contenção, há outra igualmente importante, de certo modo contrária, notável, sobretudo, no plano narrativo. Trata-se do movimento de expansão. Se o poeta oral percebe que sua rapsódia agrada a plateia, pode expandir muitíssimo sua obra, através de digressões, acréscimo de vinhetas, acúmulo de símiles etc.

A poesia de Homero tem, portanto, dois parâmetros como balizas: o da contenção, no plano da dicção; o da expansão, no plano narrativo. O maior problema das traduções acadêmicas decorre do fato de, em lugar de privilegiarem essa tensão original, algo que exige reinvenção, optarem pelo traslado literal, tornando redundante e desinteressante o que no original lateja. Tenho para mim que isso se dá por causa do peso da filologia positivista nos estudos clássicos. A versão automática, ao evitar reformatar o texto, cria a ilusão de zelar pela essência. Cria a ilusão de que, em poesia, conteúdo vale mais que forma. Do ponto de vista poético, esse tipo de tradução não é propriamente equivocado, mas catastrófico. Sem pretender me aprofundar nessa questão, registro apenas um gênero em que tal problema se escancara, o cômico. Que o leitor tente rir da maioria das traduções para o português das comédias de Aristófanes. O máximo que sairá é um riso amarelo. Nos versos 139-145 dos *Acarnenses*, o embaixador Teoro presta contas em Atenas de sua missão na Trácia. A passagem é hilariante e atinge seu ápice na menção que faz às pichações estampadas nos muros do país estrangeiro, simpáticas a Atenas. Cito uma versão portuguesa e pergunto se ela provoca o riso: "Esse tempo passei-o eu a beber junto de Sitalques. A verdade é que ele se tornou profundamente pró-ateniense e tão sincera era a admiração que sentia por vós que até nas paredes escrevia: 'Queridos Atenienses.'"[1] Que graça tem esse "queridos atenienses"? No grego lê-se *athenaioi kaloi*. Uma das particularidades da língua grega é seu universo lexical relativamente reduzido, quando comparado ao de outras línguas. Talvez seja mais exato afirmar que as raízes verbais e nominais são relativamente restritas. Isso exige do tradutor uma atenção especial para as nuances com que os vocábulos são empregados. No caso da pichação em pauta, *athenaioi kaloi*, o adjetivo *kalos* é vertido pelos dicionários por "belo". Digamos que um outro tradutor, diferentemente da tradutora portuguesa, vertesse *athenaioi kaloi* por "belos atenienses". O resultado continuaria ruim e impreciso, pois desconsideraria as desabusadas referências ao universo homossexual presentes na obra de Aristófanes. Ou seja, é fundamental interpretar o sentido exato com que se emprega *kaloi*, a partir do contexto cômico em que aparece. Jacques Derrida, num ensaio intitulado "O Que É uma Tradução *Relevante*", aborda a questão dessa perspectiva, ao sugerir a tradução de *seasons*, do verso 193 de *O Mercador de Veneza*, não por *tempère* (tempera), como fez Victor Hugo, mas pelo verbo "relever"[2]. Foi pensando em questões assim que verti a passagem de Aristófanes do seguinte modo: "Nesse ínterim, me embebedei com Sítalco, um filoateniense radical, que pichava nos muros a paixão sem peia: 'Atenienses, que gatões!'"

Tradutores universitários, perpetuadores da aura museológica, procuram esclarecer o que não traduzem em notas de rodapé. Às vezes, tem-se a impressão de que as traduções de poesia grega são feitas em função dos comentários que os especialistas

1 *Comédias de Aristófanes*, introdução, tradução e notas de Maria de Fátima Sousa e Silva, v. 1.

2 Cf. J. Derrida, What is a "Relevant" Translation, *Signature Derrida*.

desejam formular nesse espaço subalterno. O texto de chegada seria apenas um momento a partir do qual os especialistas elaborariam suas anotações. Por não verem o texto traduzido como organismo autônomo, acabam oferecendo versões sofríveis que sugerem ao leitor não especializado que o poeta clássico é banal e tedioso. Refiro mais um episódio dos *Acarnenses*. Um personagem pergunta de que se alimentam duas porcas transportadas num saco (na verdade, duas moças fantasiadas, v. 801). Em sua resposta, o pai das duas emprega palavras que significam ao pé-da-letra "ervilha" e "figo". Ocorre que esses termos têm duplo sentido em grego e aludem ao membro viril. Que sentido há, portanto, em traduzi-los, no âmbito da comédia, por "ervilha" e "figo"? Não seríamos mais fiéis ao original se propuséssemos "cenoura", "mandioca", "pepino" ou alguma outra metáfora leguminosa em que o português é tão fértil?

A questão da análise textual, da busca do traço poético distintivo, norteia o trabalho de tradução de Haroldo de Campos, particularmente o de maior fôlego que realizou: a *Ilíada*. A repetição automática de fórmulas resultaria num texto redundante em português, algo que não ocorre no original. E, no entanto, as fórmulas percorrem o texto de Haroldo, igualmente os epítetos, mas sofrendo maiores ou menores alterações, que não descaracterizam sua função original. Eis o paradoxo da tradução criativa: através da reinvenção, restituir o que está latente no original. Não é o dicionário que deve nos impor o que o original diz, mas é o autor que nos instiga a buscar o que sua mensagem contém de mais específico. Não fosse assim – e me recordo de um comentário recorrente de Haroldo de Campos – bastaria um programa de computador para traduzir Homero. Ou seja: só é possível ter acesso ao original, àquilo que o particulariza, reimaginando-o. A tradução de Haroldo reencena o texto de partida, recupera num plano inédito a originalidade do épico grego. Caracteriza-se como um ato de coragem. Há um espaço ainda não preenchido a ser ocupado pela formulação inédita, que vislumbra o original com olhar provocativo. É evidente que, nesse processo, o amplo domínio de formas poéticas revela-se fundamental. E desconheço tradutor com maior potencial sintático que Haroldo, para mencionar apenas um aspecto de sua linguagem. Sempre que releio a *Ilíada* de Haroldo não deixo de me surpreender com a diversidade de suas construções, com a coreografia de sua sintaxe desconcertante, com a imaginação de um escritor que, no plano da logopeia, talvez seja imbatível em nossa tradição moderna. Nunca deixei de admirar, em nossos encontros, seu procedimento de trabalho: sua escritura dava a impressão de um mapa astral, de um caleidoscópio multicolorido, com observações sobre jogos formais do grego a serem resgatados. Sua leitura rigorosa era assinalada com a exuberância pictórica de canetas pretas, azuis, vermelhas, verdes. As folhas tinham algo de partitura, mas da partitura em que a abordagem analítica do grego se mesclava ao júbilo de exclamações, comentários e soluções provisórias. A exuberância plástica dos rascunhos, o gozo incontido da produção transparece evidentemente na tradução. Não há nada nesse material que nos lembre remotamente a performance previsível de tradutores rotineiros ou dos, como ele gostava de chamar, versejadores de domingo.

Um dos escritores mais referidos por Haroldo em nossas conversas era Odorico Mendes, o notável tradutor de Homero do século dezenove, bastante injustiçado, segundo observava, por nossa historiografia. A tradução de Haroldo da *Ilíada* é, de certo modo, uma homenagem a Odorico. O diálogo criativo com o tradutor maranhense é constante e, com Odorico, Haroldo divide não só o interesse pela expressão poética, como pelo potencial sintático da língua portuguesa. Num certo sentido, Haroldo herda de Odorico o domínio criativo da formulação inédita. São mestres inventores da logopeia. Onde, por exemplo, Odorico verte Homero por: "Do ombro suspende a claviargêntea espada, / Cetro paterno empunha incorruptível;", lemos em Haroldo: "Suspende à espádua – prata cravejada – a espada. / Nas mãos, o pátrio cetro incorrompido." Em Odorico: "Do tropel freme a terra, o estrondo ecoa." Em Haroldo: "Troa o solo soto-/posto ao tropel da tropa, caos circum-sonante."

Não é o caso de me estender na análise dos procedimentos que Haroldo adota. Cito uma ou outra passagem, a título de exemplo. No verso 77 do Canto 8, Homero emprega um adjetivo para qualificar *deos*, "terror", na seguinte expressão: *hypo khloron deos eilen. Khloron* significa verde, que é como Rosa Onesti traduz em italiano: "li prese tutti verde terrore". Robert Fagles muda a cor e escreve: "White terror seized them all." O que faz Haroldo?

Traduz literalmente a expressão "medo verde" e acresce como adjetivo um inesperado "cloroso", em posição de corte de verso: "Espantam-se os Aqueus, tomados do cloroso / medo verde." Às vezes, as retomadas etimológicas surpreendem até mesmo o especialista. No verso 297 do Canto 8 (verso 299 da tradução), Homero emprega o epíteto composto *tanyglokhinas*, concernente a "flechas". O dicionário grego-francês Bailly traduz o vocábulo por "pontas longas" e indica a composição: da mesma raiz do verbo *tanyo* (estender) + *glokhin* (ponta). Precisei recorrer ao dicionário etimológico da língua grega de Pierre Chantraine, para avançar no sentido de *glokhin*. Segundo o filólogo francês, teria relação com *glossa*, "língua". Na versão italiana lê-se "punta lunga". Aludindo à fanopeia contida na etimologia do termo, Haroldo escreve o seguinte verso: "Já oito flechaços-língua-ferina expedi". Os pesquisadores que tiverem acesso aos manuscritos da tradução de Haroldo verão o quanto esse tipo de pesquisa vocabular interessava ao escritor em sua exegese marginal.

Ainda no campo da referência etimológica, numa sequência em que se destaca a inexcedível melopeia homérica, encontramos, nos três primeiros versos do Canto 9, *phylakas* ressoando em *physda* e *phobou*. Como resolver a complexa gama de som e sentido presente nesses versos? *Physda* significa "fuga", "intenção de fugir". *Phobou*, "do medo", está acompanhado de *kryoentos* (glacial), e depende de *hetaire*, "companheira". O pânico seria "companheiro do medo glacial". Como procede Haroldo? Diante da impossibilidade de manter a musicalidade desencadeada por *phylakas* no primeiro verso, transfere essa pauta para o verso seguinte, em que a concentração de /p/ se resolve semanticamente na palavra "opressivo", e verte "companheiro do glacial" pelo econômico e aliterante "gêmeo gelado." Reproduzo os versos em questão: "Os troianos velavam. Possuídos de um pânico / divino e de seu gêmeo gelado, o pavor, / os Gregos vêem seus chefes abater-se ao peso / de um pesar opressivo." Chamo a atenção, no mesmo Canto 9, para como Haroldo traduz dois epítetos do Hades, no verso 158: *Aides toi ameilikhos ed'adamastos*. Ambos os adjetivos têm como letra inicial um alfa, que dizemos privativo, correspondente a "não" ou "sem". "Sem mel", "não doce" seria o Hades e "inflexível", "indomável" (lit.). Note- se o que faz Haroldo. No plano musical, para rebater a presença dos alfas, cria a expressão "fel-sem-mel", que traduz *ameilikhos*; já, para *adamastos*, inspirado no recorte sonoro da palavra, verte-a, em lugar de "inflexível", pelo composto "duro-diamante": "Que fel--sem-mel, duro-diamante / Hades".

Não vou me delongar ainda mais na questão da pesquisa vocabular, mas não poderia deixar de mencionar um de seus pontos altos, o catálogo das 33 ninfas que acompanham a mãe de Aquiles, Tétis, quando solicita a Hefestos a fabricação das armas do filho. Pois bem, todos os nomes das ninfas são falantes, isto é, possuem significado etimológico específico. O tradutor acadêmico não soluciona o problema e o remete para nota de rodapé. Haroldo ora traduz o nome, ora o conecta a um adjetivo que elucida seu sentido, ora preserva apenas o vocábulo original, para não perder a sonoridade encantatória do catálogo (*Ilíada* 18, 39-49):

> Eram Gláucia, azul-mar, e Tália florida; a ôndula
> Cimodócia; a insular Neseia; a cavernícola Espeia;
> Toa, nado-agílima; Hália, cinza-sal,
> olhos-redondos; Mélita, mel; Iera grácil;
> Anfitóe circum-nadante e Ágave bem-nada;
> Cimotóe, onda-rápida; Acteia e Limnória;
> Doto e seus dons; Proto, primícias; Transferusa;
> Dexamene, cisterna-amena; Dinamine,
> dínamo-fluente; e a circumpróxima Anfinome;
> Calianira, encanta-homens; Dóris; Panopeia,
> panvidente; a gloriosa Galateia; Nemertes;
> Apseude; Iânira, Ianassa, Clímene, Caliâ-
> nassa, Maíra, Oriteia, Amátia – eis as Nereides
> abissais, todas;

Creio que o outro plano da tradução a que aludi com o termo expansão não fique atrás do que acabo de mencionar, concernente à invenção vocabular. A estrutura narrativa de Haroldo de Campos fascina porque sua sintaxe exibe complexidade dificilmente superada na poesia moderna de língua portuguesa. O potencial de logopeia de Haroldo parece inesgotável e se mostra extremamente eficiente. Parece ter um olho em Odorico e o outro nas técnicas de montagem cinematográfica. Cortes bruscos suspendendo digressões delongadas são exemplo disso. A captação do tom elevado da épica homérica e a agilidade do enredo não decaem ao longo dos 24 cantos. Costumava observar que a *Ilíada* não tem enchimento. Diria o mesmo de sua tradução. Ela se mantém não só pela qualidade poética, mas se impõe como patrimônio da língua. Os desenhos labirínticos dos períodos, a inusitada combinação do fraseado hiperelaborado e orações hipersintéticas capturam o leitor. Muitas vezes, releio passagens levado pela exploração original da sintaxe, que nunca afrouxa. A tensão narrativa de uma saga repleta de digressões, cenas típicas, descrições minuciosas de equipamentos bélicos e de apetrechos náuticos, é mantida em todo seu portento. O universo homérico é faiscante, as referências ao brilho e aos reflexos prismáticos do fogo, das armaduras, das lanças, do mar não esmorecem nem mesmo à noite. Esse fulgor narrativo tem a ver certamente com a natureza de Haroldo, escritor solar, mesmo nos momentos raros em que seu astral não estava lá tão alto. O ritmo da lâmina crispante, em seus movimentos tortuosos no campo de batalha, particulariza a poesia de Homero e a tradução do Haroldo. Trata-se de uma poesia de epifania grandiosa. Os heróis não aparecem propriamente, mas irrompem num universo de tensão inesperada. Citar exemplos do que estou observando significaria reler o poema na íntegra, o que seria impossível e inadequado, pois tiraria o prazer da descoberta e redescoberta do leitor. Mas permito-me aludir, à guisa de conclusão, a uma breve passagem em que Homero via Haroldo fala de uma disputa dos jogos que Aquiles comanda, por ocasião do funeral de Pátroclo. Trata-se de uma disputa de arco e flecha. O alvo é uma pomba, presa por um fio no topo de um mastro de navio, que Aquiles enterra. Notem-se a precisão do cenário e a tensão com que o quadro se desenvolve. Observe-se igualmente a rapidez com que se conclui a cena, outro traço típico da poesia homérica. É um exemplo de construção denominada anelar: a cena abre e fecha no mesmo ponto, o cume do mastro, onde a pomba é presa. A plateia do certame permanece absorvida, como que sem fôlego durante o episódio. Em suma, um microepisódio que catalisa muito do clima de expectativa recorrente na poesia homérica. Os personagens são induzidos a aguardar o desfecho de uma situação e essa situação é transferida ao leitor. A todo momento, esperamos a decisão que determinado personagem irá tomar diante de certo quadro, e sua decisão nunca é desinteressante, sempre desencadeia situações extremamente dramáticas. Isso ocorre desde o início do poema, como se sabe, com a decisão de Aquiles retirar-se da guerra. Termino, então, com a menção dos versos 860- 881 do canto 23, na tradução de Haroldo de Campos:

> Surge o vigor do chefe Teucro; a par, Meríone,
> com sua força, escudeiro de Idomeneu, ergue-se.
> Ao sacudir de um brônzeo casco caniforme,
> a sorte, para Teucro, salta. Solta súbito,
> a seta, prometendo ao deus uma hecatombe
> de cordeiros neonatos. Erra. Tolhe-o Apolo;
> o tiro acerta o fio, que prende o pé do pássaro;
> a acerba ponta corta o cordel. A pomba, ágil,
> voa rumo ao céu-urânio. O atilho, solto, cai
> ao solo. Os Aqueus clamam, aos gritos. Meríone
> arrebata-lhe, pronto, o arco das mãos, a flecha,
> como para alvejar, já prestes. Faz um voto
> ao longiflechador, Apolo: uma hecatombe,
> só de cordeiros neonatos, lhe faria. No alto,
> sob as nuvens, a tímida pomba volteava.
> Acertando-a em cheio, sob a asa, ele transpassou-a.
> A seta, de retorno, finca-se a seus pés.
> Pousa a pomba no topo do mastro da nau
> de proa ferrete-azul, encurvando a cabeça.
> O sopro vital foge-lhe aos membros. Num frêmito
> de asas, declina e cai, longe. O povo se espanta,
> pasmo, olhando-a.

TRADUZINDO HAROLDO

Yûgen **em Espanhol**[1]

Andrés Sánchez Robayna

Yûgen: o título destes poemas é uma das noções centrais da estética japonesa, junto com as de *sabi*, *wabi* e *aware*. O estado de ânimo que expressa a palavra *yûgen* é dificilmente definível, mas encontra-se, em todo caso, próximo do *visível enigmático*, do misterioso "charme sutil" do real. É o estado de espírito do qual se fala, por exemplo, a propósito do conhecido haicai de Bashô (que ofereço aqui na versão de Octavio Paz):

El mar ya oscuro:
el grito de los pájaros
apenas blancos.[2]

É antiga, na obra de Haroldo de Campos, a atração pelo mundo oriental: pensemos somente – para citar apenas dois textos, muito distantes no tempo – no seu admirável ensaio de 1960 "Hagaromo: Plumas Para o Texto"[3], ou no poema "Aisthesis, Kharis: Iki", de seu livro *A Educação dos Cinco Sentidos* (1985). Não seria justo, porém, deixar de mencionar aqui suas experiências

1 Tradução do espanhol por Rosario Lázaro Igoa.
2 O mar já escuro: / o grito dos pássaros / apenas brancos.
3 Em *A Operação do Texto*, p. 119-128.

de tradução criativa (transcriação) de alguns poetas chineses do *Schi-King* (*Libro das Odes*) ou dos haicaístas japoneses. Tais experiências, seguindo o exemplo de Pound, possuem com relação à língua portuguesa uma significação não muito distante daquela das traduções e recriações poundianas com respeito à língua inglesa. Precisamente no seu livro *Ideograma: Lógica, Poesia, Linguagem* (1977), Haroldo de Campos compilou um excepcional conjunto de estudos sobre a poética da ideografia, sendo esse um volume organizado em torno do conhecido ensaio de Ernest Fenollosa – novamente homenageado em *Yûgen* – que introduziu Ezra Pound na lírica oriental. E que isso foi para o Ocidente, desde então, algo distinto: começou a ser para nós, na verdade, poesia.

No início da década de 1990, e depois de um vasto estudo da língua japonesa iniciado anos atrás com sua esposa, Haroldo de Campos viaja finalmente ao Japão. A experiência é, antes de mais nada, poderíamos dizer, a de um *reencontro*. Uma cultura durante tanto tempo pensada, estudada e amada, singularmente no que tange à imaginação da palavra poética, não pode senão suscitar o signo da fascinação: o poema, a escrita que recria esse signo, que volta a traçá-lo no seu enigma, agora oferecido "à memória de Deus"[4].

Nos poemas de *Yûgen*, toda a realidade japonesa – templos, paisagens, túmulos ou danças – tem para Haroldo de Campos o valor de um signo, isto é, de uma *escrita*, de um universo sígnico. O poeta cruza uma paragem signográfica que se funde e confunde com os traços de um ideograma. Os poemas de *Yûgen* podem ser vistos como a peregrinagem (novas "sendas" para um novo Bashô) através do signo *Japão* e de seu significado para um poeta ocidental que havia mergulhado por longo tempo na sua cultura. Sem deixar de ser um poeta ocidental (quantas marcas, quanta espessura de tradições ocidentais cabem ser advertidas nestes versos), Haroldo de Campos inscreve na sua escrita o *signo* de um Oriente que traspassa os gestos, as coisas, as paisagens, e que traspassa o ser. Ontofania: um ser que se reflete no "rubi total" onde "começa o / sol"[5].

Yûgen configura-se como a espécie de caderno de viagem que é, ao mesmo tempo, um diário poético. Sua estrutura não é, por

4 *Crisantempo*, p. 273.
5 Ibidem, p. 265.

causa disso, muito diferente daquela de outro livro de poemas do autor, o já citado *A Educação dos Cinco Sentidos*; e inclusive, pelo seu caráter de "viagem" - na palavra e na terra -, também não está, em razão disso, muito longe de *Galáxias*. O cotidiano é visto em seu avesso misterioso, em sua «cifra» enigmática: uma visão do real que se converte em signo, em poema, em "ideoplastia", em um mundo de signos ou em um signo-mundo.

Como em outras ocasiões (vide nossa tradução *La Educación de los Cinco Sentidos*, Barcelona, 1990; *Finismundo: El Último Viaje*, Málaga, 1992), e em termos que não poderiam ser senão estritamente solidários com os procedimentos "transcriativos" do autor, re-crio os textos originários quando se trata de violentar a língua mediante a operação poética e de oferecer em espanhol equivalências dos efeitos contidos nos poemas de partida no plano fônico, semântico, estrutural ou intertextual. Apenas dois exemplos: em "Matsukaze", o verso original "a amadora se transforma na coisa amada"; na minha versão - "la amada se transforma en el amado" -, e sem que se perca a referência a Camões, a alusão contém a lembrança da "amada en el amado transformada" de Juan de la Cruz. (Sabe-se que, para Suzuki e outros orientalistas, certas formas do budismo encontram seu melhor paralelo ocidental nos versos do místico espanhol.) Por outro lado, no poema intitulado "Túmulo de Guchu-Ji" ajusto as pautas silábicas dos versos finais à estrutura de um haicai... Outras "licenças" e "liberdades" podem ser entendidas à luz desses dois únicos exemplos, em uma tradução que, no entanto, pretende em todo momento ser muito próxima ao texto de origem.

Aula de Samba

A Articulação da Modernidade no *Finismundo* de Haroldo de Campos[1]

Antonio Sergio Bessa

Tudo aquilo que o malandro pronuncia
Com voz macia é brasileiro, já passou de português.[2]

NOEL ROSA

A impressionante produção poética de Haroldo de Campos foi marcada por uma série de mudanças abruptas que muitas vezes deixavam perplexos os leitores. Quando os primeiros textos de *Galáxias* foram publicados, em meados dos anos 1970, por exemplo, muitos críticos tentaram fazer sentido da armação barroca, e se perguntaram se estes poemas deveriam expurgar o pendor minimalista dos poemas concretos produzidos no início dos anos 1950. Outro momento de semelhante dissonância ocorreu em 1990, com o lançamento de *Finismundo: A Última Viagem* – um poema em duas partes, composto por fragmentos inspirados em leituras de Homero, Dante e Fernando Pessoa, acerca do "enigma" da morte

1 Tradução do inglês por Fabiano Deixar Fernandes.

2 A epígrafe é extraída do excelente samba de Noel Rosa, "Não Tem tradução", que ataca a súbita invasão de línguas estrangeiras no Brasil através do advento do cinema, ou das "imagens falantes". Rosa inicia a canção acusando, com surpreendente franqueza, a tecnologia emergente de disseminar gíria e ritmos novos (no caso, o foxtrote) nos morros do Rio: "O cinema falado é o grande culpado da transformação / Dessa gente que sente que um barracão prende mais que o xadrez". Rosa lamenta que a gíria criada nos morros – e aceita e usada por todos na cidade – estivesse sendo então substituída por novos hábitos. Ele conclui dizendo que o povo "[n]ão entende que o samba não tem tradução no idioma francês / Tudo aquilo que o malandro pronuncia / Com voz macia é brasileiro, já passou de português".

de Ulisses[3]. A aparente fragmentação de *Finismundo*, no entanto, é uma extensão dos experimentos técnicos que Haroldo havia iniciado em 1955 com trabalhos como "No Âmago do Ômega". O formidável padrão de rupturas e continuidades que caracteriza o projeto literário de Haroldo era aparentemente impulsionado por sua leitura voraz das literaturas brasileira e mundial, ao mesmo tempo em que demonstrava seu profundo engajamento em questões relativas à tradução, particularmente aquelas expostas por Ezra Pound em sua tentativa de reavivar a tradução. Vistos como um todo, tanto a poesia quanto os ensaios de Haroldo parecem considerar os papéis da literatura e da tradução na articulação da modernidade brasileira. Leituras cuidadosas de trabalhos como *Finismundo*, portanto, revelarão não apenas o virtuosismo intertextual de Haroldo, mas também sua crítica marcada à utopia modernista baseada em especificidades culturais.

Ao comentar a estrutura de *Finismundo*, em uma conferência em meados dos anos 1990, Haroldo propôs que a primeira metade do poema é um tributo a uma "certa tradição" que ele frequentemente via negligenciada na história literária brasileira. Em sentido mais amplo, Haroldo desejava se dirigir ao trabalho tradutório feito ao longo dos séculos, que mantivera vivo clássicos da literatura como a *Ilíada* e a *Odisseia*; mais especificamente, referia-se ao trabalho de Odorico Mendes, o grande poeta e tradutor maranhense do século XIX, cujas versões portuguesas dos trabalhos de Homero e Virgílio eram consideradas por seus contemporâneos como mais difíceis de se ler que os originais. Quanto à segunda metade do poema, Haroldo revelou que sua intenção era ridicularizar essa tradição: o mesmo vocabulário culto de origem greco-latina que denota tratamento

3 O enigma está relacionado à passagem do Canto XI da *Odisseia*, que propôs um problema para muitos leitores: "Thanatos eks halos", que pode ser interpretado como "morte longe do oceano" ou "morte causada pelo oceano". O conceito de *Finismundo*, Haroldo afirmou, foi inspirado no estudo semiológico de Silvio Avalle da tentativa de Dante, na *Commedia*, de solucionar o enigma. Outra fonte importante do poema foi "Ulisses", poema de Fernando Pessoa contido em *Mensagem*, sobre o mito de que Lisboa teria sido fundada por Ulisses (o nome Lisboa derivaria do latim *Olisippo*, tornando-se *Ulixbona* no século VI, quando a região estava sob o domínio dos visigodos; muitos veem em ambos os nomes referências a Ulisses e Odisseu). A formulação pessoana inquietante – "O mito é o nada que é tudo" – é, portanto, um dos grandes motivos de *Finismundo*, no sentido de que o mito é a base de nossa estrutura social contemporânea.

estético sério na primeira parte do poema, na segunda parte é tratado jocosamente[4].

Em 2002, Haroldo comentou novamente a estrutura de *Finismundo*, enfatizando que, na segunda parte do poema, o "Ulisses moderno" toma a cena, em contraste deliberado com o Odisseu helênico: um Ulisses banal, convertido em executivo *yuppie*, num mundo abandonado pelos deuses. Segundo Haroldo de Campos, esse Ulisses *yuppie* não ouve sereias, mas sirenes: não ouve mais as oceânides, as ninfas marinhas, mas as buzinas mecânicas do tráfico, enquanto é orientado pelos semáforos. Esse Ulisses não é mais o *polymetis* multifuncional, apenas um *factótum* anônimo, naufragado no verde fluido da tela do computador que faz a programação de sua desilusão diária. O poeta propõe que a equação contrastante destes dois momentos – a transição que vai do Odisseu grego ao Ulisses *yuppie* contemporâneo – defronta o leitor com um impasse existencial, deixando-o em aberto, sem impor uma solução. Ele considera *Finismundo* um poema "pós-utópico": a sátira de um mundo onde as ideologias entraram em crise, e ao mesmo tempo a celebração da aventura sem fim, sempre renovada, do conhecimento e da criação. Nesse mundo, a operação criativa é também uma operação tradutória. Neste momento, o lema de Ezra Pound, *make it new* (faça algo novo) coincide com a "razão antropofágica" de Oswald de Andrade, que Haroldo define como a mastigação universal da herança cultural para alimentar o impulso, para renovar. Reimaginar os dados do passado (a tradução em sua atividade mais virtual) e reativá-los à luz da variedade da diferença brasileira no vital e problemático momento presente[5].

O poema, segundo Haroldo, é feito do que foi salvo do naufrágio entre o passado, quando o gesto épico era possível, e o presente, quando as sereias viram sirenes e os perigos do alto-mar se tornam acidentes de trânsito. A diluição da tradição clássica nos fragmentos desconexos da era presente parece ser a mola-mestra do poema, dramatizada por Haroldo nos seguintes termos musicais: Haroldo crê que o poema deve ser lido em voz alta, deve ser ouvido; segundo o poeta, o que está por trás do poema é a melopeia homérica, ao menos na primeira parte[6]. Na segunda, no entanto, Haroldo busca

4 H. de Campos, *Sobre "Finismundo": A Última Viagem*, p. 22.
5 Idem, *Depoimentos de Oficina*, p. 56-57.
6 Idem, *Sobre Finismundo: A Última Viagem*, op. cit., p. 35.

encontrar um certo tom irônico que é parte da tendência coloquial da poesia moderna, um certo tipo de verso moderno que pode ser retraçado até T.S. Eliot e a obra inicial de Pound, um verso para ser falado em certos momentos, para ser dramatizado através de uma *mise-en-scène* oral, de cunho prosódico[7].

A preferência que poetas modernos como Ezra Pound e T.S. Eliot (para ficar dentro do paradigma traçado por Haroldo de Campos) têm pelo coloquial é certamente importante, uma vez que sugere o papel do poeta como mediador entre a "certa tradição" a que se refere Haroldo, por um lado, e o estado da língua contemporânea, por outro. Mais importante, uma análise detida da relação com as formas coloquiais, em particular o complexo uso do "dialeto negro" na correspondência pessoal entre Pound e Eliot expõe as construções raciais e sociais específicas da cultura anglo-americana na primeira parte do século XX.

Em *The Dialect of Modernism: Race, Language and Twentieth Century Literature* (O Dialeto do Modernismo: Raça, Linguagem e a Literatura do Século XX), Michael North nota que Ezra Pound usou a estratégia da literatura popular de sua juventude de criar uma máscara para o modernismo transatlântico, atrás da qual ele e Eliot poderiam fazer troça do capital literário que esperavam conquistar; North acrescenta que esse dialeto se tornou, na correspondência entre eles, um código íntimo, uma linguagem de segredos e piadas internas, tornando-se dessa maneira o duplo privado da poesia moderna que eles estavam criando conjuntamente naquele período[8]. O falar negro – colhido principalmente das estórias do Tio Remo e do Compadre Coelho de Joel Chandler Harris[9] – não estava inteiramente reservado à correspondência pessoal, e acabou sendo usado na poesia, especialmente nos *Cantos Pisanos*. North não está convencido de que as personagens e vozes negras no texto de Pound representem qualquer mudança substancial em termos de relações de classe e raça, já que funcionam exatamente como

7 Ibidem.

8 M. North, *The Dialect of Modernism: Race Language and Twentieth Century Literature*, p. 77.

9 Uma compilação das narrativas folclóricas orais afro-americanas do sul dos Estados Unidos, as estórias do Tio Remo foram originalmente percebidas como uma captura do dialeto negro do Sul (*Gullah*). Para uma versão em *e-book* da publicação original, ver o Projeto Gutenberg, disponível em: <http://www.gutenberg.org/>.

nos exemplos mais reacionários da tradição dialetal de representar uma estabilidade mítica "perdida" na cultura estadunidense. Ele ainda acrescenta que a "tradição" evocada por estas vozes negras é o oposto polar do mundo moderno do jazz, com sua improvisação e mobilidade; ela é rural, repressiva, estratificada e estática[10]. Frente aos padrões irreconciliáveis do deslocamento sociocultural que ocorreu durante o período colonial, a utopia modernista de uma comunidade internacional, multivocal, vista hoje, soa ingênua. Em consequência, qualquer tentativa de se traduzir o *make it new* poundiano para outras situações culturais está fadada a se deparar com um outro quadro de particularidades. Sob este ponto de vista, uma leitura detida do interesse de Haroldo de Campos nas formas coloquiais (brasileiras) ajudará a esclarecer como a concepção de modernidade no Brasil foi enviesada diversamente de acordo com as perspectivas locais.

Explorando seu desejo de refrasear a tradição, Haroldo comentou sua própria tradução de uma ode de Horácio: *Persicus odi, puer, apparatus* (Rapaz, odeio os requintes dos persas), na qual ele usou um excerto de "Conversa de Botequim", um samba famoso de Noel Rosa, sobre um cliente importunando um garçom, pedindo-lhe uma infinidade de coisas e serviços de graça:

> Seu garçom, faça o favor de me trazer depressa
> Uma boa média que não seja requentada,
> Um pão bem quente com manteiga à beça,
> Um guardanapo e um copo d'água bem gelada

O transplante é uma ideia astuta, considerando-se que tanto Horácio quanto Rosa estavam abordando o mesmo tema, qual seja, a defesa das letras despidas de ornamentação e mais próximas à fala popular. Segundo Haroldo de Campos, a ode apresenta a típica situação horaciana de alguém dirigindo-se a um *puer*, um garoto que está servindo vinho, solicitando que tudo seja feito na maior simplicidade, com humildade, sem os luxos à moda do Oriente, de modo que tudo corra espontaneamente durante o alegre ato de se beber vinho[11]. A tradução de Haroldo inicia-se com um aceno a Rosa:

10 M. North, op. cit., p. 97.
11 *Sobre Finismundo: A Última Viagem*, p. 24.

Garçom, faça o favor,
nada de luxos persas.
Nem me venha com estes
enfeites de tília.
Rosas? Não quero rosas,
se alguma ainda esquiva
Resta da primavera.
Para mim basta o mirto.
O simples mirto.
O mirto com você
também combina,
Puer, garçom-menino,
ministro do meu vinho,
que o vai servindo,
enquanto eu vou bebendo
sob a cerrada vinha.

Enquanto a estratégia de Haroldo de renovar Horácio com uma pitada de samba brasileiro pode assemelhar-se ao uso do "dialeto negro" por Pound, as implicações são bem diferentes em um caso e no outro. Diferentemente das personagens do Tio Remo, baseadas no folclore dos escravos da lavoura, a mitologia do samba, em grande parte, refletia uma nova configuração social relacionada à incorporação do escravo liberto, ou de seus descendentes, na estrutura da República recém-fundada. Portanto, em contraste com o falar negro referenciado por Pound e Eliot, o samba surgiu como um fenômeno quintessencialmente urbano, e, como tal, tem de se ver com as novidades e os costumes que moldariam a sociedade brasileira moderna. Merece atenção, por exemplo, o fato de que o primeiro samba gravado, "Pelo Telefone", celebrava a nova tecnologia que, nos idos de 1917, ainda estava por se popularizar no Brasil, enquanto introduzia a figura do *malandro*, esse imprestável *bon vivant* característico do samba. Em sua tradução de Horácio, é a figura do malandro que Haroldo invoca como símile do poeta. A figura do trambiqueiro que sobrevive devido à sua conversa-mole será invocada na segunda parte de *Finismundo* para denotar Ulisses, o "estrategista" de Homero[12]. Trazendo o mito de Ulisses para o contexto dos "confins do mundo", Haroldo reencena o significado original de tradução (do latim, *translatio*), que se refere ao translado de

12 Ver Luke Thurston, *James Joyce and the Problem of Psychoanalysis*, p. 76.

relíquias de um lugar a outro. O mito (que, para Pessoa, era "o nada que é tudo") só pode sobreviver na linguagem, e através da linguagem; como no caso do malandro, o mito é essencialmente uma figura de linguagem. A tarefa do tradutor, assim, é manter-se atento à linguagem de seu tempo, e fazer o antigo falar novo.

Em *A Construção do Samba*, Jorge Caldeira examina habilmente a figura do malandro: segundo Caldeira, o discurso do narrador urbano do samba, o *flanêur* carioca, é o de uma pessoa alegre, por oposição ao trabalhador[13]. Caldeira também cita Cláudia Matos, quando observa que, assim como a fantasia que ele evoca, o malandro também é constituído por um elemento linguístico, por uma metáfora; mais que a um tipo de comportamento, o malandro está ligado a um tipo de discurso; antes de ser uma figura social ou histórica, é uma figura de linguagem, a encarnação de um comportamento estético, de um estilo. O malandro é a expressão encarnada do suingue, da maleabilidade e da dinâmica mesma do samba[14]. Assim, nas décadas iniciais do século XX, interpretação e atitude no samba pareciam brotar diretamente da linguagem, levando à percepção de que o que era uma contribuição altamente original criaria um padrão de fala distinto, que se tornaria sinônimo da brasilidade (a "voz macia" identificada por Rosa, que seria distinta do português tradicional). Ligado aos morros em torno à Baía de Guanabara, gravado em vinil e transmitido via rádio ao resto do país, o samba oferecia uma alternativa radicalmente urbana aos modernistas de São Paulo, cujo programa, em grande parte, ainda respondia aos modelos estabelecidos durante o romantismo[15]. Caldeira nota que o estilo de composição de Rosa se mantinha próximo aos procedimentos modernistas mais avançados da época, em especial aos da Poesia Pau Brasil de Oswald de Andrade[16]. A flagrante modernidade do samba, no entanto, consistia em sua adoção rápida das tecnologias emergentes, como a gravação e o rádio, que implicavam a comunicação em massa. Caldeira nota

13 J. Caldeira, *A Construção do Samba*, p. 86.

14 Ibidem, p. 84.

15 Refiro-me aqui à influência de autores como José de Alencar e Bernardo Guimarães, cujos romances alegóricos romantizavam a relação entre a população autóctone, escravos e colonizadores, e serviram de base para a compreensão que modernistas como Mário de Andrade e Raul Bopp tinham da tradição.

16 J. Caldeira, *A Construção do Samba*, p. 88.

inteligentemente que o samba gravado criava um modo narrativo que possibilitava uma explicação do complicado jogo ideológico de uma sociedade em transição[17].

A transição pela qual passava a sociedade brasileira deve ser vista no curso do contexto do realinhamento global que se seguiu à Revolução Industrial. A tecnologia da gravação de som – iniciando-se com a gravação pioneira das *Canções Folclóricas Húngaras* de Bela Bartok em 1904 – foi um fenômeno amplamente difundido que revolucionou nossa percepção da linguagem, como fica evidente no trabalho de linguistas como Pierre-Jean Rousselot, criador da fonética experimental na França. Segundo Richard Sieburth, Rousselot ocasionalmente convidava poetas a seu laboratório no Collège de France para conduzir experimentos de análise fonológica da dicção poética[18]. Um dos convidados de Rousselot, segundo Sieburth, foi Ezra Pound, que, em 1912 ou 1913, leu "The Return" (O Retorno) no fonoscópio de Rousselot. Outro convidado notável foi Guillaume Apollinaire. A importância do som gravado e da transmissão de rádio para poetas modernistas como Pound não pode ser subestimada. Em "The Sound of Pound" (O Som de Pound), Sieburth oferece um relato esclarecedor do engajamento progressivo de Pound com ambas as tecnologias, alegando que, apesar de seu grande interesse pela melopeia, a compreensão que Pound tinha do som parecia estar desalinhada com a de sua época; em última instância, com o fonoscópio de Rousselot, a sonoridade de Pound era traduzida mais facilmente de forma gráfica[19]. Isso não o impediu de vislumbrar o futuro da escrita como um novo meio, algo entre a fala e a ação (a língua como um raio de cátodo). Sieburth nota que, ainda em 1924, apenas dois anos depois de a BBC passar a oferecer programação regular, Pound já estava comparando a montagem técnica de seus *Cantos* com o *medley* de vozes produzido ao se girar o botão do rádio[20].

A primeira parte de *Finismundo* mostra o mesmo tipo de técnica de colagem que Pound criou em seus *Cantos*. O poema

17 Ibidem, p. 87.

18 Cf. R. Sieburth, The Sound of Pound, disponível em: <http://writing.upenn.edu/>.

19 No mesmo ensaio, Sieburth faz notar que a gravação feita por Pound em 1939 é monótona, em seu estilo épico e bárdico de cantilena medieval – cuja interpretação melismática, arcaica, recitativa muitas vezes parece estranha à "modernidade" (ou à "fatualidade") dos temas de Pound.

20 Ibidem.

canaliza e sobrepõe muitas vozes (fragmentos de Homero, Dante, Luís de Camões, Stéphane Mallarmé, Fernando Pessoa, Odorico Mendes e James Joyce), mas, apesar do objetivo de Haroldo de fazer a melopeia grega "cantar em português", o efeito ainda parece mais próximo da representação gráfica de vozes de Rousselot do que da cacofonia pretendida[21]. Apenas na segunda parte o poema começa a se libertar das estruturas da tradição para aceitar plenamente o presente e afirmar sua própria voz. A voz que Haroldo deseja que soe debochada é a voz do malandro, o "*factótum* do acaso", naufragando em meio aos ícones do computador e aos semáforos das ruas de São Paulo. O modo, se não a linguagem, é reminiscente das letras do grande sambista paulistano Paulo Vanzolini, que evoca a solidão e os anseios da cidade grande[22]. É significativo que, em sua busca pelo coloquial em *Finismundo*, Haroldo não faça referência a nenhum dos grandes sambistas cariocas. Seu Ulisses é paulista "da gema" – *son semblable, son frère* [seu semelhante, seu irmão], parafraseando Baudelaire. Assim, diferentemente do *flanêur* carioca alegre retratado por Caldeira, o Ulisses de Haroldo é um trabalhador humilde perdido no duplo labirinto do texto e da fábrica[23].

Ao longo do tempo, a grande tradição do samba brasileiro passou por transformações complexas, a começar pela bossa nova dos anos 1950, que incorporou elementos estrangeiros como as harmonias do impressionismo francês e as síncopes jazzísticas. Durante os conturbados anos 1970, a tradição do samba foi revisitada por poetas como Wally Salomão, cujo breve movimento – chamado "Morbeza Romântica" e desenvolvido em colaboração com o compositor Jards Macalé – produziu algumas de suas letras mais contundentes, e por músicos como Tom Zé, cujo disco seminal de 1976, *Estudando o Samba*, cuidadosamente descontrói alguns dos maneirismos do gênero. Não obstante

21 Em uma entrevista publicada sobre *Finismundo: A Última Viagem*, Haroldo reconhece que o poema tem um design logopoético, sintético, feito para ser visto e lido (p. 35).

22 Com uma série de grandes *hits* como "Ronda", "Na Boca da Noite" e "Volta Por Cima", Vanzolini (1924-2013) criou uma letra distintivamente paulistana, que captura a melancolia do indivíduo preso na cidade de concreto. Como o Ulisses de Haroldo, Vanzolini é também um *factótum*, zoólogo com formação em Harvard, com importantes contribuições para a área.

23 J. Caldeira, *A Construção do Samba*, p. 86: O discurso do narrador urbano do samba, o *flanêur* carioca, será o da pessoa feliz, por oposição ao trabalhador.

todas as mudanças, a figura irreverente do malandro sobreviveu; às vezes, ele chegava a desafiar a tradição do samba, como na versão iconoclasta de "Chão de Estrelas" de Arnaldo Baptista, que causou grande alvoroço entre os tradicionalistas[24]. A conversa fluida entre poetas e compositores tem sido um traço distintivo da cultura brasileira, e indica de que modos específicos a modernidade ocorreu no Brasil. A questão é muito bem exemplificada pela estratégia de Haroldo de se aproximar da inflexão do samba para apresentar a complexa tradição que tanto o fascinava, mas o seu caso de forma alguma é isolado. Uma pesquisa rigorosa dessa amálgama cultural necessariamente incluiria a relação do poeta modernista Manuel Bandeira com os grandes sambistas do Rio nos anos 1920 e 1930[25], as contribuições do poeta Vinícius de Moraes à formulação da bossa nova, bem como a lista de *hits* baseados em clássicos modernistas, como "E agora José?" de Carlos Drummond de Andrade, musicado por Paulo Diniz, e "Vida e Morte Severina", musicado por Chico Buarque de Hollanda.

Haroldo de Campos frequentemente se referia à história da literatura brasileira como uma "tradição de rupturas", o que via como sendo nossa herança do barroco. Essa crítica assumiu sua forma mais veemente no ensaio "Da Razão Antropofágica: Diálogo e Diferença na Cultura Brasileira". Neste ensaio, Haroldo investe contra críticos literários como Antonio Cândido e Afrânio Coutinho, pelo "substancialismo logofânico" de seus modelos de

24 Em 1970, a banda paulista Os Mutantes lançou seu terceiro disco, *A Divina Comédia ou Ando Meio Desligado*; este disco contém uma interpretação de "Chão de Estrelas", composta em 1937 por Sílvio Caldas e Orestes Barbosa. No arranjo especial do compositor e regente Rogério Duprat, a faixa irreverente ilustra as imagens poéticas da canção com efeitos sonoros tais como disparos e helicópteros. O efeito foi uma atualização brutal da visão romantizada da vida dos morros cariocas que "Chão de Estrelas" representava. A performance de Arnaldo Baptista da canção foi um dos pontos altos da cultura pop brasileira na época, e o coloca na grande tradição dos malandros. Na primeira metade da canção, ele faz troça do modo reverente de se cantar, predominante entre os tradicionalistas; na segunda metade, sua interpretação denota um desprezo que pende ao desespero.

25 Em *Crônicas da Província do Brasil*, Bandeira registra o passamento do amado sambista J.B. Silva, autor de "Pelo Telefone", no ensaio "O Enterro do Sinhô". Retratando vividamente a tristeza entre os boêmios, Bandeira nota a ironia de um cartaz anunciando o filme *The Singing Fool* (título em português *A Última Canção*) estrelado por Al Jolson (Manuel Bandeira, *Poesia e Prosa*, v. 2, p. 160-163). Também nas *Crônicas*, ver "Fala Brasileira", um breve ensaio pertinente ao tópico aqui tratado.

leitura da tradição, criticando em especial a Antonio Cândido por sua negligência a nossas origens barrocas em seu estudo clássico, *Formação da Literatura Brasileira* (1959)[26]. No contexto da presente discussão, é importante notar que a compreensão de Candido da história literária passou por uma revisão radical em 1970, quando publicou seu ensaio "Dialética da Malandragem"[27], sobre o romance *Memórias de um Sargento de Milícias*, de Manuel Antônio de Almeida[28]. Ao explorar o estilo e a estrutura chocantes do romance, Candido os conectou à abertura da sociedade brasileira durante a monarquia, se comparada à sociedade altamente estruturada e hierárquica de outras nações emergentes, como os Estados Unidos: "Não querendo constituir um grupo homogêneo e, em consequência, não precisando defendê-lo asperamente, a sociedade brasileira se abriu com maior largueza à penetração dos grupos dominados ou estranhos. E ganhou em flexibilidade o que perdeu em inteireza e coerência." A maior descoberta feita pela interpretação de Candido do romance de Almeida, no entanto, é sua conexão entre a estrutura social e o estilo coloquial: ("este fato é evidenciado pelo seu estilo, que se afasta da linguagem preferida no romance de então, buscando uma tonalidade que se tem chamado de coloquial"[29]. Neste "universo sem culpa" retratado por Almeida, Candido afirma, "entrevemos o contorno de uma terra sem males definitivos ou irremediáveis, regida por uma encantadora neutralidade moral. Lá não se trabalha, não se passa necessidade, tudo se remedeia"[30]. Segundo Candido, Leonardo é o "primeiro grande malandro" a entrar na literatura brasileira, um tipo de personagem que "seria elevado à categoria

26 Cf. A.S. Bessa, O. Cisneros (eds.), *Novas: Selected Writings of Haroldo de Campos*, p. 157-177.

27 A. Candido, Dialética da Malandragem (Caracterização das *Memórias de um Sargento de Milícias*), *Revista do Instituto de Estudos Brasileiros*, n. 8, p. 67-89.

28 *Memórias de um Sargento de Milícias* foi publicado originalmente em 1852 como folhetim em um jornal carioca, e por mais de um século foi considerado uma aberração na literatura brasileira. O romance relata a vida de Leonardo, um jovem problemático crescendo em meio a uma sociedade corrupta e amoral, que, por meio de uma série de aventuras, torna-se militar. Encarando o desafio de justificar o estilo picaresco de Almeida frente à estética romântica então em voga, Candido criou a teoria da "dialética da malandragem" para retratar a conjunção única de forças na sociedade e na cultura brasileiras.

29 A. Candido, Dialética da Malandragem, p. 88.

30 Ibidem.

de símbolo por Mário de Andrade em *Macunaíma*"[31], e é dentro desta tradição zombeteira que Haroldo deseja inserir seu Ulisses[32].

▪ ▪

Durante a seleção dos poemas para *Novas: Selected Writings of Haroldo de Campos* (Novas: Obras Seletas de Haroldo de Campos), minha co-editora, Odile Cisneros, e eu sentimos que era crucial incluir alguns trabalhos que transmitissem o esforço de Haroldo em relação à "tradição da ruptura" que tanto ocupava seus pensamentos. Por abordar a questão do nacional e do universal na cultura brasileira, *Finismundo* foi uma escolha natural. Não obstante, encontrar um modo equivalente em inglês para transmitir as diferentes vozes da primeira e da segunda partes do poema constituiu-se em um desafio insuperável, e meus esforços se direcionaram inteiramente a me manter tão próximo do poema quanto possível. Felizmente, a lição de Haroldo de canalizar vozes contemporâneas não se havia perdido completamente. Quando o poeta e tradutor Chris Daniels estava trabalhando em sua tradução da "Ode (Explícita) em Defesa da Poesia no Dia de São Lukács", uma seção do poema comentando a gênese do grupo Noigandres mostrou-se difícil de ser traduzida. O verso "esses trigênios vocalistas" (que faz trocadilho com Trigêmeos Vocalistas, nome de um grupo musical composto por três irmãos, popular em São Paulo nos anos 1940), causou preocupação particular, uma vez que se referia a elementos muito específicos da cultura brasileira. Após diversas trocas de e-mail, Daniels encontrou uma solução engenhosa: *we free kings* (nós, os reis livres), que também é o título do álbum do jazzista Rahsaan Roland Kirk, lançado em 1961, que incluía uma variação da cantiga natalina "We Three King" (Nós, os Três Reis). Deixo agora o leitor com as traduções destes dois poemas:

31 Ibidem.

32 Desde sua publicação, a formulação de Cândido da dialética da malandragem se tornou um dos principais modelos para se compreender a cultura e a sociedade brasileira modernas. Deve-se notar que, em *A Construção do Samba*, por exemplo, Caldeira baseia sua análise da figura do malandro, o narrador do samba, no ensaio seminal de Candido. Ele nota que o romance do malandro de Candido é caracterizado pela estratégia narrativa que adota o ponto de vista do homem livre durante o Império, oscilando entre a ordem e a desordem, entre senhores e escravos, sem se posicionar moralmente nesse processo transitório (*A Construção do Samba*, p. 84).

FINISMUNDO: THE LAST VOYAGE

. . . per voler veder trapassò il segno

1.
Ultimate
Odysseus multi-
artful —in the extreme
Avernotense limit —re-
proposes a voyage.
Where, from Hercules,
vigilant columns the wave
castigate: veering off one more
step —where to go a-
head means to trans-
gress the measure the si-
lent sigils of Fate.

Where
the unbound hubris-prone ad-
vises: Not!
to the Naut —Odysseus (
pale erecting the captaining
head to the goal addressed) pre-
meditates: trans-
pass the pass-
age : the impasse-
to-be: enigma
solved (if at last) in
thin hulls of
(in)sapphire(d) airs –defy.
Defy most:
the beyond-return the post: un-
foreseen thread in Penelope's web . Defy
(un)memory(able) man of Ithaca –that
beyond-memory —the re-
verse: Ithaca reversed:
nonpacified
vigil of the warrior in place of
the venture the adventurous
(dis)place il folle volo.
Try the untried
you expatriate —damned to the gods-lares.
To re-
iterate in leaving. Defy –
hubris-propelled —sea
after sea. The impervious-obscure

Pelasgian chaos
up to where is hidden the forbidden
geography of Eden— Paradiso
on Earth: the interdicted portal:
the lucerne: over there
isthmus extreme isle
open access to terrestrial
heaven: to transfinite.

Odysseus senescent
rejects the pervasive —headstrong
torso of Penelope —
consolation of peace. The keel in the waves scr-
plows once again (such as never before)
the irate
mirror of Poseidon: the wine- tinged
heart of the oceansea. Destiny: astray
unchartered
Finismundo: there
where begins the outlawed
frontier of extraheaven.

Thus:
break the forbidden seal: de-
virginate the veil. Coup
of all coups. Unremitting
vortical mission. He went —
Odysseus. (The ancient legend does not tell
of the Polumetis the onerous fate.
Or if it does
deceives in variety: unends an end.)

Odysseus went. Lost his comrades.
By the border-view
of the desired isle —already seeing
the unattainable Eden at the quasi
touch of the hand: the Gods had conspired.
The sky sums the scourges of the Arcanum.
The ship repelled/
Abyss/ blown by fate.
Odysseus at sea.

Ephemeral signs in the vortex
reveal the wreckage —
push and pull
caught in the moment.

Water. Erasure.

And Fate raging famine.   Ultimate
                                        Thanatos eks halos
hubris.
        Odysseus senescent
refused from Glory the funereal pomp.
A sole scar
adorns Poseidon's chest.
Cloistered is the point.   The round
Ocean resonates taciturn.
Serenades now the convulsive chant
dolceamaro plaint of Sirens
(ultrasound uncaptured by human ears).

... ma l'un de voi dica
dove per lui perduto a morir gisse

2.
Urban Ulysses
to myth survived
(I and You   my hypo-
chondriac critic[al]
reader)   civil
factotum   (Polumetis?)
of computerized chance.   Your
epitaph?   Margin of error: minimum
digitized trace
and in a hurry canceled
in the fluidgreen liquid crystal.
                                        Circumnavigation?
No more.   Vigilant semaphores.
Your Promethean fire resumed
to the spark of a match   phosphor-Lucifer
portable   and/or
flammable bagatelle.   Capitulate
(coldheaded)
your hubris.   No signs
of Sirens.
Penultimate   —all you aspire to
is your penury of ultimate
Thule.   A postcard from Eden
will content you.

Strident sirens
scar your quotidian heart.[33]

33 Tradução nossa.

ODE (EXPLICIT) IN DEFENSE OF POETRY ON ST. LUKÁCS DAY

the apparatchiks hate you
poetry
poor cousin
(vide benjamin /
talking lukács gabor kurella
with brecht one july
afternoon in svendborg)

poetry
contradictory female
they hate
multifarious
you more
putifarian
than potiphar's
wife
more ophelian
than hymen
of some maiden
in the antechamber
of hamlet's madness

poetry
you deviate from the norm
you don't embody history
divisionary rebellionary visionary
veiled / unveiled
in a striptease for your (duchamp)
bachelors, even
organized violence against humdrum
manqué
language

the apparatchiks hate you
poetry
because your property is form
(as marx would say)
and because you don't
tell the dancer from the dance
or render unto caesar what is caesar's
/ not even the minimum (catullus):
he asks for a hymn

and out you come
with a porno-poem

so are you the
emerald hetaera in thomas mann
the agonic snapdragon
with syphilis wings
?
threadsun in celan's eye of selenite
?

ana akhmatova saw you
strolling in the garden
and threw you across her shoulders
a renard in mortuary silver

walter benjamin
who awaited the messiah
leafing away through one
minute arc of history
any minute now
certainly met you
annunciated by his angelus novus
inscribed millimetrically on a grain of wheat
in the musée de cluny

adorno demanded you be
negative and dialectic
hermetic previdic emetic
recalcitrant

they say you're on the right
but marx (le jeune)
reader of homer dante goethe
in love with faust's gretchen
knew that your place is on the left
that mad alienated
city of the heart

and even lenin
who had a face like verlaine's
but who (pauvre lelian)
berated lunacharsky
for printing more than a thousand copies
of mayakovsky's poem "150,000,000" – too much paper for a futurist poem! –

even lenin knew
that intelligent idealism
is closer to materialism
than the materialism
of unintelligent
materialism

poetry
they hate you
miss materidealist thing
they'll deny you bread and water
(for the enemy: the boot!) – you are the enemy
poetry

if only because dervish ornithologue khlebnikov
president of the terrestial globe
died of hunger in santalov
over a pillow of manuscripts
bewitched by the
fakirizing smile
in your eyes

and jakobson roman
(amor / roma)
octogenarian plusquesexappealgenarian
with what delight strokes
your metaphors and metonymies
while pleasured you open
your paranomasia's chrysophrase wings
and he laughs the austere bashfulness of savants

and right now right here on this
joyous mount of partridges[34]
we siamême twins and cloud-cloamer pignatari
(who today signs signatari)
love you furiously
in the noigandres garçonniere
for more than thirty years have loved you
and the result is this
poetry
you already know it
little she-fox loose

34 "Joyous mount of partridges", traduz aqui "monte alegre das perdizes", em referência ao endereço de Haroldo de Campos, a rua Monte Alegre, no bairro paulistano das Perdizes.

in countercultural welter
and the whole world wanting to tricapitate
for more than thirty years
we free kings
/ what's the big idea planting
ideograss in our back yard
(without any orange grove oswald)?
and (mário) taking
candy from our babies?

poetry's plain
old poetry

they hate you
you lumpenproletarian
voluptuarian
vicarious
elitist trash piranha
because you have no message
and your content is your form
and because you're made of words
and don't know how to tell any story
and so you're poetry
as cage said

or as
just a bit ago
augusto
the august:

flowers do flower

hummingbirds do hum

and poetry does poetry[35]

35 Tradução de Chris Daniels.

Os Dez Mandamentos de Haroldo de Campos e o Barroco da Contraconquista

Carlos Pellegrino

A tarefa de Haroldo de Campos é aquela do transcriador do maior fuste que impõe a si mesmo a tarefa messiânica de outorgar às literaturas latino-americanas a referência da origem, reinstauradora da origem adâmica das línguas e sua diferença por meio de uma leitura radical. Sua *mise en abîme* do quintal doméstico redime as barreiras da situação geográfica dos países chamados subdesenvolvidos, graças ao paroxismo oximorônico da escritura barroca, para incorporá-los à *Weltliteratur*. Sua medula nutritiva deve atravessar a práxis intersemiótica para recolocar a poesia brasileira no universal.

Tentarei tornar explícitos o que se poderiam denominar seus mandamentos programáticos.

No ensaio "Da Razão Antropofágica: Diálogo e Diferença, pode-se ler: "quem poderá agora ler Proust sem admitir Lezama Lima? Ler Mallarmé hoje, sem considerar as hipóteses intersemióticas de *Trilce*, de Vallejo, e *Blanco*, de Octavio Paz?".

Escrever no futuro será cada vez mais reescrever, tal é sua profecia intransitiva. Haroldo de Campos é o artífice do código de alteridade de alto rigor técnico, capaz de utilizar o barroco para o desvio verso o "tropismo das formas" dos tempos e culturas paralelas. A mais potente digressão discursiva.

Permito-me um parêntese referencial: tive o extraordinário privilégio durante mais de dez anos de estadia em São Paulo para fazer mestrado e doutorado na USP – de assistir à última edição do curso magistral de Haroldo sobre tradução na PUC, de conhecer a sua pessoa e o seu cotidiano irônico genial e até de traduzir ao espanhol sua versão do *Qohélet: O-Que-Sabe* e do *Cântico dos Cânticos*, assim como um poema dedicado a Vasco Popa e outro dedicado a Caetano Veloso. Ele constituía a árvore do novo Jardim das Hespérides excêntricas. Um faro para não encalhar entre os esquifes e ilhas de bruma.

A imensa alvorada que Haroldo propõe à maneira de Ezra Pound ilumina o retorno à pátria da língua, sob a pérgula da diacronia e do entre-espelhamento.

1. mandamento:

A tarefa principal que se impõe para a poesia atual é aquela da visitação e tradução de textos fundamentais de invenção formal e criativa. Ele desenha uma programática desses textos e do percurso a ser realizado. Sua obra ensaística é explícita a esse respeito.

2. mandamento:

O jogo de afinidades e diferenças da poesia replena, o que faz falta no mundo e permite uma recepção de imersão na escritura da reconquista.

3. mandamento:

O diálogo explícito entre os poemas canônicos prefigura a transcriação, a revisitação auditiva e semântica dos originais.

4. mandamento:

A poesia contemporânea na América Latina deve continuar a tradição de ruptura e a antidiscursividade inaugurada por Stéphane Mallarmé

5. mandamento:

A poesia deve manter sua dimensão logofânica por meio da torsão e sem-razão antropofágica.

6. mandamento:

A dissolução das fronteiras entre as artes do espaço e as artes do tempo deve obter-se por uma sintaxe de montagem de anamorfose e transmutação.

7. mandamento:

A poesia como teatro sensual-mental deve congregar e concertar os diversos caminhos entre línguas e culturas e fundamentos filosóficos.

8. mandamento:

A vivência do exercício poético deve reconstruir o arcabouço das "palavras de fundação" numa dinâmica do desvio transculturador.

9. mandamento:

A poesia deve continuar a redevorar as circum-veredas politópicas e polifônicas da civilização planetária para tornar suas a medula diferencial e uma "fala oracular proliferante".

10. mandamento:

O vocábulo e minha fábula.transcriar, transluzir e transluciferar é resgatar, ressignifcar e transubstanciar . a poesia é um dom e a engrenagem infatigável do paideuma.

Sua "barronca mortopopeya ibericana cantada a contramão no dolorido latinoamargo" foi reveladora de uma das singulares e maiores aventuras textuais.

Nas paragens daquele seu Dom extraordinário, podemos experimentar a essência da poesia universal.

"Eu Era o Seu Dicionário Falante"[1]

Entrevista com Daniela Ferioli

Katia Zornetta

DANIELA FERIOLI: *Como e quando nasceu o seu interesse pela tradução?*

KATIA ZORNETTA: Na realidade, me tornei tradutora um pouco por acaso. Era uma jovem de vinte anos, de Milão, matriculada na faculdade de Direito, destinada a me tornar advogada, como o meu pai, avô, e meus primos. Casualmente, conheci um senhor simpático, muito mais velho, que morava em São Paulo. Casamo-nos e, para o desespero da minha família, fomos viver em São Paulo. Eu era uma jovem mulher apaixonada por teatro e graças a isso aprendi português. Fui ver *Morte e Vida Severina* de João Cabral de Melo Neto, uma, duas, seis vezes e praticamente a decorei. Decidi traduzi-la, em verso, para o italiano, como um grande exercício de compreensão do texto. Contatei João Cabral de Melo Neto, que estava na Bolívia, e lhe disse que gostaria de traduzir a sua obra. Ele aceitou mesmo duvidando que pudesse interessar a alguém a tradução em italiano. Quando voltei para a Itália, entrei em contato com o editor mais atento às novidades: Giulio Einaudi. Ele ficou entusiasmado e aceitou publicar a obra.

1 Uma versão ampliada e em italiano desta entrevista foi publicada na revista *Cadernos de Tradução*, v. 36, n. 3, 2016, disponível em: https://periodicos.ufsc.br/>.

Foi assim que começou a aventura da tradução e da difusão dos autores brasileiros na Itália. De volta ao Brasil, tive outra paixão: *Arena Conta Zumbi* de Augusto Boal, que traduzi e propus à prestigiosa revista de teatro *Sipario* que imediatamente a publicou. Em seguida, conheço Haroldo de Campos que me indica o grande Oswald de Andrade, *Serafim Ponte Grande*, e com a sua ajuda em relação ao período histórico-cultural, nasce uma pequena obra-prima, publicada com sucesso pela Einaudi.

DF: *Você traduziu a obra de Haroldo de Campos, tendo sido publicada na Itália uma antologia das suas obras,* L'educazione dei cinque sensi[2]*. Poderia contar um pouco sobre o seu contato com Haroldo de Campos e como foi a experiência de traduzi-lo?*
KZ: Haroldo foi um irmão. Com ele aconteceu uma coisa incrível. Durante o primeiro congresso dos editores que no mundo tinham publicado escritores brasileiros, o crítico Antônio Houaiss me sugeriu a tradução de *Noigandres*. Fui à Livraria Cultura e quando li um pouco dessa obra, pensei que seria impossível traduzir uma coisa do gênero, sem contar que os três concretistas eram "lelês da cuca". Mas fui contatada pelo próprio Haroldo, nos encontramos e imediatamente simpatizamos um com o outro. Aceitei, então, o desafio e começamos assim a "recriação". Algumas vezes durante a semana, depois do jantar, eu ia na sua casa, e trabalhávamos na recriação, na reinvenção das suas poesias. Eu era o seu dicionário falante. Na prática, a coisa funcionava assim: ele me explicava o texto, a assonância que devia ter e depois dizia, por exemplo: "aqui preciso de uma palavra que contenha uma 'u' e duas 'r' e que tenha relação com tal coisa". Tudo o que me vinha em mente ele reelaborava. Praticamente ele se autotraduziu, recriou-se completamente. Traduzir Haroldo foi um enorme desafio, mas ele ajudou muitíssimo. Trabalhamos muito juntos, mas não conseguimos publicar suas obras na Itália, até que em 2005, Metauro, um editor refinado e pouco conhecido, aceitou finalmente publicar as obras de Haroldo de Campos, poesia e prosa, que cansei de propor a todos, recebendo sempre negativa por ser muito difícil e não próprias para o grande público.

2 *Pesaro: Metauro,* 2005.

DF: *Da sua experiência tradutória, assim como dos seus textos que acompanham as traduções, percebe-se que você sempre manteve um contato com os autores traduzidos. Acredita ser este um aspecto importante no momento em que se traduz?*
KZ: Tive sorte, porque conheci quase todos os meus autores pessoalmente e com eles também mantive uma relação de verdadeira amizade, ficando sempre bastante em contato. É fundamental entrar em contato com o autor do texto que se está traduzindo ou então, caso este não esteja mais vivo, com críticos e estudiosos especializados. É muito importante captar o seu espírito, o seu humor, escutar a voz que narra, pedir explicações diretamente a quem criou, em suma, recriar e *trans-duzir* juntos. Transcriar.

DF: *Se tivesse que definir a sua poética tradutória, como a descreveria? Segue os princípios que Haroldo de Campos lhe ensinou?*
KZ: Para mim, a tradução é sempre mais o prazer de transformar o texto de uma língua em outra, mantendo o que o autor queria dizer. Muitas vezes, repeti em palestras sobre tradução que a tradução é uma recriação, deve-se recriar o livro. Se o autor é em certo ponto irônico, mas não vem nada em mente na sua língua, o tradutor deve deslocar o trecho para outras duas linhas. Como me dizia Haroldo de Campos: se tem um jogo de palavras intraduzíveis na linha cinco, inventa outro na linha sete, basta que fique naquela parte para não perturbar o ritmo desejado pelo autor. De fato, o ritmo deve ser mantido como é, porque não se pode traduzir ao "pé da letra", como aconteceu com Jorge Amado.

DF: *No posfácio de* Utopia Selvagem, *você escreve "é o terceiro romance que me divirto quando traduzo". Para você, o que é traduzir?*
KZ: Sempre me diverti quando traduzia, era como uma brincadeira. Mais de trinta anos de transposição de uma língua para outra, a verdadeira comida para a alma, enquanto a mais substanciosa era ganha com o trabalho. A tradução significa trans ducere, ou seja, levar para a outra parte, e o tradutor é um condutor, um dux. O tradutor que transpõe a palavra estrangeira na própria língua sem procurar o sentido da palavra no contexto da frase, não é o "tradutor", mas apenas um dicionário de pronto socorro. A tradução é uma transcrição na qual o tradutor deve

superar os limites da sua língua, mudar o léxico, recompensando uma perda aqui com uma intromissão inventiva ali.

DF: *Qual era a figura e o papel do tradutor na Itália nos anos em que traduzia?*
KZ: Ignorado, como agora. Na Itália é um ser invisível que trabalha muito, com emoção e razão, mas o seu trabalho não é reconhecido. Apenas algum crítico mais atento cita o tradutor, mas muito raramente dizendo "traduzido com atenção, paixão, participação". Os tradutores "por paixão" são uma raça à parte, um pouco artesãos, um pouco artistas, um exército mal pago que trabalha na retaguarda. E é, não me canso de repetir, verdadeiramente injusto porque, além disso, os tradutores são os primeiros críticos da obra, descobrindo os pontos fracos e os fortes. E, às vezes, muitas vezes, conseguem dar aquele toque a mais. Quem faz esse tipo de trabalho deve dominar não apenas uma língua, mas uma inteira cultura dos países estrangeiros.

Desafios e Oportunidades na Tradução Inglesa das *Galáxias* de Haroldo de Campos

Odile Cisneros

No universo das vanguardas poéticas do pós-guerra na América Latina, o poeta brasileiro Haroldo de Campos (1929-2003) destacou-se de maneira especial por seu compromisso com a inovação, tanto na poesia e na crítica como na tradução. Já em meados dos anos 1950, Haroldo, seu irmão Augusto e seu amigo Décio Pignatari começaram a editar a revista de poesia *Noigandres*, cujo título fazia alusão a uma misteriosa palavra do provençal mencionada em um dos *Cantos* de Ezra Pound (1885- 1972), poeta que reconheceram como modelo e mentor. Este foi o início do movimento que ficou conhecido como Concretismo. Como movimento, a poesia concreta brasileira foi uma tentativa de resgatar uma diversidade de tendências históricas da vanguarda e de atualizá-las, incorporando-as aos novos vocabulários da publicidade, dos meios de comunicação, da cibernética e da música serial, entre outras coisas. A ideia foi criar uma nova poesia destinada a um público amplo e para consumo imediato. A ênfase da poesia concreta na materialidade da linguagem (aspectos visuais e de som) visava à comunicação de massa instantânea que a vida moderna exigia.

Muito rapidamente a poesia concreta ganhou seguidores pelo mundo afora e teve o mérito de colocar o Brasil no mapa mundial das vanguardas literárias, talvez pela primeira vez. Mas, apesar do sucesso da poesia concreta, já em 1963, Haroldo passou a se dedicar mais intensamente a outras atividades intelectuais e literárias. Além de um interesse cada vez maior por tradução literária, na época, Haroldo começou as primeiras tentativas de um novo tipo de escrita que ele chamou de "proesia" (uma fusão de poesia e prosa) e que culminaria em seu volume *Galáxias*. Concluídas em 1976 e publicadas em formato de livro pela primeira vez em 1984[3], *Galáxias* é um longo poema em prosa que, em muitos aspectos, representa a resposta de Haroldo a outro de seus modelos, James Joyce (1882-1941). Em muitos sentidos, *Galáxias* se assemelha à prosa de vanguarda do *Finnegans Wake*, embora deva-se admitir que elas talvez não atinjam os mesmos extremos radicais da escrita de Joyce.

Concebidas como uma série de fragmentos ou "formantes", cada um narrando uma anedota específica ou um incidente de viagem (alguns reais, outros puramente linguísticos), as *Galáxias* traçam o percurso das viagens literais e literárias que Haroldo realizou a partir do começo dos anos 1950. O título alude ao modo peculiar em que o texto se desdobra, como uma galáxia sempre em expansão. Nesse sentido, a palavra inicial de cada um dos cinquenta formantes, numa estrutura de palavra-puxa-palavra, contém, por assim dizer, a origem de todas as outras palavras do texto. O texto também se baseia numa série de recursos poéticos que produzem sua textura específica e apresentam uma série tanto de desafios quanto de oportunidades para o tradutor. Neste breve ensaio, comentarei sete desses processos poéticos e as soluções que procurei na tradução para o inglês, abordando depois, brevemente, os desafios que se apresentaram em outra forma de tradução, a transposição do texto da página impressa para a página de internet na qual publiquei dez dos formantes[4].

Antes de examinar em detalhe as dificuldades e soluções propostas, vale a pena revisitar as ideias que Haroldo desenvolveu em relação à tradução de textos que, como as *Galáxias*, apresentam desafios aparentemente insuperáveis. Como o próprio Haroldo argumentou num texto-chave publicado em 1963, o mesmo ano

3 A primeira edição em formato livro foi *Galáxias* (1963-1976), em 1984. A segunda saiu postumamente em 2004, pela Editora 34, e uma terceira edição, ainda pela 34, em 2011.

4 Disponível em: <http://www.artsrn.ualberta.ca/>.

aliás em que ele começou a escrever as *Galáxias*, a "impossibilidade" de traduzir um texto literário em que forma e conteúdo se correspondem de maneira estrita e são, até certo ponto, inseparáveis não implica necessariamente o abandono da tarefa. Em vez disso, desse aparente impasse Haroldo deriva como corolário a necessidade de recriar as formas, produzindo, no entanto, uma criação paralela autônoma que mantém uma relação isomórfica com seu "original." (A partir da ideia de que a tradução se constitui como uma criação autônoma, o estatuto do original e sua prioridade vêm a ser questionados, algo que Haroldo desenvolverá posteriormente de maneira mais explícita e abrangente, no célebre ensaio "Da Razão Antropofágica."). Haroldo sublinha essa "autonomia" da tradução, frisando, ao mesmo tempo, o isomorfismo existente entre tradução e original:

> Teremos [...] em outra língua, uma outra informação estética, autônoma, mas ambas estarão ligadas entre si por uma relação de isomorfia: serão diferentes enquanto linguagem, mas, como os corpos isomorfos, cristalizar-se-ão dentro de um mesmo sistema.[5]

De certa forma, a teoria apresentada é interdependente da escolha dos textos a serem traduzidos, i.e., está intimamente ligada a tal escolha, pois a natureza dos textos requer esse tipo de tradução "criativa".

Curiosamente, o programa de escrita que Haroldo promoveu também estava isomorficamente ligado a suas ideias sobre tradução. Em outras palavras, os textos que Haroldo produziu, especialmente no caso das *Galáxias*, exigem o tipo de tradução por ele defendida, ao tempo que tal prática da tradução, por sua vez, teve um impacto decisivo na própria escrita do Haroldo. Desta forma, suas traduções de textos de James Joyce, Ezra Pound, Stéphane Mallarmé, poesia clássica chinesa, poesia futurista russa, para citar apenas alguns exemplos, podem muito bem ser consideradas criações paralelas aos seus originais, influindo também na sua própria práxis literária. Tais ideias também inspiraram o meu próprio método ao traduzir as *Galáxias*, obra-prima de Haroldo, em colaboração com a renomada tradutora da vanguarda literária

5 H. de Campos, Da Tradução Como Criação e Crítica, *Metalinguagem & Outras Metas*, p. 34.

hispânica, a norte-americana Suzanne Jill Levine[6], e recentemente, da poeta e tradutora canadense, Erín Mouré. No processo da tradução, buscamos identificar os desafios e processos que operam nas *Galáxias* e "transcriar", para usar a terminologia do próprio Haroldo, em vez de apenas traduzir conteúdos semânticos. Como ficará evidente na discussão abaixo, as soluções que encontramos para alguns dos desafios forneceram oportunidades "criativas" que visam a reproduzir formas e padrões linguísticos, divergindo, por vezes, consideravelmente do estrito conteúdo semântico do texto.

Passando já aos desafios, talvez o primeiro e mais evidente, ao tentar produzir uma "criação paralela" a qualquer texto de poesia, é o problema da paisagem sonora. Como Eliot Weinberger, célebre tradutor para o inglês do poeta mexicano Octavio Paz, colocou, é questão de "inventar uma nova música para o texto no idioma da tradução, que seja ditada pelo original. Uma música que não seja uma réplica técnica do original"[7]. Isso se aplica de maneira particular às *Galáxias*, um texto em que o som e o jogo com a oralidade são tão conspícuos.

O jogo sonoro de *Galáxias* tem sua origem na experimentação inicial de Haroldo com a poesia concreta, cuja ênfase na materialidade da linguagem (visualidade e som) já mencionei. No entanto, apesar do programa "verbivocovisual" anunciado em seus manifestos, pode-se afirmar que, na poesia concreta, o jogo sonoro sempre tocou a segunda flauta, pelo menos no começo. Tanto assim que, durante anos, "poesia concreta", pelo menos no Brasil, foi quase sinônimo de "poesia visual". Não havia então um equivalente real para *sound poetry* (poesia sonora), no sentido das performances dadaístas de figuras como Hugo Ball e Kurt Schwitters. Porém, a visualidade finalmente foi cedendo lugar ao som na escrita posterior do Haroldo. Isso é evidente nas *Galáxias*, que apresentam apenas elementos visuais básicos, como o uso de minúsculos em todo o poema e de itálico nos formantes inicial e final, a disposição gráfica em forma de um bloco de texto com

6 Esta tarefa só foi possível, em grande medida, por uma residência no Banff International Literary Translation Centre em 2006, e as tradutoras desejam reconhecer o generoso apoio do Centro.

7 E. Weinberger, Anonymous Sources, em D. Balderston; M.E. Schwartz (eds.), *Voice-Overs*, p. 111.

margens quase idênticas e a impressão do texto em apenas um lado da página (com o verso das páginas em branco). A ênfase no som, no entanto, faz com que as *Galáxias* se tornem o que mais se aproxima da poesia sonora na produção de Haroldo de Campos.

Traduzir o som constitui, portanto, um enorme desafio, exigindo que se reconheçam os padrões rítmicos, os trocadilhos, as aliterações, as rimas internas e toantes e se procure produzir um padrão paralelo, uma música capaz de ecoar os efeitos do original. A diferença fundamental entre as estruturas silábicas do inglês e do português complica a tarefa do tradutor consideravelmente: em português, a maioria das sílabas têm a mesma duração e a maioria das palavras são paroxítonas, contrastando com os padrões monossilábicos do inglês e sua irregularidade em ênfase tonal. A escolha foi traduzir o ritmo mais lento ou andante do português pelo *staccato* monossilábico do inglês e tentar uma transposição da ênfase tonal.

Assim, o sossegado ritmo inicial do primeiro formante de *Galáxias*, "e começo aqui e meço aqui este começo e recomeço e remeço e arremesso e aqui me meço quando se vive sob a espécie da viagem o que importa não é a viagem mas o começo", se torna o mais econômico e *staccato* "and here I begin I spin here the beguine I respin and begin to release and realize life begins not arrives at the end of a trip". Nesta passagem, o original faz uso de uma série de rimas em "eço". Na tradução realizada em colaboração com o autor, Suzanne Jill Levine escolheu incorporar o trocadilho na canção de Cole Porter "Begin the Beguine" no espírito lúdico em que outras partes do texto se apropriam da cultura popular. (Fica clara a escolha do verbo "begin" que alude explicitamente ao livro do Gênesis, "In the beginning..." [No começo...], pois o formante inicial não só abre a série inteira de poemas em prosa, mas também tematicamente aborda a ideia dos começos.)

A rima "begin" / "spin," vincula começos com tecelagem, o ato de "tecer" um texto, uma história. Em seguida, "release," indicando um tipo de liberação procura um eco em "realize life begins", o logro que a tentativa de "arremesso" sugere, e também a consciência de vida e viagem como um começo. A partir desse momento, a tradutora substitui o esquema de rimas pela aliteração. A aliteração tem uma história venerável e sua afiliação com alguns dos primeiros textos poéticos da tradição anglo-saxônica a tornam uma recuperação interessante. Tanto o poema épico *Beowulf* quanto poema elegíaco "The Seafarer" fazem uso dela, algo que reconhece, por exemplo a tradução de Ezra Pound desse último texto anônimo:

> May I for my own *s*elf *s*ong's truth reckon,
> *J*ourney's *j*argon, *h*ow I in *h*arsh days
> *H*ardship endured oft.
> *B*itter *b*reast-cares have I a*b*ided,
> Known on my *k*eel many a *c*are's hold,
> And dire *s*ea-*s*urge, and there I oft *s*pent
> *N*arrow *n*ightwatch *n*igh the ship's head
> While she tossed *c*lose to *c*liffs.[8]

Embora, esse seja um recurso poético pouco utilizado e até evitado na poética inglesa desde o modernismo, sendo considerado de um gosto questionável, seu uso na tradução das *Galáxias* faz sentido. Do ponto de vista do excesso neobarroco das *Galáxias*, que desestabilizam os limites das noções estéticas do "bom gosto" e até deliberadamente se aproximam do *kitsch*, acredito que a escolha se justifica, especialmente por conta do jogo sonoro.

O som se relaciona diretamente com a concepção que o autor teve das *Galáxias* como um texto oral ou performativo que ele chegou a chamar de "texto-partitura". Como o Haroldo declara nas notas ao final da edição (póstuma) definitiva: "trata-se de um livro para ser lido em voz alta, que propõe um ritmo e uma prosódia, cujas zonas 'obscuras' se transparentam à leitura e cujas palavras, oralizadas, podem ganhar força talismânica, aliciar e seduzir como mantras"[9]. O aspecto oral do texto tem que ser levado em conta nas escolhas feitas ao traduzir. Um exemplo claro disso é o fragmento "circuladô de fulô", também um dos mais difíceis de traduzir. Este fragmento narra uma visita de Haroldo a João Pessoa, Paraíba, onde ele ouvira a frase titular como o refrão "cantado por um esmoler de feira, que havia improvisado um instrumento rústico, cuja vibração lembrava um som 'eletrônico'"[10]. A frase "circuladô de fulô" se presta a várias

8 The Seafarer, p. 207 (grifos nossos).
9 H. de Campos, *Galáxias*, s.p.
10 Ibidem.

leituras: "'circulado (cercado) de flor' ou 'circulador (no sentido de uma força que faz circular) de flor'"[11]. Além disso em "fulô", forma vernácula de "flor", se ouvem ecos tanto do célebre poema "Negra Fulô", de Jorge de Lima, quanto de "Pisa na Fulô", música baião-coco composta por João do Vale em parceria com Ernesto Pires e Silveira Júnior. Nas minhas primeiras tentativas de traduzir esse fragmento, procurei uma solução que privilegiasse a semântica misteriosa dessa frase, tanto como algo (ou alguém) cercado por flores ou uma força circular que de alguma forma está também ligada às flores. Usei a frase inventada *flower-gyre*, inspirada no poema *nonsense* de Lewis Carroll, "Jabberwocky":

> 'Twas brillig, and the slithy toves
> Did gyre and gimble in the wabe:
> All mimsy were the borogoves,
> And the mome raths outgrabe.

Embora eu tenha gostado do som e da inclusão do *nonsense*, percebi logo que *flower-gyre* não funcionava muito bem ritmicamente ao ser lido em voz alta e perdia a polissemia misteriosa da palavra original. Decidi então mudar para um trocadilho no qual constassem uma alusão às flores, a ideia de uma cerca ou limite, e a ação de um ventilador. (A imagem implícita é também que a forma circular do ventilador e suas aspas se espelham na forma da flor e suas pétalas, como aparece na capa do disco *Circuladô*, de Caetano Veloso, que musicou parte do fragmento.) A frase então virou *flower-border flower-blow*, com as seguintes variações no decorrer do fragmento: "flower-blower flower-flow", "flower-border flower-blow flower-border flower blow flower-border flower-blo". Esta segunda solução mantém um ritmo idêntico ao do original e possui o mesmo número de sílabas.

"Circuladô de fulô" exemplifica mais uma característica recorrente do texto que desafia as habilidades do tradutor: não apenas a coexistência de diversos registros linguísticos, mas também sua constante alternância, que os linguistas denominam *code-switching* (alternância de código). Em minhas conversas sobre esse fragmento com Ivan de Campos, filho do poeta, compreendi que dois registros coincidem nesta frase misteriosa: um deles

11 Ibidem.

popularesco, por assim dizer, relacionado com a linguagem vernácula nordestina, e o outro poético e erudito, até filosófico ("uma força que faz circular"). É importante perceber esses desvios através dos quais Haroldo mistura formas populares de expressão oral, gírias e até mesmo a linguagem vulgar, com expressões cultas e um vocabulário deliberadamente livresco e arcaico. Em conjunto, essas expressões convergem para uma espécie de catálogo da língua portuguesa, de maneira bastante similar ao que Joyce tentou em *Ulisses*, como já apontou K. David Jackson[12]. Também no acima citado *Finnegans Wake*, jogos verbais eruditos se misturam incessantemente com trocadilhos e vulgarismos. O choque de registros não passa desapercebido na performance oral dos textos. Numa leitura que realizei da tradução do fragmento "cadavrescrito" (que titulei *inscribed corpse*), Joan Lindgren, uma colega tradutora, comentou que parecia uma espécie de "rap para intelectuais". Embora talvez não de maneira consciente, tenho certeza de que a poética urbana do rap entrou em minhas tentativas de reproduzir os sons, ritmos e registros "populares" na tradução.

Apesar dessas incursões no popular, ainda há muito que é erudito e até obscuro nas *Galáxias*, e não apenas no léxico, onde Haroldo com frequência recorre a arcaísmos ou aos significados obsoletos de uma palavra. Algumas passagens do texto exibem o que o filósofo francês Jacques Derrida, em homenagem pública ao Haroldo em 1996, chamou de um conhecimento "atemporal inalterável, absoluto, definitivo, indubitável"[13]. Traduzir a obra-prima de Haroldo exige, portanto, uma familiaridade com sua vasta obra, suas inúmeras leituras e com o percurso poético e intelectual dos poetas que Haroldo estudou, traduziu e, de maneira crítica e fundamental, promoveu. Por exemplo, no fragmento "ma non dove" quando Haroldo escreve, "o velho poeta comendo as pedras da vitória", seria fácil traduzir, "the old poet eating the stones of

12 Em seu artigo, Traveling in Haroldo de Campos's *Galáxias*: A Guide and Notes for the Reader, Jackson propõe "a schematic design parallel to the one that Gilbert designed for *Ulysses*, so that the reader of Haroldo's greatest work of prose and poetry can better accompany and understand its themes and profound rhythm" (um desenho esquemático paralelo ao que Gilbert projetou para *Ulysses*, de modo que o leitor da maior obra de Haroldo de prosa e poesia possa melhor acompanhar e entender os seus temas e ritmo profundo), *Ciberletras*, n. 17, 2007.

13 "Cada vez, quer dizer, e no entanto, Haroldo..." J. Derrida et alii, *Homenagem a Haroldo de Campos* (1996), trad. Leda Tenório da Motta, São Paulo: Pontifícia Universidade Católica de São Paulo, p. 12 - 14.

victory". Essa frase se poderia ler como uma alusão estranhamente festiva a Carlos Drummond de Andrade ou a João Cabral de Melo Neto, dois clássicos modernos em cujos poemas figuram pedras, famosa e recorrentemente. Tais leituras poderiam estar (e com certeza *estão*) lá, mas a referência é mais direta. Haroldo fala de Joaquim de Sousândrade, autor romântico do poema épico *Guesa Errante*, que depois de um longo esquecimento foi reeditado por Haroldo e seu irmão Augusto no início dos anos 1960. Segundo informações biográficas, depois de longas estadas na Europa e em Nova York, Sousândrade retornou ao Maranhão, radicando-se na Quinta da Vitória, pertencente a sua família. No final de sua vida e quase na falência, começou a vender seu latifúndio, pedra por pedra, a fim de sobreviver. Tais pedras, e não metáforas drummondianas ou cabralinas, inspiram a literalidade da tradução: "the old poet eating the stones of vitória". E assim por diante acontece com inúmeras referências ao longo das *Galáxias*. Decifrá-las implica um conhecimento profundo do conjunto da obra haroldiana, assim como um espírito detetivesco.

Outro problema de tradução relacionado à erudição evidente nas *Galáxias* são as numerosas palavras e expressões em outras línguas misturadas ao texto em português. Palavras em inglês, francês, alemão, espanhol, italiano, grego antigo, latim – e se contarmos os nomes próprios e os topônimos, também em hindi, nahuatl, basco, chinês, japonês, árabe, russo e tcheco – literalmente se confundem nesse texto poliglota e até babélico. Impossível considerá-las apenas num alarde de sofisticação linguística: mesmo para o próprio autor, apesar de seu profundo conhecimento, as palavras em outros idiomas (em particular, os mais obscuros) representam uma experiência do estranhamento, operando como cânticos de encantamento. Como o próprio Haroldo explica: "Quanto às palavras e frases em outros idiomas – sempre de valor mântrico, 'transmental', ainda quando não imediatamente alcançável no nível semântico – essas palavras e frases são, via de regra, traduzidas ou glosadas no contexto, fluindo assim e confluindo para o ritmo do todo."[14] Esses "corpos estranhos", por assim dizer, além de serem *objets trouvés* com uma importante função referencial na colagem textual das *Galáxias*,

14 H. de Campos, *Galáxias*, s.p.

cumprem também a importante função material do estranhamento sonoro.

O que fazer com essas palavras na tradução, especialmente ao confrontar um público leitor de língua inglesa, dificilmente multilíngue, talvez mesmo, apenas monolíngue? A solução não necessariamente é calcar o uso dessas frases de maneira pontual. Por exemplo, no fragmento *reza calla y trabaja*, tal frase, um *slogan* político que evoca a ditadura franquista na Espanha, é repetida constantemente no original, sem tradução para o português. Pela similaridade das línguas, para um leitor brasileiro o espanhol é praticamente transparente, o que não se pode assumir no caso do leitor de língua inglesa. Na tradução, em vez de usar o espanhol constantemente, a frase original alterna com uma versão em inglês. Essa técnica segue a lição do Haroldo, quem, no original, traduz ou glosa frases em idiomas menos conhecidos para o público brasileiro. Em certos casos, porém, a tradução preserva a estranheza da língua "estrangeira", bem como certos aspectos não idiomáticos das passagens que aparecem em inglês no original. Isso, de certa forma, é o que alguns estudiosos como Lawrence Venuti chamam de tradução deliberadamente "estrangeirizante" (*foreignizing*), em oposição a estratégias que tentam "domesticar" os elementos exóticos de um texto.

Outro desafio na tradução foram as diferenças sintáticas entre o português e o inglês, principalmente porque o texto prescinde de pontuação ou uso de maiúsculas. A sintaxe mais livre do português apresenta um problema frente à estrutura muito mais rígida do inglês. Um exemplo interessante aparece no fragmento "como quem escreve", onde um motorista de taxi lituano que passa a morar no Brasil faz um comentário sobre o período da guerra, "para depois perder-se em reminiscências idealizadas da terra natal". A frase em português "agora parentes escrevem filhos na escola pobres pobres não há operários estudando em faculdade" vira "now family writes children in school the poor poor there aren't any workers studying at universities", uma tradução deliberadamente ambígua. A possibilidade de trocar a ordem do verbo e do sujeito permite duas leituras contraditórias: "pobres pobres não há" e "operários estudando em faculdade" ou "pobres pobres" e "não há operários estudando em faculdade". A primeira leitura seria uma aprovação acrítica das vantagens do comunismo, enquanto a segunda traz à tona as contradições do sistema – os filhos estudam, mas não há operários nas faculdades – ambas talvez na mente do imigrado que idealiza, mas lê-se também outras realidades nas entrelinhas. A tradução procura preservar algo da incerteza do original e a possibilidade de leituras opostas.

Nessa mesma linha, outra característica interessante das *Galáxias*, e o último dos desafios estritamente linguísticos que vou comentar, é o processo poético conhecido como *enjambement* ou encavalgamento: a continuação da unidade sintática do final de um verso para o verso seguinte. O encavalgamento cria um certo dinamismo no texto, ao eliminar a pausa no final de certos versos, levando a leitura à frente. Acho importante sublinhar o fato de que as *Galáxias* são um gênero híbrido entre prosa e poesia; embora não exista nelas uma métrica regular, devemos reconhecer que cada linha constitui um "verso" e que as quebras dos versos não são arbitrárias. Daí que o encavalgamento seja muito frequente nas *Galáxias*, produzindo surpresas e continuidades inesperadas. Este fato parece ter iludido outros tradutores, que viram as *Galáxias* como uma espécie de prosa ininterrupta; isso se reflete na forma como algumas das traduções foram impressas, ou seja, sem atenção aos finais dos versos, que na minha opinião são cruciais. O próprio Haroldo refere-se aos mais de 2000 "versículos" das *Galáxias*. Versículos é a denominação específica das unidades textuais da *Bíblia*, mas é claro que mantém uma relação etimológica com "verso", a linha individual do poema. Na tradução, novamente devido às diferenças sintáticas entre o português e o inglês, houve ocasiões em que não foi possível manter alguns dos encavalgamentos do original, mas, para compensar, tentou-se exagerar ou criar outros, a fim de produzir uma ambiguidade maior, surpresa e até mesmo humor.

Há muitos outros processos poéticos que poderiam ser discutidos, mas vou concluir com algumas observações a respeito das escolhas feitas ao projetar uma página de internet para tornar pública uma amostra da tradução, trabalho em andamento que ainda aguarda publicação em livro. Embora a intenção seja de publicar a tradução para o inglês na íntegra em formato impresso, decidimos aproveitar as possibilidades únicas que a multimídia pode oferecer para revelar certos aspectos de uma obra desta natureza, cujos jogos com som, imagens e inúmeras referências eruditas e populares podem iludir até mesmo o mais sofisticado dos leitores.

Criamos um *site* (<http://www.artsrn.ualberta.ca/galaxias/>) no qual cada fragmento aparece em uma única tela com o texto original em português digitalizado em um tom cinza claro. O texto em português aparece como um discreto pano de fundo à tradução: uma espécie de eco ou voz quase inaudível ou as sombras quase visíveis da tradução. Considerando-se, talvez, que poucos leitores da tradução para o inglês poderiam ser capazes de ler o original, colocar o português de maneira paralela parecia não ser uma necessidade óbvia.) A tradução (dependendo do tamanho do ecrã) aparece como uma única página, se assemelhando à versão impressa, também numa página só.

Devido à obvia dificuldade de certas passagens, uma explicação parecia às vezes imprescindível. No entanto, em lugar de fornecer notas de rodapé que pudessem interromper a leitura, inserimos pequenas janelas que aparecem e desaparecem ao se colocar o cursor sobre certas palavras do texto. Esse também é o caso com as referências a lugares e obras de arte, imagens aparecem na tela quando se passa o cursor sobre a passagem relevante, mas não estão lá a menos que o leitor executar essa ação.

Finalmente, decidimos oferecer alguns dos sons do original, fornecendo links para gravações do próprio poeta lendo o poema em português, uma tradução lida por Suzanne Jill Levine em inglês e a versão musical do fragmento "Circuladô de Fulô", de Caetano Veloso. Em conclusão, os muitos desafios que o original das *Galáxias* apresenta tornam-se, em igual número, oportunidades para uma tradução criativa, não só de uma língua para outra, mas também da palavra impressa para a multimídia.

Trânscrito Galáctico[1]

Apontamentos em Torno de uma Versão de Galáxias

Reynaldo Jiménez

De fato, no entender do próprio W. Benjamin cabe à tradução uma função angelical de portadora, de mensageira (compreendida na acepção etimológica do termo grego *ángelos*, do hebráico *mal'akh*): a tradução anuncia, para a língua do original, a miragem mallarmaica da língua pura; ela é mesmo, para o original, a única possibilidade de entrevisão dessa língua pura: ponto messiânico (ou lugar semiótico) que assinala, entre elas (as diversas línguas), ao nível desse telos desocultado graças ao peculiar "modo de re-produção" (*Darstellungmodus*) que é a tradução, "uma afinidade eletiva", independentemente de todo parentesco etimológico ou histórico.[2]

UM FRAGMENTO DE *GALÁXIAS*, cuja primeira palavra é *neckarstrasse*, localizado mais ou menos na metade do percurso, insinua desde um reduto: "a gargalhada de Schiller estala entre Goethe e vos tua fala se turva de vermelho ou o homem está louco ou se faz de vos, escrevendo".

1 Tradução do espanhol por Rosario Lázaro Igoa.

2 H. de Campos, Transluciferação Mefistofaústica, *Deus e o Diabo no Fausto de Goethe*, p. 179. Citado pelo autor do ensaio Transluciferación Mefistofáustica: Contribución a la Semiótica de la Traducción Poética, trad. de Jorge Schwartz revisada pelo autor, em *Galaxias*, tradução e notas de Reynaldo Jiménez, prólogo de Roberto Echavarren, *La Flauta Mágica*, Montevideo, 2010. (A edição brasileira de referência em todo momento foi a da editora 34, aos cuidados de Trajano Vieira.)

E nas notas há uma transcriação do livro-poema[3], inseri e traduzi uma referência encontrada em Pandora-net, atribuída a um certo Julian Dibell, de quem nada sei e assim diz:

Enquanto vocês riem, lembrem do que Goethe disse uma vez sobre outro tradutor alemão, Johann Heinrich Voss, quem ousara traduzir Homero sem alterar seus hexâmetros. Em primeiro lugar, observou Goethe, os leitores não ficaram totalmente satisfeitos com o trabalho de Voss. Mas essa resistência, ele acrescentou, é a reação usual contra qualquer um que persista, como Voss, no que Goethe considerou a mais alta forma de tradução: uma abertura radical ao forâneo, na qual o tradutor se identifica tanto com o original que deixa de ver a sua própria nação como excludente[4].

Se onde se lê "nação" nos permitimos vislumbrar "cosmovisão", portanto "língua", obteremos pelo menos a centelha simbólica da pedra de toque a partir da qual, por certas instâncias do transe tradutório (e o transe não será um termo casual na hora de falar em galáctico), comecei a ouvir, como palpando-lhe a polpa, a deliberada nebulosidade de sua escansão. Sem o cuidado dos signos ortográficos nem evitada a sua qualidade respiratória devido a hábitos de versificação no sentido lato, dos quais havíamos sido dispensados pelo menos já desde os anos iniciais de Noigandres, é possível apreciar, em troca de certa vertigem em suspensão, a partitura matérica que é *Galáxias*. Livro de horas e de sincrônica fora de hora, nós-passagens: seu sentimento de duração em tanto suporte transmental ainda que *sensista* da sintaxe. A voz poderá aparecer em qualquer caso no calor do artesanato, isto é, afinação de intenções, típica do *syntaxier*, cujo avatar encarna.

POR TRANSBORDAMENTO VERSICULAR, Haroldo explora (espessura de ressonâncias) a escansão e sua silábica. E estica-a (ao demorar a escuta) até a vibratória de evidentes consequências tímbrico-rítmicas: basta compôr a voz para pôr o corpo, parece o subtexto nos dizer. Velocidade associativa buscando incidir, mais do que a metáfora pré-formatada como um recurso revisitável pelo engenho, a via metafórica, enquanto naturaliza o desvio

3 A mesma versão anotada de *Galáxias* em espanhol foi também publicada em 2011 por Libros Magenta, México, pról. de Gabriel Bernal Granados.

4 O próprio Haroldo alinha Voss, junto com Sousândrade e Hölderlin, como tradutores "monstruosos" (aspas dele).

(espelho, mas ustório): moiré do vaivém analógico, por acaso dança entre simultâneas (oásis e miragem) do sentido.

As referências galactizando-se, em abundante caso, atuam assim como puros agentes implacáveis de reminiscência. O que é nomeado magnetiza e conecta o díspar. E isso que não acontece unidimensionalmente não poderia ser vertido em sentido único. Tal articulação associativa trabalha os estratos, aprofunda ou ondula a página-pátina:

y toda la pintura cupo en un precinto violáceo constelado de ninfeas deshiláceas que ni sumergidos sietestrellos el septeto de la osa mayor se vuelve así un registro plusmarino de medusas de actínias y por eso te pareces al pez de ese acuario que te cierra entre plancton y heces de zafiro denso humus oceánico que se abona a sí mismo y germina en figuras de pizarra ónix cobalto en niqueladas crestas turmalinas en cirros sucesivos de metileno dentro de ese óvalo eres el pez un ojo-pez alumbrado y semoviente aletas tontas de espanto sin saber dónde parar o fijarse y asiste a la cirrosis del color cómo se aúna y se adensa para filtrarse infiltrarse dejar rayar una veta granza una punta oro que fisga una esquiva cinceladura cetrina y por aquí acompañas la dolencia del azul la afasia del azul que camina de contiguo en contiguo[5]

TRANSCRIAR *GALÁXIAS* implicaria, pela mesma ação de transpor em plena porosidade, lidar também com a oscilação de fronteiras entre duas línguas supostamente amadurecidas e estabelecidas (demanda de dupla unilateralidade que a força oscilatória desmente) em favor dessa língua intermedial, menor, alterna alterada. Aludir em ato a essa vontade de trânsito (*lemniscata*?) em que o fronteiriço, introjetado, desencaixa-se. Será que se remexe e se mexe nas *Galáxias* e se retorna ao livro pelo desejo de escrita, por reencontrar essa inesgotável experiência-percepção decantando.

5 E toda a pintura coube num precinto violáceo constelado de ninféias esgárceas que nem submersos setestrelos o septeto da ursa maior vira assim um registro plusmarino de medusas de actínias e por isso você parece o peixe desse aquário que te fecha em plâncton e fezes de safira denso húmus oceânico que se aduba dele mesmo e germina em figuras de ardósia ônix cobalto em nigeladas cristas turmalinas em cirros sucessivos de metileno dentro desse oval você é o peixe um peixe-ôlho alumbrado e semovente nadadeiras tontas de espanto sem saber onde parar ou fixar-se e assiste à cirrose da cor como ela se aduna e se adensa para coar filtrar-se deixar raiar um veio garança uma ponta ouro que fisga uma esquiva cinzeladura citrina e por aqui você acompanha a doença do azul a afasia do azul que caminha de contíguo em contíguo

Aberto o livro, o poema muda.

O verter transcriador aspira o tempo todo à sinapse, sendo sua tarefa canalizar a transmissão com a antena intuitiva mais flexuosa disponível. A precisão deve, portanto, ser ajustada de acordo com uma outra ordem - para desocultar em transleitura - de simpatias e apetites, portanto, decisões. Precisamente aquelas que "definem" a versão, uma possível entre muitas. Provisória ponte suspensa, porque suporte quase abissal, de certa forma, para a passagem de potências indômitas. As quais o versor não converte, é claro, zelador do fogo cuja tarefa consiste, bem pelo contrário, no cuidadoso cultivo dessas latências na sintaxe. As quais, em arrasto de pescador (corpo a corpo com o martexto haroldiano) conectará, se necessário, mediante variáveis formais e até mesmo "de conteúdo", perseguindo na medida do possível da translação esse gene de contínua surpresa em que *Galáxias*, mesmo após leitura distraída, coloca.

ATRAVESSAR PRÓPRIO DA TRAMA: paciência (ação micropolítica por excelência), e já em plenas inércias do mais automatizante de Cretinoamérica, *ergo* desde-e-em nossa condição latinoamarga (sugeriria o "heraldo[6] dos campos", sem distinguir já entre "um Brasil" e "um resto").

Exigência de atenção respiratória à que o poema induz, que vale múltiplas vezes ao apostar (atiçando-a) pela oscilação somática do sema enquanto matéria intermedial, inusitada "deste lado das línguas", e cuja contribuição perturbadora constitui *per se* toda uma reflexão analógica do condicional histórico e cultural, desdobrada no interior minucioso do detalhe letra a letra.

Galáxias não míngua informalescências portadoras do afeto que descondiciona e é isso o que com umbralícia precisão põe nas bocas[7]:

fluctisonante ese mar ese mar ese mar ese martexto por quien doblan los signos marejando en un estuario de papel en un mortuario en un

6 Arauto, em português. (N. da T.)

7 O argentino ná Khar Eliff-ce escreve: "informalescências perceptuais (forças saídas de forma, com suas contorcionadas entradas em matéria e saídas em espírito)", no seu ensaio The Undulating Unknown (O Desconhecido Ondulante), publicado no volume *Speculation, Heresy, and Gnosis in Contemporary Philosophy of Religion*.

monstruario de papel murmurumor-remurmuñante escribalbuceando tú conviertes estos signos-sinos en un doble en un doblez de finados al fin nada de papel estos signos los yergues contra tus ruinas o tus ruinas contra estos signos balbucelante deletreasolando sobrio en este eldolorido hediorado latinoamargo tu barronca muertopopeya ibericaña [...] cuando la saliva ya remora en la memoria su punto saturado de perfume apenas el recuerdo de un haber-sido que no fue o fue no-siendo o sido se-es pues los signos doblan por este texto que subsume los contextos y los produce como figuras de escritura una polipalabra conteniendo todo el rumor del mar una palabra-caracola que homero sopló y que se deja transoplar a través del sucesivo escarceo de traducciones encadenadas vocales bogando contra el encrespado móvil de las consonantes así también viaje microviaje en un libro-de-viajes[8]

APOSTA EM DESFUNDAR OS REALISMOS, a menos que falemos de um tipo mais amplo de realismo do que as restrições usuais e os condicionais-condicionantes da Descrição, seu mundo dado e inventariável, suas aparências travestidas de natureza-humana (capital simbólico que a poesia não confirma). Um realismo associativo, pode-se dizer, que visara recuperar o ínsito vibratório, o acontecimento afetivo transfigurador que procede, sim, a transcriar, mas a partir desse gene de comoção que faz, em resumo, a polipalavra.

Isso remete e corresponde às veras rimas semânticas que *Galáxias*, em vez de estabelecê-las à guisa de elos retentivos da imagem unívoca, o tempo todo coloca à disposição caósmica de possíveis leituras diagonais, no viés talvez de intermitências em que os fios imaginários se amarram e desamarram para jamais

8 "[F]luctissonante esse mar esse mar esse mar esse martexto por quem os signos dobram marujando num estuário de papel num mortuário num monstruário de papel múrmur-rúmor-remurmunhante escribalbuciando você converte estes signos-sinos num dobre numa dobra de finados enfim nada de papel estes signos você os ergue contra tuas ruínas ou tuas ruínas contra estes signos balbucilente sololetreando a sóbrio neste eldorido feldorado latinoamargo tua barrouca mortopopéia ibericana na primeira posição do amor ela ergue os joelhos quase êmbolos castanho-lisos e um vagido sussubmisso começa a escorrer como saliva e a mesma castanho-lisa mão retira agora uma lauda datiloscrita da máquina-de-escrever quando a saliva já remora na memória o seu ponto saturado de perfume apenas a lembrança de um ter-sido que não foi ou foi não-sendo ou sido é-se pois os signos dobram por este texto que subsume os contextos e os produz como figuras de escrita uma polipalavra contendo todo o rumor do mar uma palavra-búzio que homero soprou e que se deixa transoprar através do sucessivo escarcéu de traduções encadeadas vogais vogando contra o encapelo móvel das consoantes assim também viagem microviagem num livro-de-viagens [...]"

abarcar-se senão enquanto tapeçaria inconclusiva, *kakemono* da onda, continuamente desdobrável. Se transler *Galáxias* solicita seguimento que acompanhe e traslade, atento para esse peneirar, impõe-se com isso prosseguir a via ramificada, a extravia, mínimo fator de decolagem ou fuga: uma oscilação não pendular senão aguçada de irregularidades. Não resta outra mais do que assumir essas rimas semânticas (um imediato caso transfigural seria o da *anima* diversificada em sequência de entidades feminis): coordenadas de alienação conotante que por princípio de fertilidade semântica propõem não deixar de atender o revérbero.

Muito do que acontece em *Galáxias* passa por entre.

Involucra a constância bussolar do seu foco mutável. O olhar (inteligência do poema enquanto nos transporta ao lê-lo) dessa fluência, cujo fio conectivo ativa nada menos do que nossa segunda atenção.

OUTRO FRAGMENTO – cujo começo reverto, "circuladó de fló" – alega em seu remate sem clausura:

não guio porque não guio porque não posso guiá e não me peça momento mas more no meu momento desmande meu mandamento e não fie desafie e não confie desfie que pelo sim pelo não para mim prefiro o não no senão do sim ponha o não no im de mim ponha o não o não será tua demão

A ambiguidade coesionante de esquírolas em vários níveis de leitura dispõe e, até certo ponto, coloca perante os horizontes movediços do Intraduzível. Porém, o desafio persiste, podendo alguém em um libertar-se de mandatos de literalidade, de modo a não neutralizar o que precisamente acontece e concerne como embalo despertante que é. Despertante do "eu mesmo" (do proprietário de sua leitura, seus saberes confirmáveis) a o enfeitado suscitativo em que as formas intermitem forças de arrasto, o informe influente, intrínseco:

no guío porque no guío porque no puedo guiá y no me pidas memento mora mi momento desmanda mi mandamiento y no hiles desafía y no confíes deshila que entre el sí o el no para mí prefiero el no en el sino del sí pone el no en la í de mí pone el no el no será tu ademán

O que houve? Um corrimento ressonador, com o qual trocar a música evidente pelo sobregiro do ademais mais o *man* do salto final, cujo embalo "mudando, permanece". O gesto preserva a mão enquanto acrescenta-lhe o acento gestual, antes latente, agora emergente, gesto que propaga a enunciação da mão ("demão de pintura", também, cuja pátina é acionada, por necessidades próprias da versão transcriativa). O terceiro ouvido importou mais. O desejo que desta sorte faz uma versão insiste: que a alegria incantatória não desista nem pare de acontecer. Isso perpassa o significável, equivale praxe com sinapse.

Embora movendo-se com o uníssono do embalo perceptual, o feixe deslizante do ser merece ser reformulado, refigurado, re-embaralhado pelo devir, através das velovoracidades centrípetas que *Galáxias* antepõe ao antolho interpretante. A situação do trânsfuga intergalático em particular será entre todas as coisas viagem para um adentramento de agudo desembocar. Para a íntima incógnita, cuja pista incorruptível e versátil continuará a ser a intensidade. E essa aqui, se traduz?

GALÁXIAS NÃO FIXA COMPORTAMENTOS SEMÂNTICOS para deleite excludente e quase guloso da glosa interpretativa. Por ampliação laborada, puras intenções, da capacidade de escuta, prolonga vibrátil seus enraizamentos evocativos nas informalescências (intensidade articular: pneuma) que dissemina, serpe enfeitiçada, a melodia incantatória.

Esta *dispositio* associativa corre inevitavelmente pelas cinquentas páginas versiculadas da esquerda para a direita, enquanto de um lado a outro dispõe (na medida em que as dissipa) as irregulares evidências afetivas. É um transefeito de retorno[9], dado que no seu através se aguça o sentido-reciprocidade entre o nomeado associável e o inominável associante.

Para acrescentamento eficaz do pestanejo (do terceiro ouvido), a intermitência faz o sentido. E embora pareça um truísmo, tem que ser dito: em *Galáxias* importam tanto as versiculadas quanto os seus dorsos em branco. A espessura intacta

9 "Retorno": termo técnico que, para um sonoplasta, designa um acoplamento, embora, para um leigo, possa significar mais um desacordo "objetivo" entre, por exemplo, um microfone e os alto-falantes. Este ingrediente de perturbação confere à intensidade intragalática um ingrediente - quase tácito quase explícito - não exatamente concordante: uma homenagem à dissonância diagonal como harmônico alternado, presença socavadora de absolutos na forma de baixo contínuo durante a corrida epifânica (abastecedora) das nuances.

do silêncio ao lado do barulho do antropoestrépito. O informe através da metamorfose, eclosão proteica do sentido (a-preexistente), livrando-se (batalha com o anjo ou fantasma da história) à imagem anarcometamórfica:

quién oye la fábula exsurgiendo entre zafiro y heces quién la ve despuntar su ristra de radium entre lejía y semen ante un rebaño de orejas varicosas grandes oídos sordos orejas de abano flácidas banderas mustias que des contemporaines ne savent pas lire ouver[10]

A tal ponto a vertigem ilumina, mesmo sem ouvidores que testifiquem ter compreendido ou sequer atendido, nos bastidores da ocasião. Deve ser notado neste livrobragem como a letra se torna a própria consciência que dissolve. Meditação sem mediações dialéticas (a consciência dança), mas em encruzilhada anexata de quantos traços, fiapos: trança magnética cuja consistência insiste em fazer-se respiração habitada.

Todas as simultaneidades, as dissensões, todos os campos e seus fora de campo, todos os entres e seus parentes. Fiquem ou não escritos. Possam fazer-se inscrição ou arranhem: "poeta sin lira oh deslirado tu fórminx de fórmica vibra en gruñidos metálicos de esta vida nadie sale vivo compañero en el paragolpes del camión no las líneas sino el blanco entrenegro de las líneas"[11]

A GESTAÇÃO DA LÍNGUA MENOR não fica sujeita a jargão de alto impacto em *Galáxias*. Dizer que insemina capilarmente até o último nervo conotativo é nada mais do que rascunhar seu avanço analógico em delta.

É por isso que a chave-Voss daquela murmuração haroldiana me lançara ao detalhe. No matiz, a língua matricial recobra polidimensão e, porque não, transbordamento, mediante um estranhamento direto em que intervêm os significados porque atrai o

10 Quem ouve a fábula exsurgindo entre safira e fezes quem a vê que desponta sua réstia de rádium entre lixívia e sêmen para um rebanho de orelhas varicosas grandes ouvidos moucos orelhas de abano flácidas bandeiras murchas que des contemporaines ne savent pas lire ouver [contemporâneos não sabem ler aberto].

11 Poeta sem lira ó deslirado tua fórminx de fórmica vibra em ganidos metálicos desta vida ninguém sai vivo companheiro no parachoque do caminhão não as linhas mas o branco entrenegro das linhas.

próprio deslocamento do sentido, nem *a priori* nem *a posteriori*, oferecendo-se apenas pela toada. Linguajeia passagens de sentido.

Entre detalhes, pude observar, segundo meu alcance, a estranheza ou foraneidade que Goethe observou e apreciou em seu contemporâneo: um vínculo maneirista, por assim dizer, isto é, matericamente afetado, na acepção de artifício quase sacrificial, na medida em que é destinado à abolição daqueles mundos de tão idênticos, conclusos:

fue aquí que supiste de la marcha de la marchita corrección de hormigas más que viejas en marcha batida marchaderas marchantes hormiencolando brioches capuchas sotanas togas batas mandíbulas de marabunta bruxando como enjambres de sables u olor a viejo arrugando el olor a vida cera escurriéndose em velas de velorio lágrimas cocodrilando sobre la libre heredad[12]

Haroldo não perde em momento nenhum a vibração do embalo do que vai erguendo. Mesmo que inscreva em ziguezague e haja que reaprender, por via digressiva, a desmentida: "posição em um fluir..."[13].

ALGUMA COISA DO TECIDO DE COMOÇÃO ORIGINANTE vem desmentir as razões (de estado) da língua de chegada, a qual se mostra, mais uma vez, em vero trânsito sintático, consistência no transe de ser, não mais remissível a qualquer totalidade que pudesse ser satisfeita segundo o enchimento simbólico através de alguma completude.

A transcriação não arredonda. Pratica a possibilidade. Almeja quiçá a transparência dos seus meios para que emerja a transmissão do acontecimento não verbal com que fomos inquietados pela poesia escrita.

De outro modo, insisto: a precária instância da versão transcriadora geralmente encontra via afetiva nesse entregar-se à circulação sanguíneo-aérea do elemento verbal coeso, não por absolutos de completude (um estado, seus dispositivos preexistenciais), mas

12 Foi aqui que você soube da marcha da murcha correição de formigas velhas-da-velha em marcha batida marchadeiras marchantes formicolando brioches biocos batinas becas batas mandíbulas de saúva rilhando como enxames de sabres o cheiro velho engelhando o cheiro de vida cera escorrendo de velas em velório lágrimas crocodilando sobre a livre herdade.

13 Néstor Perlongher.

pelas potências informais que fazem da poesia um pensar em devir. Uma decapitação radical (capital das galáxias, não haveria) contribui para transmutar rítmico-timbricamente as intenções unidimensionais mais enquistadas. É urgente continuar averiguando o que é a poesia, uma questão que não terminamos de saber. Daí as informalescências, sua-nossa desmentida em trânsito:

mementomomentomonumental materia evéntica desventrada del tiempo del marsupio vid espacio del tiempo un libro también construye al lector un libro de viaje en que el lector sea el viaje un libro-arena escurriéndose entre los dedos y haciéndose de la figura deshecha donde hasta hace poco musitaba la arena constelada un libro perime al sujeto y propone al lector como un punto de fuga este libro-ahora travesía de significantes que cintilan como algas migratorias[14]

HAROLDO DE CAMPOS FORJOU E HABITOU, entre outras, essa noção insubmissa: transcriação. Menciona até mesmo uma "outra empresa de fidelidade, esta subversiva do pacto rasamente conteudístico"[15].

Não é o âmbito, nem quem sou eu para glosar nem mesmo pretender representar os alcances teóricos desse vero critério procedimental que, desde sua concepção, convida ao exercício da máxima amplitude, no sentido urgente de assumir riscos criativos. E isso apesar do fato de que *Galáxias*, de certa forma, se transcria por si só: o poemantra "já vem cantado" e o que ele exige é se dispor para atuar como instrumento vibratório. Talvez a tarefa do transleitor possa ser resumida na criação dessa disponibilidade concêntrica. A transleitura criativa, em qualquer caso, não atua como uma hipótese funcional. Não seria necessário, por exemplo, converter a aliteração intergalática em cacofonia ou antes ainda em fonetismo, já que *Galáxias* está sempre aludindo ao mesmo tempo que concretando. A prática transcriadora, que também podemos chamar de transleitura (já que todo versor estaria mostrando alcances particulares), promove, aliás, uma

14 Mementomomentomonumental matéria evêntica desventrada do tempo da marsúpia vide espaço do tempo um livro também constrói o leitor um livro de viagem em que o leitor seja a viagem um livro-areia escorrendo entre os dedos e fazendo-se da figura desfeita onde há pouco era o rugitar da areia constelada um livro perime o sujeito e propõe o leitor como um ponto de fuga este livro-agora travessia de significantes que cintilam como asas migratórias.

15 Ver nota 55.

diferença de grau, se não de natureza, com relação à transcrição mais mediadora do "intérprete simultâneo".

Até mesmo certos níveis de mal-entendidos podem ser aproveitados para o estudo da obra-mestra envolvida, justo na medida do corrimento que toda passagem interlinguística, ou seja, intercosmovisional, ida-e-volta-e-ida, aproxima o que não se deixa projetar facilmente. Diante dessas resistências, abre-se, corpo vibrátil para outro uníssono, ao conectar alteridades. Poderia talvez esse nível do encontro ocorrer sem alteridades em sensação de mutualidade incorporante ou, como Haroldo faz revirar, sem "afinidades eletivas"?[16]

É isso que nos impede de esquecer e ao contrário nos orienta para particularidades indômitas, o Intraduzível mesmo, portanto, duplamente presente: felizes partículas materializadoras, se não hiatos de resistência significante que exigem, igualmente, a atenta calibração irregular do transleitor e com abarcada confiança subscrever a emoção pró-galáctica: "y si quieres lo fácil es tu alibí lo difícil es mi riesgo" (onde o fácil é teu álibi o difícil é meu risco)

GALÁXIAS POSSUI ESSA QUALIDADE DE ESCRITA que a moviola apreendeu, mesa de edição ou tela sucessiva em que é editado o tecido conforme é escrito/recebido, em dúplice pulsão que entrelaça a inspiração associativa e suas velocidades com "as quedas do arquiteto".

O respingado espaço-temporal do fraseado ilumina e deslumbra através do teste do retém respiratório que se transparenta através da malha silábica que Haroldo de Campos entrega à nossa consideração e escrutínio, como se jogasse, *in the face*, a agridoce violência das imagens, agora desaglomeradas, retiradas da função, colocadas em situação de velocidade transmental em si.

Nem rápidas nem lentas acontecem, e essa concatenação, que não deveria nos atenazar, porque não nos ameaça, nos convoca, incitando o murmurejar, a assonância mântrica pela graça do ensamblado barroquim, sinuosidade incorporante de um "sânscrito" ou língua anterior, pura porque acontecimento, som-senso em harmônicos bem como em dissonâncias, concretude serpentina do silabear explícito, alegando assim por novos despertamentos de equivalência assimétrica, de surgir, como aqui acontece, inquietações de traslado interlingual.

16 Aspas do original.

A transcriação pode entregar outro poema aborígine: efundir o mais desperto, o despertante anterior, comum estrato incomum. Perante *Galáxias* vale dinamizar a mimese e incorporar com isso a cinesia de seu alucine inter-silábico. Entrar na correnteza anarcometamórfica do arrasto lírico (a aliteração, na verdade, altera) porque ali é cifrada, inusitadamente, justamente a plural unanimidade do entre.

Entre uma imagem e outra, sem aderências à menor cicatriz, *Galáxias* cozinha seu alimento informalescente. Estimula a fuga aperceptiva do cérebro em direção a novas dissolvências, livrada a carne de seu mantra maximalista[17] durante a transleitura, através de transbordamento grande-angular do sentido, mostrando-se inesgotável. Reciprocidades e eclipses de sentidos e sinestesias não apreensíveis apenas por via racional:

empezaba a encadenarse un epos pero dónde dónde dónde me siento tan recóndito como aquella sombra tan remoto como aquel ignoto encresparse de onda cuántas máscaras hasta llegar al papel cuántas personae hasta llegar a la desnudez una del papel para la lucha desnuda del blanco frente al blanco el blanco es un lenguaje que se estructura como el lenguaje sus signos gesticulan con señas y designios son señales estos signos que se diseñan en un flujo continuo y en cada pausa serpea un sesgo de posibles en cada nesga murmura un pleno de probables el silabario ilegible hormiga como un casi desde donde el libro arrulla a la primera plúmula del libro viable que por un tris farfulla y despluma y se calla insinuo la certeza de un signo cebo ex-libris para la nada que chispea desde esa lengua tácita[18]

17 Dito assim por oposição (complementária, pois esse maximalismo implicaria uma proteica capacidade incorporante) a determinados minimalismos escriturais imperantes (nada a ver com o minimalismo musicalmente entendido, que trabalha com a duração: falo da escassez de inventiva promovida como "síntese", "transparência referencial", dos naturalismos sem terceiro ouvido, tão na moda (e parece que até rentáveis) faz décadas, entre as delícias territoriais de grande parte da crítica acadêmica que alega enfocar-se na poesia).

18 Principiava a encadear-se um *epos* mas onde onde onde sinto-me tão absconso como aquela sombra tão remoto como aquele ignoto encapelar-se de onda quantas máscaras até chegar ao papel quantas personae até chegar à nudez una do papel para a luta nua do branco frente ao branco o branco é uma linguagem que se estrutura como a linguagem seus signos acenam com senhas e desígnios são sinas estes signos que se desenham num fluxo contínuo e de cada pausa ▸ ▹ serpeia um viés de possíveis em cada nesga murmura um pleno de prováveis o silabário ilegível formiga como um quase de onde o livro arrulha a primeira plúmula do livro viável que por um triz farfalha e despluma e se cala insinuo a certeza de um signo isca ex-libris para o nada que faísca dessa língua tácita.

CHEGUEI A CONSIDERAR como necessariamente sinuosa a simpatia tonal da translação da toada-*Galáxias* – seu fator cântico – proliferando caósmica. Da carambola na mesa de sinuca às mitologias diagonais que tiram a cãibra das meras alusões, desencorajando assim a descrição, do sinal refinado pela comoção à adrenalina no meio da arena heroico-urbaninha, da inversa eclosão etimológica à cru puridade propagadora da manchete da notícia, de uma fervorosa paixão arcaico-artesanal envolvida na miniaturização da escansão (seus cortes e suturas) a uma vontade prismática de registro polifacetado.

O poeta em viagem proteica atiça essa vibratória desmagnetizadora dos significados a favor de uma descoagulação ao semovente constelar do sentido que, ao contrário de qualquer preexistencial, é muito provável que advenha integralmente, sob a condição de retribuir-lhe seus possíveis de transleitura:

no se trata aquí de una equivaleyenda sino de una delenda esquiva excava y sólo encontrarás la mano que escribe que excava la simplitud de lo simple simplicísimo en sancta simplicitas pone de lato la literordura deja las bellas letras para los bel'letristas y repara que en este hilo de lenguaje hay un hilo de lenguaje que una rosa es una rosa como una prosa es una prosa hay un hilo de viaje hay una vis de mensaje y en esta margen del margen por lo menos hay margen desliga entonces las storias de las historias y quédate al menos con este menos el resto veremos una botella al mar puede ser la solución botellero de más botellas de la vida diva dádiva botella que el futuro futura por la oscura vía delle botteghe oscure y cuando la marea vaya subiendo irás viniendo y cuando la mañana vaya saliendo vendrás siendo y mientras la noche vaya sumiéndose te estarás riendo pues es lindo y ledo y lidiado y leyendo éste tu cantomenos éste tu cuento a menos sin sonmenos ni conmenos este mismo no tiene si no te sirve o mi tren si la canoa tiene un agujero es por ahí el futuro muere viejo lo seguro pero combato en lo oscuro y por el tris por el trae por el tras por el tres tanto hace tanto hizo mi suerte yo qué sé pago para ver si con el dos no acierto juego todo al tres y aún hay una vez tengo esta historia tan simple es un espanto de historia no cuento porque no cuento no quiero contar cantando cantaba el sol contando contaba el mar un cuento cantado de tierra sol aire y mar mi canto no cuenta un cuento sólo canta como cantar[19]

19 Não se trata aqui de uma equivalenda mas de uma delenda esquiva escava e só encontrarás a mão que escreve que escava a simplitude do simples simplicíssimo em sancta simplicitas põe de lato a literordura deixa as belas letras para

Que momento-luz da nebulosa O Castelhano sustenta essa subversão?

Fora a proximidade entre línguas, a língua aparentemente alvo não pode ter provido "de cima". Não caiu um idioma sobre nós nem ele quica contra uma escarpa de verdades culturais definitivas.

O vaivém é contribuição de poesia.

A TRANSCRIAÇÃO ESTRANHA[20] AO ORIGINAL porque poeticamente sente saudades do seu participar e, consequentemente, contribui, abona esse estranhamento. Essa leve e intensa deformação, nódulo nevrálgico que treme o interior seminal da partícula, não é superada. Joga-se anarcometamórficamente enquanto pronunciamento transleitor. Cada transcriação poderia então implicar uma intervenção manifestária vocacional com relação a uma sintaxe do instante, que não é pré-formata (nem pretende fazê-lo). Trata-se de traspassar desde já o imperativo dos propósitos, pois o que enuncia em ato é a transparência desejosa de sua canalização, a discreta felicidade de cultivar a concavidade do médium, a qualidade do instrumento transcriador na contundência alternada do gesto receptivo.

Por nenhuma parte são percebidos nem esse idioma completo nem essa autoridade absolutamente isolável que se afirmara à distância prudencial do versor anterior, do poema anterior. Talvez o

> os bel'letristas e repara que neste fio de linguagem há um fio de linguagem que uma rosa é uma rosa como uma prosa é uma prosa há um fio de viagem há uma vis de mensagem e nesta margem da margem há pelo menos margem desliga então as cantilenas as cantilendas as cantiamenas descrê das histórias das stórias das estórias e fica ao menos com este menos o resto veremos uma garrafa ao mar pode ser a solução botelheiro de más botelhas da vida diva dádiva botelha que o futuro futura pela escura via delle botteghe oscure e quando a maré for subindo você virá vindo e quando a manhã for saindo você virá sendo e enquanto a noite for sumindo você estará rindo pois é lindo e ledo e lido e lendo este teu canto-menos este teu conto a menos sem somenos nem comenos este canto mesmo que já agora é teima e não se faz por menos mas nem vem que não tem se não te serve o meu trem se a canoa tem furo por aí é o futuro morre velho o seguro mas eu combato no escuro e pelo triz pelo traz pelo truz pelo trez tanto faz tanto fez minha sina eu que sei eu que pago pra ver se no dois não acerto jogo tudo no três e ainda tenho uma vez esta história é muito simples é uma história de espantar não conto porque não conto porque não quero contar cantando cantava o sol contando contava o mar contava um conto cantado de terra sol mar e ar meu canto não conta um conto só canta como cantar.

20 De "extrañar" em espanhol: ter saudades. (N. da T.)

remanescente gênio da língua devenha o entre ultramestiço das informações nebulares.

POEMA GERUNDIAL SE É QUE HÁ, que em qualquer transcriação proporá continuar lendo. *Galáxias* e nenhuma resignação. Caleidoscopia do diamante verbal, anarcomorfose da nuance ao ser despertado.

Agosto de 2013

lo que más veo aquí en este papel es el vacío del papel redoblándose escorpión de palabras que se repliega sobre sí mismo y la caries descascaries que hace cuando las palabras se vacían de su vacío el escorpión tiene una uña aguda de palabras y su puntazo hierra el silencio uña el silencio uno uño escribir sobre el no escribir y cuanto más este vacío se adensa y danza y tensa sus arabescos entre escrito y excrito tremendo la celosía de adversos blanco excremento de arañas suprimidas suspendidas silencio donde el yo se misma y mismirando ensimisma enmimismando filipéndula de texto extexto por eso escribo reescribo clavo en el vacío los grifos de este texto los garfios las garras y de la fábula sólo queda el finar de la fábula el finir de la fábula el finísono de la que en vacío trasvasa lo que más veo aquí es el papel que escarpo la pulpa de las palabras del papel que expalpo los blancos palpos de telaraña papel que con esos hilos se teje con los hilos de las arañas sorprendidas soterradas suprimidas pues así es el silencio y de la más mínima margen de la más pueril nadería margen de nadanunca orilla ourela orla de la palabra el silencio gorgotea el silencio glorifica el silencio fecunda y el vacío restaura el vacío que más veo aquí en esta pretina de libro donde el viaje se hace en este nudo del libro donde el viaje falla y fallando se habla donde el viaje es polvillo de fábula sobre nada es polvareda levantada es imán en la limalla y si quieres lo fácil requiero lo difícil y si lo fácil te es grácil lo difícil es arisco y si quieres lo visto prefiero lo imprevisto y donde lo fácil es tu alibí lo difícil es mi riesgo pensar el silencio que traba por detrás a las palabras pensar este silencio que cubre los poros de las cosas como un oro y nos muestra el hueco de las cosas que sofoca desde ese oro pensar de nuevo el silencio cuerpo áureo donde todo se extingue las sofocadas sulfataras las agallas talladas de ese espacio sin palabras con que el libro se hace como el viaje se hace ranura entre nada y nada y esta ranura es la fábula el doblez que se desprende y se prende a su doblez pero se dobla y desdobla como un doble de la obra desde donde el silencio mira cuando un cisco en el ojo del silencio es fábula y ese cisco es mi riesgo es este libro que arriesgo la fábula como un cisco como un círculo de visco donde el cisco se envisca y el silencio lo fisga manual de vacíos por donde pasa el vacío lo que más veo aquí en este papel es el callado blanco la córnea blanca de la nada que es el todo estancado y la fábrica de letras dactiloletras como un lodo asomado pero por debajo es lo callado del blanco intocado que las letras dactiloniegan negran soterran y por qué escribir por qué restituir el blanco con casilleros negros y el negro con casilleros blancos ese turnodiurno rotación entre vacío y pleno acallar y habla habla y falla el escorpión se clava la uña a sí mismo sensimismovenena de anverso y adverso pero el texto resiste el texto reprende el texto replica su anverso dispersa su adverso ya es texto lo que más veo aquí es lo inviso del ver que se revista y se revisa para no darse a la vista pero que si ve se ve es esa caries cardial del blanco que se blanquea el escribir del escribir y escrivivo escriviviente[21]

21 O que mais vejo aqui neste papel é o vazio do papel se redobrando escorpião de palavras que se reprega sobre si mesmo e a cárie escancárie que faz quando as palavras vazam de seu vazio o escorpião tem uma unha aguda de palavras e seu pontaço ferra o silêncio unha o silêncio uno unho escrever sobre o não escrever e quando este vazio mais se densa e dança e tensa seus arabescos entre escrito e excrito tremendo a treliça de avessos branco excremento de aranhas supressas suspensas silêncio onde o eu se mesma e mesmirando ensimesma emmimmesmando filipêndula de texto extexto por isso escrevo rescrevo cravo no vazio os grifos desse texto os garfos as garras e da fábula só fica o finar da fábula o finir da fábula o finíssono da que em vazio transvasa o que mais vejo aqui é o papel que escalpo a polpa das palavras do papel que expalpo os brancos palpos do telaranha papel que desses fios se tece dos fios das aranhas surpresas sorrelfas supressas pois assim é o silêncio e da mais mínima margem da mais nuga nica margem de nadanunca orilha ourela orla da palavra o silêncio golfa o silêncio glória o silêncio gala e o vazio restaura o vazio que eu mais vejo aqui ▸ ▹ neste cós de livro onde a viagem faz-se nesse nó do livro onde a viagem falha e falindo se fala onde a viagem é poalha de fábula sobre o nada é poeira levantada é ímã na limalha e se você quer o fácil eu requeiro o difícil e se o fácil te é grácil o difícil é arisco e se você quer o visto eu prefiro o imprevisto e onde o fácil é teu álibi o difícil é meu risco pensar o silêncio que trava por detrás das palavras pensar este silêncio que cobre os poros das coisas como um ouro e nos mostra o oco das coisas que sufoca desse ouro pensar de novo o silêncio corpo áureo onde tudo se exaure as sufocadas solfataras as guelras paradas desse espaço sem palavras de que o livro faz-se como a viagem faz-se ranhura entre nada e nada e esta ranhura é a fábula a dobra que se desprega e se prega de sua dobra mas se dobra e desdobra como um duplo da obra de onde o silêncio olha quando um cisco no olho do silêncio é fábula e esse cisco é meu risco é este livro que arrisco a fábula como um cisco como um círculo de visgo onde o cisco se envisga e o silêncio o fisga manual de vazios por onde passa o vazio o que mais vejo aqui neste papel é o calado branco a córnea branca do nada que é o tudo estagnado e a fábrica de letras dactiloletras como um lodo assomado mas por baixo é o calado do branco não tocado que as letras dactilonegam negram sonegam e por que escrever por que render o branco como turnos de negro e o negro com turnos de branco esse diurnoturno rodízio de vazio e pleno de cala e fala de fala e falha o escorpião crava a unha em si mesmo sensimesmovenena de anverso e avesso mas o texto resiste o texto reprega o texto replica seu anverso dispersa seu avesso já é texto o que mais vejo aqui é o inviso do ver que se revista e se revisa para não dar-se à vista mas que se vê vê-se é essa cárie cardial do branco que se esbranca o escrever do escrever e escrevivo escrevivente.

Galáxias, Work in Progress **Barroco***

Roberto Echavarren

Hélène Cixous constata que no *Finnegans Wake*

> Palavras podem comunicar como vasos [...], o sentido pode circular através de cadeias sonoras como através de um espaço sem limites [...] mas há, muito além é verdade, no horizonte da linguagem, um limite: Joyce não poderá desarticular a gramática senão correndo o risco de encontrar-se afogado em um mar fonético, sozinho para sempre.[1]

A aventura da escrita é a de ultrapassar todos os limites, estando assim dedicada à morte da arte como prenunciava Hegel e como colocou em cena Tristan Tzara. A quebra dos limites, no caso da escrita, abre-se a uma experiência de incomunicação. Até certo ponto, poetas como Vicente Huidobro prescindiram da gramática, construindo colagens de ícones metafóricos. Essa tendência foi levada até um determinado extremo pela poesia concreta brasileira do grupo Noigandres (do provençal, "nós os grandes") nos anos 1950. Curiosamente, os poemas concretos não foram um caos, mas sim sequências ordenadas de permutações fonéticas. Traçaram escalas e deslizamentos de (às vezes) palavras-marca da

* Tradução do espanhol por Rosario Lázaro Igoa.

1 H. Cixous, *L'Exil de James Joyce*, p. 830.

propaganda: foram contramarcas pop; imitaram, pela sua disposição, efeitos do *Op Art*, suspensões, transmutações vibratórias de Victor Vasarely e de Jesús Rafael Soto.

Porém, em *Galáxias* Haroldo de Campos retoma o limite que Joyce em *Finnegans Wake* não chegou a abolir: a ilação gramatical. Mas há diferenças: enquanto Joyce respeita os sinais de pontuação, Campos suprime-os. O efeito é um fluxo torrencial de frases.

Esse é o enclave em que é jogada a nova fase (e também a poética) de Haroldo de Campos. Joyce é reconhecido no próprio poema como o intertexto capital. Mas, além disso, as longas e complexas frases (de configuração indeterminada às vezes, já que carecem de pontuação) lembram a sintaxe torturada e vertiginosa do barroco, em particular o espanhol (Góngora e Sóror Juana). Campos tem consciência desse novo laço de família e, mais tarde, em um ensaio, *O Sequestro do Barroco na Formação da Literatura Brasileira: O Caso de Gregório de Mattos*, acusa a obra de Antonio Candido, *A Formação da Literatura Brasileira*, de 1959, de denegar existência ou gravitação histórica à tradição barroca fundada no Brasil pelo poeta Gregório de Mattos (1636-1695). Campos examina o modelo de literatura e de tradição literária que propõe Antonio Candido, um modelo que concorda com um romantismo domado pelo classicismo, e anunciador do realismo, que privilegia as funções emotiva, referencial e comunicativa da mensagem literária. A esse modelo contrapõe o de Roman Jakobson, que no artigo "Linguística e Poética" (1958) destaca as funções poética e metalinguística da mensagem literária e constrói assim um modelo que resulta mais afim à poética do barroco. Se a função poética – centrada na elaboração da mensagem atendendo aos aspectos de redundância significante – predomina rotunda no caso de Góngora, em Sóror Juana assistimos a uma exacerbação, junto à função poética, da função metalinguística, que chama a atenção e se volta criticamente sobre o código, isto é, sobre o ordenamento tanto gramatical quanto ontológico-metafísico, que torna possível a mensagem. "El Sueño" de Sóror Juana examina a lógica e os instrumentos téticos do conhecer (como as categorias de Aristóteles).

Campos ressalta que diminuir a importância ou denegar a gravitação de um poeta como Gregório de Mattos por parte dos historiadores da literatura brasileira implica não apenas a obliteração de um poeta, mas também de certo tipo de poética, e ainda de uma certa visão da tradição literária da língua portuguesa no Brasil.

À luz desse ensaio crucial, podemos ler *Galáxias* não apenas como uma sorte de "transcriação" de *Finnegan's Wake*, mas também como uma anagnórise do barroco fundante. Assim, Campos contrabalança a visão de alguns historiadores da literatura brasileira que "normalizam" a tradição a partir de um classicismo e de um romantismo majoritários, oficiais, e carentes de qualquer excesso. (Mas Campos reconhece, no entanto, que o próprio Antonio Candido, na "Dialética da Malandragem", um ensaio de 1970, faz uma reviravolta "dialética" de seu próprio modelo de 1959, aquele da Formação..., ao levar em consideração pautas de "expressões rutilantes, que reaparecem de modo periódico").

Galáxias e os escritos concomitantes de Campos marcam uma virada em sua escrita e em sua poética. Passa de uma etapa concretista, dissociada gramaticalmente, que deve mais ao ícone de uma certa primeira vanguarda e ao aspecto ideogramático e imagista de Ezra Pound, e abraça a sintaxe vertiginosa cujo efeito acentua ao suprimir os signos de pontuação. Ele desliza em direção ao referente contemporâneo, James Joyce, ao fluir do *river run*, paradigma deformante, mas sintático: o de *Finnegan's Wake*. E até se aproxima agora sim muito mais a seu invocado Mallarmé, que havia declarado "Je suis un syntaxier" (eu faço sintaxe).

Nesta nova etapa, Campos passa a integrar o mapa do neobarroco espanhol e latino-americano que, a partir de uma revalorização de Góngora por parte do simbolismo francês, encontra seus primeiros praticantes em Ramón del Valle Inclán, certo Rubén Darío e o Herrera y Reissig de "La Torre de las Esfinges". Porém, o poeta que a meu ver encarna essa tendência mais cabalmente é José Lezama Lima.

Em seus ensaios, Lezama não só se ocupa de Góngora, mas também quebra a linearidade das tradições poéticas quando elabora a noção de "era imaginária". Encontra "origens", no sentido de Walter Benjamin, de *Urprung*[2]: pulos, ou brotamentos descontínuos, mas potencialmente equivalentes, em registros e economias muito distantes, como, por exemplo, o sistema poético dos

2 W. Benjamin, *Ursprung des deutschen Trauerspiels*, p. 29; mencionado por Haroldo de Campos em *O Sequestro...*, p. 64, e na correspondente nota 53.

egípcios ou dos chineses, para considerar a sua legibilidade nos termos concretos da nossa vida. A estratégia permite que Lezama faça falar constelações "mortas" de colossos durante muito tempo emudecidos. Tal continuidade da descontinuidade desfaz qualquer continuísmo histórico, e não se limita a ser uma "tradição da ruptura" dentro de um esquema linear (esta é a visão simplista de Octavio Paz), senão saltos da espiritualidade, sugerindo pistas para um aqui e agora de práticas e maneiras, de modos de vida, que a princípio podem parecer muito distantes. Desfaz qualquer continuísmo histórico baseado na "identidade nacional", ou na história de uma particular tradição.

O surgimento da poética barroca na literatura do continente europeu tem a ver com a redescoberta de um fragmento grego anônimo da antiguidade, o *Tratado do Sublime*. E quando, em seu livro *La Expresión Americana*, Lezama afirma que a serpente americana é o último dragão asiático, salta por cima de qualquer antecedente europeu ou ocidental dos afazeres literários, para afirmar a desmesura. Torna próximo o mais longínquo. Confronta o estranho e descobre-o familiar, com o salto de um descobrimento.

A poesia que costuma ser escrita tanto em português quanto em espanhol geralmente cultiva um coloquialismo *chato* e chato[3]. Mas os poetas latino-americanos, seja Néstor Perlongher ou Paulo Leminski, escrevem no espaço literário aberto por José Lezama Lima e Haroldo de Campos. Eles integram uma tendência alheia à "normalidade", ao "nível médio", ao predomínio incontestado da função comunicativa em detrimento da exploração das possibilidades plásticas e sonoras, das faíscas de pensamento aí acopladas.

Vem sendo dito que *Finnegans Wake* vai além do romance para a recuperação de um *epos*, porque as ressonâncias culturais da língua primam sobre o aspecto referencial. Trata-se de uma aventura, uma travessia, uma conquista do idioma, que prima sobre os conteúdos referenciais. A dicção é ação, é colocar em jogo, prática, e ressoa a partir de modos de falar, pronúncias acendradas, singularidades de tom, de inflexão, que modula a alma, ou o fôlego. É assim que certos nomes ou significantes se tornam personagens, ou silhuetas momentâneas, ou invocações sucintas que servem de pretexto para novos começos.

3 Em espanhol, "chato", com menos atributos do que o normal, intelectualmente pobre ou reduzido. (N. da T.)

Paradoxalmente, o resultado não é contar mais, senão contar menos, ou quase não contar. Dados sucintos, para vislumbrar e guiar-se pela pulsação dos outros sentidos no caminho aberto em uma linha e depois fechado novamente. O jogo deformante da prosódia, falando consigo mesmo não com uma voz, mas com muitas vozes, sabe que qualquer leitura é uma interpretação de ressonâncias virtuais inesgotáveis. Não há um eu identitário, mas vibração sonora, como Mallarmé e Haroldo queriam. O eu, a identidade, é dissolvido, mas o sujeito usa todos os pronomes e permanece ali à espreita, pulsando e repulsando distinções qualitativas, trocadilhos e piadas, um espaço de transformações topológicas para contar a verdade de alguém que interpela o real da sua experiência, pratica e se supera.

Juan de Jáuregui, ao escrever seu *Antídoto en Contra de las Pestíferas Soledades* (de Góngora), reclama que tantos recursos e artifícios tenham sido usados para beneficiar um assunto indigno de uma composição de arte maior, uma história mínima e desprezível sobre galos e galinhas. O poema cético de Sor Juana, "El Sueño", deságua em um naufrágio icárico diante das possibilidades do conhecer, considerando insuficiente tanto a intuição platônica quanto as categorias aristotélicas. O que se salva neste poema é o voo da alma, uma trajetória a ser percorrida enquanto dura o sonho. O que salva o poema, como salva o *Finnegans Wake*, como salva as *Soledades*, é a consistência de um impulso, o desfile imantado, as realizações expressivas de um trabalho de escrita. É uma escrita que não tem o sentido do fim; consiste em uma prática sempre renovada, e termina pelo esgotamento de suas linhas de força.

No soneto das "Correspondances", Baudelaire coloca em cena uma queda das distinções ou classificações que ele mesmo esboça. O simbolismo, apesar e por causa da proliferação isotópica que exacerba, não apresenta uma hipersignificação senão que constata um desmoronamento, o desmoronamento do mundo no poema; o que acreditávamos que era não era, o que acreditávamos que sabíamos não sabíamos. O ato de poesia descobre a ignorância.

Ao escrever sobre o *Finnegans Wake*, Harry Levin julga que sua aparente riqueza é pobreza, que o livro é um motor ou máquina significante a-teleológica, colocada em movimento como a língua absurda de um papagaio[4]. Percebe também a relevância da prosopopeia do rio. Como o fluxo de um rio também Góngora concebe o transcurso de Las Soledades, e a canção de "Polifemo" é a prosopopeia de um colosso, uma cachoeira que cai de uma massa de pedras, ou montanha.

O singular, observa Levin em *Finnegans*, é generalizado no gesto significante e perde a concreção e a persistência de uma figuração realista[5]. Mas essa generalidade, acrescento eu, é universalizada apenas como um "universal ilógico" (juízo estético para Kant), que o remete à sua singularidade ou concreção estilística, a chamada estética, em cada ato considerado como uma performance, chamativo mas reticente, de asas curtas. A sucessão de figuras indeterminadas e momentâneas, com um fio cômico que sobressai das ocorrências e do amontoamento, batiza cada momento, leva as partículas para uma metamorfose marinha, como de seixos rodados e mastigados. Nada permanece em seu ser, mas é processado em um *sea change* (para retomar a expressão de Shakespeare em *The Tempest*) que o subtrai do significado convencional para integrá-lo em uma fala circunscrita que apela ao imediato, ao real, canaliza-o como uma particular fuga de energia formativa.

Não é um discurso moralizante, embora simule sê-lo, às vezes, para potenciar o efeito histriônico de dobra e de contraste. Há sim uma ética na consistência, o esforço perseverante deste ocupar-se de si e dos fenômenos que dizem respeito a essa vida, a esse estar no mundo.

Harry Levin nomeia alguns dos procedimentos joyceanos. Alguns são acústicos: a "rima, aliteração, assonância, onomatopeia". Outros são morfológicos: as "concreções secundárias, infixos, etimologias, idiotismos". Outros são alfabéticos: os "acrósticos, anagramas, palíndromos, inversões. Há outros, ainda mais esportivos, que permitem formar uma frase mudando uma letra de cada vez ou que entrelaçam em uma narração grupos de palavras da mesma família"[6].

O exercício histriônico de alguém (Joyce considerou em um momento ser ator) exibe seu idioleto. O *work in progress* é

4 Cf. H. Levin, *James Joyce*, p. 197.
5 Ibidem, p. 193.
6 Ibidem, p. 185-186.

concebido por Joyce como uma batalha contra a língua (e por implicação contra o poder dominador sobre a Irlanda): "Eu tenho lutado por isso durante vinte anos [...] Agora a guerra entre eu e a Inglaterra acabou, e eu sou o conquistador."[7]

Mas essa batalha, que exibe uma "habilidade quase hiperestésica de reproduzir as sensações", mais do que uma narração é uma contínua digressão "com a possibilidade de equívoco que pertence apenas aos deuses"[8]. A crueldade lasciva contra o inglês teatral não procura um fundo significativo senão colocar em cena figurações feitas de remanescentes de preconceitos pretensamente vigentes, usando meios cínicos para prosseguir, como um trapaceiro que passeia seu embuste por uma questão de espírito esportivo, para desfrutar exibindo-se. Sua conquista, enquanto dura, não é enganosa, mas libertadora.

Apesar das permutações e deformações da fala, *Finnegans* é mais coerente, mais integrado, mais intimamente grácil e flexível, tem uma unidade de impulso mais cabal do que os *Cantos* de Ezra Pound.

Galáxias é proposto como um exercício metódico, obstinado, de cinquenta páginas, de poemas autônomos de um pouco mais de quarenta versos cada, versos que transitam de uma margem a outra da página em um bloco homogêneo.

De repente, em um mosaico romano do País Basco, Dionísio, junto com uma pantera, explode no ar por causa de uma bomba alemã durante a Guerra Civil Espanhola. As cores intensas do esmalte parecem brilhar mais do que nunca no Big Bang. Não é questão de enfatizar a autoimportância do livro senão a prática da escrita, o cultivo de si através de um procedimento recorrente, uma bússola temporária de exercício que Góngora chamou de "bem-aventurado albergue a qualquer hora". Predomina um português elástico, mercurial, com interferências do espanhol ou italiano, com salpicadas de alemão, francês, inglês, grego antigo e uma gota de russo.

No *Finnegans*, o gesto é histriônico, como se expressasse tiradas engraçadas de um ator, seu fingido exagero. Em *Galáxias*, suplício e êxtase, pressões fisiológicas, sofrimentos experimentados como gozos, uma retícula ou dispositivo dérmico que me

7 Apud R. Ellmann, *James Joyce*, p. 705.
8 H. Levin, op. cit., p. 179.

faz pensar na máquina da "In der Strafkolonie", de Kafka, que escreve afiada sobre um corpo amarrado, um corpo real e histórico, cultivado, capaz de uma prática de intensidade e gozo.

Galáxias é uma colagem de cenas entre um amontoamento de derivações e de associações fônico-significantes, cenas de um *Baedeker* haroldiano que abrange vários lugares e climas. Viagem ou não, o livro combina descrições sucintas dos comensais em um restaurante, o que comem, o sabor das *kuchen* que umas senhoras idosas degustam em uma confeitaria de Viena, o desagradável frango frito experimentado em Manhattan. Um eu lírico transita por Granada, Los Angeles, Lituânia, Itália, Veneza, Roma, assiste a uma tourada na Espanha, escuta frases desconexas de um diálogo *lumpen* em Buenos Aires, visita os campos de extermínio na Polônia. Suas locações são em parte reminiscentes do Baedeker de Ezra Pound, assim como a Provença dos trovadores e as cidades italianas.

Galáxias é extraordinariamente pictórico, lambidas de ambiente com imagens, retalhos de linguagem falada na língua original daquele lugar, o entretenimento ocasional de uma prostituta com olhos de tigre ou de uma dançarina alemã disfarçada de japonesa, uma mulher-página. "Esta mulher-livro, este quimono-mariposa que envelopa de vermelho um gesto de escritura". Por um lado, a mulher-página e, por outro, o *lingam* [9]compõem o dispositivo erótico, a economia que investe a combinatória do poema.

O poeta não se distrai do seu motivo, nem do relevo erótico que é o seu sentido estético, que rende as coisas visíveis, ou imprime o "seu diamante legível por um momento só".

Às vezes traz o êxtase e às vezes uma contraepifania, já que a língua "é ressaca e é cloaca [...] é sarro e barro e escarro e amaro". Deste percurso desigual, não se tira mais um, se tira um a menos: "fica ao menos com este menos". É um menos, porque *Galáxias* "recusa todas as outras explicações: o ponto de vista do autor, o dialogismo das personagens, a mediação do narrador". O resultado é uma obscena mascarada, "abominoso travestimento de gêneros", "um travestito" que coloca e tira a peruca. A mimese é desmantelada a cada passo, mas é o percurso o que conta. "tudo

9 Representação dos órgãos genitais masculinos como símbolo do deus Xiva, cultuado na Índia, em sua qualidade de princípio causal, de procriador.

que se diz importa e nada que se diz importa porque tudonada importa".

As palavras-valise às vezes retumbam com um sentido mastigado, na caracola do ouvido, para fazer nova uma certa impressão, para iluminar, vivificar. Se "Paris é uma babel barroca", uma vez que ali copulam, misturam-se, os negros e as loiras, em *Galáxias* os lugares se sucedem, combinam-se, coexistem em cada página, são disparos selvagens em uma ou outra direção, sempre aludindo a um além da história e das palavras, além do logos; temperatura ambiente, relatórios dos sentidos, dimensões não verbais da experiência, critério, gosto, pensamento.

Não é apenas uma questão de palavras, sejam elas ouvidas ou entreouvidas, deformadas; não é apenas uma questão de significantes verbais, mas de significantes plásticos, de clima e temperatura, educação dos cinco sentidos pelos quais passa essa saliva que sustenta a palavra, uma vida "que inflora em redes capilares" e até aqui não chegou a "conversa em quatro línguas", mas um suco que impregna as papilas, uma experiência gustativa e babosa.

É uma partitura de possíveis execuções. Ao rebater as superfícies poliédricas dos significantes, tal espaço ou tal outro é exposto ao leitor; ouve um pouco aqui e um pouco ali, ali mais, aqui menos. A versão oral do poema, seja do autor ou de outro, não deixa de ser uma interpretação individual. O poema é uma "milfolha em centifólios", articulando não apenas frases, mas a ressonância entre as frases de um pensamento informado por espécies não verbais.

Galáxias faz uma citação de Ezra Pound: "O paraíso não é artificial". Frase ambígua, se é que há. Pound se opunha ao título do ensaio de Baudelaire sobre o haxixe: "Les paradis artificiels". Não sei se Pound levou em conta, ao fazer seu trocadilho, o efeito químico do artifício sobre o corpo, o efeito da droga. Se Pound reverte Baudelaire, não é para propor algo essencialmente diferente senão a exaltação diante da arte ou perante a vida considerada como arte, aquelas alturas momentâneas, clarividentes, *trouvailles*, embora não sejam, para Pound, a visão de nenhum deus, mas a agudeza do olho no movediço cintilar da maré.

Galáxias integra em seus "palradisos pastificiosos" epifanias e contraepifanias. "Khruschóv entende menos de arte do que minha *grand-mère*". Indubitavelmente, alude às desqualificações de Khruschóv (por volta de 1960) com relação a um grupo de artistas russos que participaram de uma amostra pictórica que não correspondia às expectativas da *nomenklatura*: "Os declaro todos pederastas", disse ele. Embora fosse um insulto comum que pudesse ser dirigido a qualquer pessoa, a chamada "pederastia" na União Soviética era punida com oito anos de Gulag. Esses são abalos, contraepifanias, que chamam à resistência, criticando e mantendo um grau de ironia lúcida sobre a propriedade da linguagem e o abuso de poder.

Galáxias é um *vade-mécum* do viajante, onde ele registra as ocorrências do dia, mas não se trata de narrar. Entre o que é visto e a visão que avista, atravessam as palavras para definir qualquer situação, mas se olharmos apenas para elas, correm o risco de nos ensurdecer. Passamos a depender das trilhas de um argumento linear, de um romance de personagens. Nós nos trancamos na história e o avistado através dessas fórmulas lineares pode nos ensurdecer. As palavras podem intervir para silenciar os sentidos, por isso é conveniente interrompê-las, não as deixar contar; em vez disso, contar sempre das impressões imediatas, de "algo macio desmanchado no palato", para escrever sobre o que não se escreve, não se deixa de escrever completamente, "desse espaço sem palavras de que o livro faz-se".

Essa não-história é em *Galáxias* uma síntese que sugere uma presença corporal de sinestesia. "palavras como pele sobre uma água profunda". E são também "a derma do *dharma*". É necessário sondar, sondar nos sentidos internos e externos, nas harmonias momentâneas de um encontro, friccionando, roçando nomes, definições, ciências, imagens não verbais, sensações. Uma gangorra que coloca tudo isso em relação. É um pensamento que interpela o real; não se trata somente de palavras e frases. O *dharma*, a regra do processo universal, torna-se aqui uma regra de verdade para o etos do poeta.

São coisas que são vistas e depois apagadas, intimação do "furo único de pi o símbolo chinês do céu mas o polvo escurece e seu arroxo fica mais turvo". É por isso que "pouco se vai aprender nesta anarcopédia de formas", e não se trata de aprender, mas de trazer à fruição recursos competentes, articulando o resgate sensível da verdade em concordância alusiva de sensações e ações.

Não se trata de contar, mas de dizer francamente; não se trata de conhecer; mas de abismar-se no que se desconhece; "depois a gente vê". Não se trata aqui de uma *Ciropédia*, uma educação do príncipe, mas do exercício do governo de si, segundo o método de anarcopédia; uma desordem deliberada e uma educação dos sentidos, pelos sentidos. Contar a verdade sobre si faz coincidir o que se diz e o que se pratica, estabelece um elo com o real de uma memória motora.

Essa memória motora é um método de tortura chinesa nas fibrilas do corpo.

tudo isto tem que ver com um suplício chinês que reveza seus quadros em disposições geométricas pode não parecer mas cada palavra pratica uma acupunctura com agulhas de prata especialmente afiladas e que penetram um preciso ponto nesse tecido conjuntivo quando se lê não se tem a impressão dessa ordem regendo a subcutânea presença das agulhas mas ela existe e estabelece um sistema simpático de linfas [...] a vítima entre lâminas eróticas que cortam sem cortar tão finas como plumas

Algumas Palavras Sobre Galáxias **n.1**[1]

Suzanne Jill Levine

Em 1981, minha tradução da primeira *Galáxia* de Haroldo[2], foi publicada em um pequeno periódico de vanguarda. Baseei minha versão em uma tradução mais literal que Haroldo me mostrou, e, como fazem os pianistas de jazz, improvisei sobre as palavras, entregue a um abandono não diverso da *écriture automatique* (escrita automática), usando quaisquer associações verbais e literárias que parecessem aproximar o texto do modo polivalente, lúdico, intricadamente alusivo do poema dividido em capítulos de Haroldo. Sem dúvida, se fosse hoje, os materiais "acrescentados" seriam outros.

Na época, eu tinha em mente a ilha do Dr. Moreau, de H.G. Wells, e estava trabalhando na versão final do manuscrito de meu livro sobre os romances "insulares" de Adolfo Bioy Casares, *La Invención de Morel* e Plan de Evasión. Bioy Casares não tinha nada a ver com Haroldo de Campos e vice-versa; mesmo assim, ambos eram utopistas, literariamente falando, e deu certo de alguma maneira.

1 Tradução do inglês por Fabiano Deixar Fernandes.
2 Em J. Ortega, E. Campbell (eds.), *Plaza of Encounters*.

Desde então, fui consultora de Odile Cisneros, encarregada da tradução oficial do intradutível e caleidoscópico verticilo verbal de Haroldo – um processo fascinante. Anos após o passamento do poeta, estou ansiosa para ler *Galáxias* na versão mais recente de Odile – essa obra de Haroldo que vibra com uma vitalidade subversiva, um trabalho que fala do conceito criativo do original como um *work in progress* –, enquanto me sento em um café em Nova Iorque, a cidade onde Emir Rodríguez Monegal, eu e outros amigos conversávamos com Haroldo há três décadas atrás.

Nova York, 16 de outubro de 2014.

HAROLDO DE CAMPOS: GALAXIES[3]

and here I begin I spin here the beguine I respin and begin to release and realize life begins not arrives at the end of a trip which is why I begin to respin to write-in thousand pages write thousandone pages to end write begin write beginend with writing and so I begin to respin to retrace to rewrite write on writing the future of writing's the tracing the slaving a thousandone nights in a thousandone pages or a page in one night the same nights the same pages same semblance resemblance reassemblance where the end is begin where to write about writing's not writing about not writing and so I begin to unspin the unknown unbegun and trace me a book where all's chance and perchance all a book maybe maybe not a travel navelof-the-world book a travel navelof-the-book world where tripping's the book and its being's the trip and so I begin since the trip is beguine and I turn and return since the turning's respinning beginning realizing a book is its sense

every page is its sense every line of a page every word of a line is the sense of the line of the page of the book which essays any book an essay of essays of the book which is why the begin ends begins and end spins and re-ends and refines and retunes the

fine funnel of the beguned spun into the runend in the end of the beginend refines the refined of the final where it finishes beginnish reruns and returns and the finger retraces a thousandone stories an incey wince-story and so count of no account I don't recount the nonstory uncounts me discounts me the reverse of the story is snot can be rot maybe story depends on the moment the glory depends on the now and the never on although and no-go and nowhere and noplace and nihil and nixit and

3 Translated from Portuguese by Suzanne Jill Levine.

zero and zilch-it and never can nothing be all can be all can be total sum total surprising summation of sumptuous assumption and here I respin I begin to project my echo the wreck oh recurrent echo of the echoing blow the hollow of Moreaus the marrow that's beyonder the over the thisaway thataway everywhere neverwhere overhere overthere forward more backward less there in reverse vice verse prosa converse I begin I respin verse begin vice respin so that summated story won't consume consummate saltimbocca bestride me barebackbonesberide me begin the beguine of the trip where the travel's the marvel the scrabble's the marble the vigil's the travel the trifle's the sparkle the embers of fable discount into nothing accounts for the story since spinning beginning I'm speaking

Haroldo de Campos na Escócia nos Anos 1960 e o McConcretismo

Virna Teixeira

A receptividade do concretismo e da poesia de Haroldo de Campos dentro no Reino Unido foi mais marcada na Escócia, graças ao trabalho de dois poetas escoceses mais abertos à vanguarda e à poesia experimental: Edwin Morgan e Ian Hamilton Finlay. O primeiro contato de Morgan com o trabalho de Haroldo deu-se através do poeta português E.M. de Melo e Castro, que publicou uma breve carta no suplemento literário do periódico britânico *The Times*, em 25 de maio de 1962, comentando sobre a poesia concreta no Brasil[1]. A carta chamou a atenção de Morgan e ele escreveu para Melo e Castro, que enviou de volta um exemplar da antologia *Poesia Concreta*, publicada em Lisboa pela Embaixada do Brasil, e junto com ela o endereço de Augusto de Campos.

Quando Edwin Morgan escreveu para Augusto de Campos, este respondeu que já o conhecia através da revista escocesa *Poor. Old.Tired.Horse*, publicada por Ian Hamilton Finlan[2]. Morgan era tradutor de russo e Augusto comentou, na correspondência, que seu irmão Haroldo havia traduzido Maiakóvski e Khlébnikov, e enviou para ele um exemplar da *Noigandres* 5. No mesmo ano,

1 Cf. E.M. Melo e Castro, Letter to the Editor, *The Times Literary Supplement*, 25 May 1965.

2 Cf. J. McGonigal, *Beyond the Last Dragon: A Life of Edwin Morgan*.

Ian Hamilton Finlay recebeu de Augusto de Campos o "Plano Piloto Para Poesia Concreta" (1958), publicado pelo grupo Noigandres. Finlay também tomou conhecimento da poesia concreta no Brasil por meio da comunicação de Melo e Castro[3].

Entre 1962 e 1967, Ian Hamilton Finlay publicou – em sua editora The Wild Hawthorn – a revista de poesia visual *Poor. Old.Tired.Horse* (*P.O.T.H.*), que teve repercussão importante no exterior. O número 10 da *P.O.T.H.* foi especialmente dedicado à poesia concreta, e dele constam trabalhos de Augusto de Campos, Ian Hamilton Finlay, Robert Frame, Eugen Gomringer, Anselm Hollo, Dom Sylvester Houédard, Robert Lax e Edwin Morgan. O poema de Augusto Campos que aparece na revista é "Acaso" (1963), traduzido para o inglês pelo próprio autor como "Event". Posteriormente, o número 21 da *P.O.T.H.* apresentou uma série de poemas de Edgard Braga.

Segundo os arquivos de Edwin Morgan, ele correspondeu-se com Augusto de Campos de 1962 a 1968, e seu contato com Haroldo de Campos ocorreu um pouco mais tarde, de 1965 a 1968. Morgan é considerado hoje um dos poetas mais importantes da Escócia, tendo sido nomeado o primeiro poeta nacional (*scots makar*). Ele experimentou, na sua poesia, uma variedade de formas e estilos, da métrica ao poema concreto, e foi também um tradutor prolífico, tendo traduzido poesia do russo, húngaro, francês, italiano, latim, português, espanhol, alemão e várias outras línguas. Seu grande interesse por tradução, compartilhado com os irmãos Campos, o estimulou a traduzir não só alguns trabalhos de Haroldo e Augusto, mas também de outros poetas concretos brasileiros, como Edgard Braga, Pedro Xisto e José Paulo Paes.

Esta é uma das primeiras cartas de Morgan para Augusto de Campos, datada de 8 de agosto de 1963:

Dear Augusto de Campos,

Many thanks indeed for sending Invenção n. 2 and *Noigandres* 5 which reached me safely, also for your letter of 8 July. Your little vocabulary was helpful, and I have too a small Portuguese dictionary and am at present working my way through some of the poems. I am struck by the great variety of approach, from the most abstract and "patterned" to the

3 Cf. I.H. Finlay, *Selections*, p. 272.

committed (I like very much your Cuba Sim Ianque Nao). It is good to keep the concrete method capable of doing different things, from effects of pure place, relation, and movement to effects of satire, irony, and direct comment. The American poet Jonathan Williams, who has been in this country recently, has done some interesting work (you may know it) which uses certain aspects of concrete technique to comment on the Negro problem in the American South.
I am enclosing a few poems and translations in the hope that they will reach you this time! Two translations of poems by yourself – which I am trying to get into print, together with some other versions, in our Times Literary Supplement, a somewhat conservative organ – but we shall see.
I shall look forward very much to seeing the translations of Pound and Cummings you refer to – particularly as I am gathering material for a book on the translation of poetry.
With all best wishes Yours sincerely. [4]

Outra carta do mesmo ano acusa o recebimento da revista *Invenção*, onde foram publicados trabalhos do próprio Edwin Morgan e de Ian Hamilton Finlay[5]

Dear Augusto

Very many thanks for your letter of 25 August and for the three books which have now reached me safely: Invenção n.3, Pound's Cantares, and Cumming's 10 Poemas. It will take me more time to look more closely at the latter two translations, but my first eager glance has found both of them a remarkable achievement; the Cummings poems in particular seem to bear out my belief that there is much less in poetry that 'cannot' be translated than most people like to suppose. I like best so far the 'grasshopper' and 'fog' poems, which you have done brilliantly.

I am glad you liked my versions of your two poems, and I am enclosing a version I have just made of 'ovonovelo' (from Poesia Concreta). If it meets with your approval you are welcome to use them all in The Plumed Horn (a magazine which I have seen recently for the first time).

Jonathan Williams has just published Lullabies Twisters Gibbers Drags (Nantahala Foundation, Highlands, North Carolina, 1963, $1.00); these are poems I think you would enjoy. They are semi-concrete poems about segregation. I liked your own Bhite & Wlack – as also the Bestiary (you certainly don't need to apologize over the 'English'; on p.2 your query on or upon the thin stripe [...]

4 Carta de E. Morgan a A. de Campos, em E. Morgan, *The Midnight Letterbox: Selected Correspondence (1950-2010)*, p. 100

5 *Invenção: Revista de Arte e Vanguarda*, n. 3, jun. 1963.

I would put upon as it goes better with thin; further down on the same page, you couldn't make your chameleon a salamander? since salamanders lived in flame).

I forgot also to thank you for the Cubagramma. I look forward to the Finnegans Wake translations and Haroldo's Mayakovsky.

All best wishes [...].

Edwin Morgan acabou por publicar "Bhite & Wlack", de Augusto de Campos, no *Times Literary Suplement*, em 1964[6]. Pouco tempo depois, em 6 de fevereiro de 1965, Haroldo escreveu para Morgan, dizendo que havia convencido Lawrence Ferlinghetti a publicar poesia brasileira na sua revista *City Lights*, e sugerido seu nome como tradutor. Os dois poetas começaram a trabalhar em conjunto, a partir de 1965, no poema "Servidão de Passagem" (Transient Servitude). O biógrafo de Morgan, James McGonigal, comenta que a mistura de técnicas concretas e a complexa poesia sonora desse poema, com aliterações e assonâncias, além do forte sentimento político de fundo, exigia muito do tradutor[7]. Morgan se valeu da sua experiência como tradutor, inclusive da métrica da sua prestigiada tradução de *Beowulf* para trabalhar nesse poema.

Morgan e Haroldo prosseguiram a correspondência, dado o interesse de ambos pelo russo. Morgan viria mais tarde a publicar traduções de Maiakovski para o *Scots*. Em 1965, Morgan publicou sua coleção de poemas concretos, *Starryveldt*, pela editora de Gomringer e enviou uma das cópias do livro para Haroldo.

A versão final de "Servidão de Passagem" foi elogiada por Haroldo e acabou sendo publicada também em janeiro de 1967, no número 21 da vanguardista revista mexicana bilíngue *El Corno Emplumado / The Plummed Horn*[8]. Na revista saíram também "Alea I – Variações Semânticas" ("Alea I – Semantic Variations").

Morgan dizia que, como tradutor, preferia ser sobretudo um servo gentil e observa-se esta qualidade na variedade de poemas de autores de diferentes línguas e estilos que traduziu. No entanto, as saídas que ele encontrou para traduzir os poemas de Haroldo de Campos têm uma originalidade de soluções e um

6 Cf. E. Morgan, Bhite & Wlack, *The Times Literary Supplement*, n. 3262, 3 Sep. 1964, p 790.

7 J. McGonigal, op. cit.

8 Cf. *El Corno Emplumado/The Plumed Horn*, n. 21, jan. 1967, p. 71-77.

quê de transcriação da dicção de Haroldo, considerando ainda que, a despeito do poliglotismo de Morgan, seu conhecimento de português devia-se ao reforço do dicionário. Aqui um trecho de "Servidão de Passagem":

poesia em tempo de fome
fome em tempo de poesia

poesia em lugar do homem
pronome em lugar do nome

homem em lugar de poesia
nome em lugar do pronome

poesia de dar o nome
nomear é dar o nome

nomeio o nome
nomeio o homem
no meio a fome

nomeio a fome[9]

A inventividade de Morgan em "Alea I – Semantic Variations", por exemplo, é extraordinária:

O ADMIRÁVEL o louvável o notável o adorável
o grandioso o fabuloso o fenomenal o colossal
o formidável o assombroso o miraculoso o maravilhoso
o generoso o excelso o portentoso o espaventoso
o espetacular o suntuário o feerífico o feérico
o meritíssimo o venerando o sacratíssimo o sereníssimo
o impoluto o incorrupto o intemerato o intimorato

THE UNSURPASSABLE the laudable the notable the adorable
the grandiose the fabulous the phenomenal the colossal
the formidable the astonishing the miraculous the marvelous
the generous the excelse the portentous the stunning
the spectacular the sumptuous the faerifying the faery

9 "Poetry in time of hunger / hunger in time of poetry // poetry in place of humanity / pronoun in place of noun // humanity in place of poetry / noun in place of pronoun // poetry of giving the name / naming is giving the noun // i name the noun / i name humanity / in mid-naming is hunger // i name it hunger."

the supereminent the venerable the supersacred the supercelestial
the unpolluted the uncorrupted the inviolate the intrepid

Esses dois poemas saíram em *Collected Translations*, de Morgan, e "Servidão de Passagem" foi incluído ainda na antologia de Emmett Williams, publicada em Nova York também em 1967, junto com mais um poema:

branco branco branco branco
vermelho
estanco vermelho

espelho vermelho

estanco branco

white white white white
red
midnight red

mirrored red

midnight white[10]

Na antologia de Mary Ellen Solt, *Concrete Poetry: A World View*, publicada no ano seguinte, aparece ainda outra tradução de Morgan do poema concreto "Fome de forma" de Haroldo (escrito em 1958). Esse poema havia sido publicado na antologia de Emmett Williams apenas na versão original, não traduzido, com um pequeno léxico ao lado.

É importante destacar que, no período em que Morgan começou a familiarizar- se com o grupo Noigandres, ele interessou-se também pelo trabalho de Gomringer, com quem teve uma intensa troca, e pelos manifestos de ambos. Seu fascínio pela poesia concreta devia-se ao seu interesse por linguagens, arte e *design*, e também por cibernética e pela linguagem de códigos. Foi a vivacidade e o caráter irônico, espirituoso e ao mesmo tempo experimental do trabalho do grupo Noigandres que o seduziu. Morgan escreveu uma variedade de poemas concretos, que preenchem em geral as diretrizes do grupo Noigandres e de Gomringer.

10 *An Anthology of Concrete Poetry*, p. 13.

Em uma carta não publicada, escrita muitos anos mais tarde, Morgan comenta:

> After the dreary and rather bleak immediate postwar period of the 1950s, it was perhaps natural that a fresh start, a regained adventurousness, a neo-modernism would make it appeal. The spirit of 1960s was a strong and liberating one, and countries with different political systems seem to have found in things like concrete poetry and sound poetry and unexpected internationalism.[11]

A poesia concreta foi inicialmente muito contestada na Escócia pelo *establishment* literário, com seus fortes valores de nacionalismo e tradição, particularmente por figuras influentes e respeitadas como o poeta Hugh McDiarmid. Os anos 1960 representaram uma época de intensa transformação desses valores[12], cujo marco foi uma grande ruptura nos rumos da poesia e da literatura escocesa durante a International Writers' Conference em Edimburgo, em 1962[13].

Ainda no Reino Unido, vale também destacar a mostra de poesia visual "Between Painting and Poetry" no The Institute of Contemporary Arts em Londres, em 1965, onde se expuseram trabalhos de Haroldo de Campos[14]. No ano seguinte, saiu uma extensa antologia internacional de poesia concreta, organizada por Stephen Bann no *The Beloit Poetry Journal*, de Cambridge[15]. Nesse número aparecem trabalhos de Haroldo de Campos, Augusto de Campos, Décio Pignatari, Pedro Xisto e Edgard Braga. Os poemas foram publicados na íntegra, exceto os de Edgard Braga, que foram traduzidos por Morgan. Poemas visuais de Morgan e Finlay aparecem em várias mostras internacionais de poesia concreta nos anos 1960 e 1970, e também nas antologias de Emmett Williams e Mary Ellen Solt.

No entanto, apesar de nomes como Bob Cobbing e Dom Sylvester Houédard (que nasceu em Guernsey, na Inglaterra), em nenhum lugar do Reino Unido a poesia concreta repercutiu

11 Carta de E. Morgan, datada de 28 de agosto de 1996, apud C.E. Kraszkiewicz, The Catalysts: Beat Poets, Experimental Poetry and Edwin Morgan, *Ecloga*, n. 3.

12 Cf. R. Birell; A. Finlay, *Justified Sinners: An Archaeology Of Scottish Counter Culture (1960-2000)*.

13 Cf. A. Bartie; E. Bell, *International Writers' Conference Revisited.*

14 Cf. J. Reichardt, *Between Painting and Poetry.*

15 Cf. S. Bann, *Beloit Poetry Journal - Concrete Poetry Issue*, v. 17, n. 1.

tanto como na Escócia. Vários artigos sobre o concretismo aparecem em diversas épocas em revistas literárias e de arte visual escocesas. Uma excelente antologia de poesia concreta escocesa foi publicada por Ken Cockburn em 2001[16].

Edwin Morgan e Ian Hamilton Finlay seguiram outros rumos no final dos anos 1960. Morgan interessou-se pelos *beatniks*, e por outros movimentos literários em lugares diversos da Europa. Finlay, apesar do internacionalismo da sua editora e da revista *P.O.T.H.*, jamais saiu da Escócia, por causa de uma intensa agorafobia. Após estabelecer-se como o mais famoso poeta concreto da Escócia, interrompeu suas atividades como poeta no final dos anos 1960, para dedicar-se às artes visuais e à escultura. Refugiou-se no seu jardim Little Sparta, em Stonypath, onde fundiu esses elementos (com a poesia concreta e seu trabalho como ilustrador gráfico) aos seus conhecimentos de jardinagem, ou, como Finlay dizia, ao seu trabalho como *avant-gardener* e ao seu classicismo moral e filosófico. Ian Hamilton Finlay é considerado hoje um dos maiores artistas britânicos do século XX, e seu jardim é aberto à visitação pública em algumas épocas do ano[17].

O contato de Morgan com Haroldo de Campos prosseguiu ao longo dos anos. O arquivo de Haroldo de Campos em São Paulo contém cópias de plaquetes e livros de Edwin Morgan enviados desde meados dos anos 1960 até o final dos anos 1990, geralmente com uma dedicatória a Haroldo ou Augusto. Uma cópia de *Rites of Passage* (1978) é dedicada a Augusto de Campos, agradecendo, no português de Morgan, que o "experimentalismo incentiva a poesia se transfigurar em novas formas"[18].

16 Cf. *The Order of Things: Scottish Sound, Pattern and Concrete Poetry*.
17 Cf. J. Sheeler; A. Lawson, *Little Sparta: The Garden of Ian Hamilton Finlay*.
18 J. Corbett, *Words and Games: Edwin Morgan's Poetry of Inference*. (No prelo.)

Bibliografia

Obras de Haroldo de Campos

TRADUZIONE, *transcreazione*. Trad. de A. Lombardi e G. D'Itria. Prefácio de Umberto Eco e Posfácio de A. Lombardi. Salerno: Oèdipus, 2016.

ACREDITO NO Rigor e Exijo Competência [1991]. Entrevista com Juremir Machado da Silva. *Correio do Povo*, Porto Alegre, 17 set. 2014.

A EDUCAÇÃO *dos Cinco Sentidos*, São Paulo: Iluminuras, 2013.

GALÁXIAS. 3. ed. São Paulo: Editora 34, 2011.

A REOPERAÇÃO *do Texto*. 2. ed. revista e ampliada. São Paulo: Perspectiva, 2013.

O SEGUNDO *Arco-Íris Branco*. São Paulo: Iluminuras, 2010.

ODISSEIA *de Homero: Fragmentos*. CAMPOS, Ivan de; TÁPIA, Marcelo (orgs). Apresentação: Trajano Vieira. São Paulo: Olavobrás, 2006.

ESCRITO *Sobre Jade: Poesia Clássica Chinesa Reimaginada Por Haroldo de Campos*. Cotia: Ateliê, 2006.

METALINGUAGEM *& Outras Metas*. 4. ed. São Paulo: Perspectiva, 2004.

ÉDEN: *Um Tríptico Bíblico*. São Paulo: Perspectiva, 2004.

METALINGUAGEM *& Outras Metas*. 4. ed. São Paulo: Perspectiva, 2004.

UNGARETTI: *Daquela Estrela à Outra*. Com a colaboração de Aurora Bernardini. Edição Lucia Wataghin. Cotia: Ateliê, 2003.

ILÍADA *de Homero* [2001]. Ed. e intr. Trajano Vieira. São Paulo: Mandarim; 2. ed. São Paulo: Arx, 2002; 3. ed., 2002; 4. ed., 2003. V. 1.

ILÍADA *de Homero*. Edição Trajano Vieira. 1. ed. São Paulo: Arx, 2002; 2. ed., 2003. V. 2.

RE-VISÃO *de Sousândrade*. 3. ed. São Paulo: Perspectiva, 2002.

DEPOIMENTOS *de Oficina*. São Paulo: Unimarco, 2002.

BERE'SHITH: *A Cena de Origem: E Outros Estudos da Poesia Bíblica*. São Paulo: Perspectiva, 1993; 2. ed., 2001.

OS NOMES e os Navios. Canto 2. *A Ilíada*. Ed., intr. e notas Trajano Vieira; trad. e ensaio Haroldo de Campos; trad. Odorico Mendes [1874]. Rio de Janeiro: 7Letras, 1999.

PEDRA e Luz na Poesia de Dante. Rio de Janeiro: Imago, 1998. (Bilíngue.)

CRISANTEMPO: No Espaço Curvo Nasce um. São Paulo: Perspectiva, 1998.

O ARCO-ÍRIS Branco: Ensaios de Literatura e Cultura. Rio de Janeiro: Imago, 1997.

SOBRE FINISMUNDO: A Última Viagem. Rio de Janeiro: Sette Letras, 1997.

ESCRITO Sobre Jade. 22 poemas clássicos chineses, ed. bilíngue. Ouro Preto: Tipografia do Fundo de Ouro Preto, 1996.

HAGOROMO de Zeami: O Charme Sutil. Teatro clássico japonês, com a colaboração de Darcy Yasuco Kusanoe; Elsa Taeko Doi. São Paulo: Estação Liberdade, 1994. (Bilíngue.)

MÊNIS: A IRA de Aquiles. Com um ensaio de Trajano Vieira. São Paulo: Nova Alexandrina, 1994. (Bilíngue.)

TRANSBLANCO: Em Torno a Blanco de Octavio Paz. Com a colaboração de Octavio Paz. 2. ed. Rio de Janeiro: Guanabara, 1985; revista e aumentada, São Paulo: Siciliano, 1994.

PARA TRANSCRIAR a "*Ilíada*". *Revista USP*, n. 12, 1992.

QOHÉLET-O-Que-Sabe -Ecclesiastes. Com a colaboração de J. Guinsburg. 2. ed. São Paulo: Perspectiva, 1990, 1991. (Bilíngue.)

O SEQUESTRO DO BARROCO na Formação da Literatura Brasileira: O Caso de Gregório de Mattos. Salvador: FCJA, 1989; 2. ed., São Paulo: Iluminuras, 2011.

TRADUÇÃO, IDEOLOGIA e História. *Cadernos do MAM*, São Paulo, n. 1, dez. 1983.

TEMPERATURA Informacional do Texto. *Revista do Livro*, Rio de Janeiro, n. 5, jun. 1960. THE INFORMATIONAL Temperature of the Text (Trans. Jon Tolman.). *Poetics Today*, Tel Aviv, v. 3, n. 3, Summer 1982.

MAIAKÓVSKI: Poemas. Com Boris Schnaiderman São Paulo: Perspectiva, 1982.

MEPHISTOFAUSTIAN Transluciferation: Contribution to the Semiotics of Poetic Translation. *Dispositio: American Journal of Comparative and Cultural Semiotics*. Ann Arbor, n. 7, 1982.

ANAGRAMA, Diagrama: Uma Leitura de Fenollosa. *Ideograma: Lógica, Poesia, Linguagem*. São Paulo: Cultrix, 1977. Edição revista. São Paulo: Edusp, 2000. (Ideogram, Anagram, Diagram: A Reading of Fenollosa Translated in part by Haroldo de Campos and Maria Lúcia Santaella Braga. As Poetic Function and Ideogram/The Sinological Argument. *Dispositio*, Ann Arbor, v. 9, n. 39, 1981.)

THE OPEN Work of Art. *Dispositio: American Journal of Comparative and Cultural Semiotics*, Ann Arbor, Summer-Fall 1981.

DEUS E O DIABO no Fausto *de Goethe: Marginália Fáustica*. São Paulo: Perspectiva, 1981.

DANTE: Seis Cantos do Paraíso. Recife: Gastão de Holanda, 1976 (ed. limitada a 100 exemplares ilustrados com 10 litografias por João Câmara Filho); 2. ed., Rio de Janeiro: Fontana/Istituto Italiano di Cultura, 1978.

A ARTE no Horizonte do Provável e Outros Ensaios. São Paulo: Perspectiva, 1969; 2. ed., 1972; 3. ed., 1975; 4. ed., 1977.

A OPERAÇÃO do Texto. São Paulo: Perspectiva, 1976.

FRANCIS PONGE: Visual Texts. *Books Abroad: An International Literary Quaterly*, v. 48, n. 4, Autumn 1974.

EL CORNO Emplumado/The Plumed Horn. Cidade do México, n. 21, jan. 1967.

PLANO-PILOTO Para Poesia Concreta. *Tempo Presente 1* 1959. Reimpresso em *Teoria da Poesia Concreta*. São Paulo: Invenção, 1965.

DA TRADUÇÃO Como Criação e Como Crítica. *Tempo Brasileiro: Revista de Cultura*, Rio de Janeiro, n. 4-6, jun.-set. 1963.
MAIAKÓVSKI em Português: Roteiro de uma Tradução. *Revista do Livro*, Rio de Janeiro n. 6 jul. dez. 1961.
NOIGANDRES (revista do grupo, São Paulo, 1952-1962)
1. São Paulo, Edição dos Autores, nov. 1952.
2. São Paulo, Edição dos Autores, fev. 1955.
3. São Paulo, Edição dos Autores, dez. 1956.
4. São Paulo, Edição dos Autores, mar. 1958.
5. Antologia: Do Verso à Poesia Concreta. São Paulo: Massao Ohno, 1962.

Geral

AGAMBEN, Giorgio. *Idée de la prose*. Paris: Christian Bourgois, 1998.
AGNOLI, Francesco. *Roberto Grossatesta: La filosofia della luce*. Bologna: ESD - Edizioni Studio Domenicano, 2007.
AGUILAR, Gonzalo Moisés. *Poesia Concreta Brasileira: As Vanguardas na Encruzilhada Modernista*. São Paulo: Edusp, 2005.
ALFERI, Pierre. *Chercher une frase*. Paris: Christian Bourgois, 1991
ALI, Said. *Versificação Portuguesa*. São Paulo: Edusp, 2006.
ALIGHIERI, Dante. *A Divina Comédia de Dante Alighieri*. Tradução Vasco Graça Moura. Venda Nova: Bertrand, 1996. (Bilíngue.)
____. *Epistola a Cangrande*. In: STOCCHI, M. Pastore (org.) *Epistole, ecloge, questio de situ et forma aque et terre*. Roma/Padova: Antenore, 2012.
____. *Vida Nova*. Tradução Décio Pignatari. In: PIGNATARI, Décio. *Retrato do Amor Quando Jovem*. São Paulo: Companhia das Letras, 1990.
____. *De vulgari eloquentia*. Commentato e tradotto de A. Marigo. Firenze: Le Mounnier, 1948.
ANDRADE, Mário. *A Escrava Que Não É Isaura: Discurso Sobre Algumas Tendências de Poesia Modernista*. São Paulo: Livraria Lealdade, 1925.
ANDRADE, Oswald de. Manifesto Antropófago. *Revista de Antropofagia*, São Paulo, n. 1. Trans. Leslie Bary. Cannibal Manifesto. *Latin American Literary Review*. Pittsburgh n. 19, 1991.
ANTONELLI, Roberto (a cura di). *La poesia del duecento e Dante*. Firenze: La Nuova Italia, 1974.
AUERBACH, Erich. Farinata e Cavalcanti. *Mimesis: a Representação da Realidade na Literatura Ocidental*. São Paulo: Perspectiva, 2004.
BACHNER, Andrea. *Beyond Sinology: Chinese Writing and the Scripts of Culture*. New York: Columbia University Press, 2014.
BANN, Stephen. *Beloit Poetry Journal: Concrete Poetry Issue*. Cambridge, v. 17, n. 1, 1966.
BANDEIRA, Manuel. *Poesia e Prosa*. Rio de Janeiro: José Aguilar, 1958. 2 v.
BARBOSA, João Alexandre. *Meio Século de Haroldo de Campos*. Cotia: Ateliê, 2002.
____. *Biblioteca Imaginária*. Cotia: Ateliê, 1996.
BARBOSA, Luiz Guilherme. Haroldo de Campos/Tomie Ohtake: Tempo e Tradução. *Revista Garrafa*, n. 2, set.-dez. 2011.
BARROS BARRETO, Cristiano Mahaut de. Lamento nas Escadarias de Jade: Uma Nova Tradução Para o Português. *Tradução & Comunicação*. São Paulo, n. 23, 2015.
BARTHES, Roland. *O Óbvio e o Obtuso: Ensaios Críticos III*. Rio de Janeiro: Nova Fronteira, 2004.

____. *The Responsability of Forms: Critical Essays on Music, Art, and Representation*. Los Angeles: University of California Press, 1991.

BARTIE, Angela; BELL, Eleanor. The *International Writers' Conference Revisited: Edinburgh 1962*. Glasgow: Cargo, 2012.

BENJAMIN, Walter. *Linguagem, Tradução, Literatura: Filosofia, Teoria e Crítica*. Org. e trad. João Barrento. Belo Horizonte: Autêntica, 2018.

____. *Escritos Sobre Mito e Linguagem (1915-1921)*. São Paulo: Editora 34, 2013.

____. Sobre o Conceito de História: Leitura das "*Teses Sobre o Conceito da História*". (Trad. Jeanne-Marie Gagnebin e Marcus Müller.) In: LÖWY, Michel. *Aviso de Incêndio*. São Paulo: Boitempo, 2005.

____. Die Aufgabe des Übersetzers. In: REXROTH, Tillmann (ed.). *Gesammelte Schriften*. Berlin: Suhrkamp, v. IV, 1991.

____. *Ursprung des deutschen Trauerspiels*, Frankfurt: Suhrkamp, 1972.

BENVENISTE, Émile. *Problemas de Linguística Geral*. Campinas: Editora da Unicamp, 1991.

____. The Nominal Sentence. *Problems in General Linguistics*. Trad. Mary E. Meek. Coral Gables: University of Miami Press, 1971.

BESSA, Antonio Sergio; CISNEROS, Odile (eds.). *Novas: Selected Writings of Haroldo de Campos*. Evanston: Northwestern University Press, 2007.

BIRRELL, Ross; FINLAY, Alec; ROBB, Steve. *Justified Sinners: An Archaeology of Scottish Counter Culture (1960-2000)*. Edinburgh: Polygon, 2002.

BLIKSTEIN Izidoro. *Kasper Hauser ou a Fabricação da Realidade*. São Paulo: Cultrix, 1983.

BRANDÃO, Jacyntho Lins. Imitação e Emulação: A *Ilíada* Brasileira de Haroldo de Campos. *Folha de S.Paulo*, 13 jul. 2002. (Jornal de Resenhas.)

BROSE, Robert de. Da Fôrma às Formas: Metro, Ritmo e Tradução do Hexâmetro. *Cadernos de Tradução*, Florianópolis, v. 35, n. 2, set. 2015. Disponível em: <https://periodicos.ufsc.br>. Acesso em: 25 maio 2019.

CALDEIRA, Jorge. *A Construção do Samba*. São Paulo: Mameluco, 2007.

CAMPOS, Augusto de (org. e trad.). *August Stramm: Poemas-Estalactites*. São Paulo: Perspectiva, 2009.

____. *Mais Provençais*. São Paulo: Companhia das Letras, 1987.

____. (ed.). *Ezra Pound: Poesia*. São Paulo/Brasília: Hucitec/Editora UNB, 1983.

____. The Concrete Coin of Speech. Trans. Jon M. Tolan. *Poetics Today*, v. 3, n. 3, 1982. (Originalmente publicado no *Jornal do Brasil*, 9 jan. 1957.)

____. Arnaut, o Inventor. *Verso Reverso Controverso*. São Paulo: Perspectiva, 1978.

CAMPOS, Augusto de; PIGNATARI, Décio; CAMPOS, Haroldo de. *Teoria da Poesia Concreta: Textos Críticos e Manifestos 1950-1960*. São Paulo: Invenção, 1965; 2. ed., revista e aumentada. São Paulo: Duas Cidades, 1975. 3. ed., São Paulo: Brasiliense, 1987. 4. ed. Cotia: Ateliê, 2006.

CAMPOS, Augusto DE; CAMPOS, Haroldo de; PIGNATARI, Décio. *Mallarmé*. 1. ed. São Paulo: Perspectiva, 1974; 2. ed., 1980; 3. ed., revista. e aumentada, 2002.

CAMPOS, Augusto DE; CAMPOS, Haroldo de. *Panaroma do Finnegans Wake*. São Paulo: Conselho Estadual de Cultura, 1962; 2. ed., São Paulo: Perspectiva, 1971; 3. ed., 1986; 4. ed., revista e aumentada, 2001.

CAMPOS, Haroldo de; CAMPOS, Augusto de; SCHNAIDERMAN, Boris. *Poesia Russa Moderna*. Rio de Janeiro: Civilização Brasileira, 1968; 2. ed., São Paulo: Brasiliense; 4. ed., 1985; 6. ed., revista e aumentada. São Paulo: Perspectiva, 2001.

CAMPOS, Augusto de; PIGNATARI, Décio; CAMPOS, Haroldo de; GRÜNEWALD, José Lino; FAUSTINO, Mário. *Ezra Pound: Poesia*. 3. ed. São Paulo/Brasília: Hucitec/UnB, 1993.

CAMPOS, Augusto DE; CAMPOS, Haroldo de; SCHNAIDERMAN, Boris. *Maiakóvski: Poemas*. 2. ed. Rio de Janeiro: Tempo Brasileiro, 1967; São Paulo: Perspectiva, 1982; 5. ed., 1992.

CAMPOS, Augusto de; PAES, José Paulo *ABC da Literatura, de Ezra Pound*. São Paulo: Cultrix, 1970.

CAMPOS, Augusto DE; CAMPOS, Haroldo de. *Traduzir e Trovar*. São Paulo: Papyrus, 1968.

CAMPOS, Augusto de; PIGNATARI, Décio; CAMPOS, Haroldo de; GRÜNEWALD, José Lino; FAUSTINO, Mário. *Antologia Poética de Ezra Pound*. 2. ed. Lisboa: Ulisséia, 1968.

CAMPOS, Augusto de; PIGNATARI, Décio; CAMPOS, Haroldo de *Cantares de Ezra Pound*. Rio de Janeiro: Serviço de Documentação do MEC, 1960.

CANDIDO, Antonio. *Formação da Literatura Brasileira*. São Paulo: Livraria Martins, 1959. 2 v.

_____. Dialética da Malandragem: Caracterização das Memórias de um Sargento de Milícias. *Revista do Instituto de Estudos Brasileiros*, São Paulo, n. 8, 1970.

CARVALHO NETO, Geraldo Luiz de. Haroldo de Campos e Martin Buber Como Tradutores Bíblicos: Semelhanças e Diferenças em Suas Agendas Analisadas à Luz da Teoria da Relevância. *Cadernos de Tradução*, v. 2, n. 16, 2005. Disponível em: <https://periodicos.ufsc.br/>. Acesso em: 29 jul. 2019.

CASTELO BRANCO, LÚCIA (org.). *A Tarefa do Tradutor, de Walter Benjamin: Quatro Traduções Para o Português*. Belo Horizonte: Fale/UFMG, 2008.

CASTELLÕES DE OLIVEIRA, Maria Clara. O Tradutor Haroldo de Campos e a (des) Leitura da Tradição. In: NASCIMENTO, Evando; SILVA, Teresinha V. Zimbrão da. *Literatura em Perspectiva*. Juiz de Fora: Universidade Federal de Juiz de Fora, 2003.

CHENG, François. *L'écriture poétique chinoise*. Paris: Seuil, 1977.

COMÉDIAS de Aristófanes. Introdução, tradução e notas de Maria de Fátima Sousa e Silva. Lisboa: Imprensa Nacional-Casa da Moeda, v. 1, 2006.

CHU, Yu-Kuang. Interplay Between Language and Thought in Chinese. *ETC: A Review of General Semantics*, v. 22, n. 3, Sep. 1965.

CIXOUS, Hélène. *L'Exil de James Joyce ou l'art du remplacement*. Paris: Grasset, 1968.

COCKBURN, Ken. *The Order of Things: Scottish Sound, Pattern and Concrete Poetry*. Edinburgh: Pocketbooks, 2001.

COHEN, David. La Phrase nominale et l'évolution du système verbal en sémitique: Études de syntaxe historique. Lovaina-Paris: Peeters, 1984.

CONTINI, Gianfranco. Introduzione alla *Cognizione del dolore* (e ad altri saggi gaddiani). *Quarant'anni di amicizia. Scritti su Carlo Emilio Gadda (1934–1988)*. Torino: Einaudi, 1989.

_____. *Petrarca, Canzoniere*. Testo critico e introduzione di Gianfranco Contini. Torino: Einaudi, 1964.

_____ (a cura di). *Poeti del Duecento (Letteratura italiana: Storia e testi, v. 2)*. Milano: Ricciardi, 1960.

CORBETT, John. *Words and Games: Edwin Morgan's Poetry of Inference*. (No prelo.)

COSTA LIMA, Luiz. *Teoria da Literatura em Suas Fontes*. 2. ed. Rio de Janeiro: Francisco Alves, 1983.

CRESPO, Emilio; PIQUÉ, Jorge. Las Traducciones de Homero en America Latina. In: MAQUIEIRA, Helena; FERNÁNDEZ, Claudia N. (eds.). *Tradición y Traducción Clásicas en America Latina*. La Plata: Fahce, 2013.

CURTIUS, Ernst Robert. Dante Como Clássico. *Literatura Europeia e Idade Média Latina*. São Paulo: Edusp: 2016.

DERRIDA, Jacques et al. *Homenagem a Haroldo de Campos*. São Paulo: Pontifícia Universidade Católica de São Paulo, 1996.

DICKINSON, Emily. *The Poems of Emily Dickinson*. Ed. Ralph W. Franklin. Cambridge: Harvard University Press, 1998. V. 1.

DING, Xuhui. *Taiwan Xiandaishi Tuxiangjiqiao Yanjiu*. Kaohsiung: Chunhui, 2000.

DRAGONETTI, Roger. The Double Play of Arnaut Daniel´s Sestina and Dante´s *Divina Commedia* In: FELMAN, S. et al. (eds.). *Literature and Psychanalysis*. Valencia: Yale French Studies, 1978.

DUARTE, Adriane da Silva. Proposta Concreta Para a Tradução de Homero. *TradTerm*, n. 2, 18 dez. 1995.

ELLMANN, Richard. *James Joyce*. New York: Oxford University Press, 1959.

ENCICLOPEDIA DANTESCA. Roma: Istituto Enciclopedia Italiana, 1976. V.v.

EPSTEIN, Isaac (org.). *Cibernética e Comunicação*. São Paulo: Cultrix/Edusp, 1973.

FALEIROS, Álvaro. Introdução. *Um Lance de Dados*. São Paulo: Ateliê, 2014.

FANG, Achilles. Fenollosa and Pound. *Harvard Journal of Asiatic Studies*. Cambridge, v. 20, n. 1-2, June 1957.

FENOLLOSA, Ernest. *The Chinese Written Character as a Medium for Poetry: An Ars Poetica* (with a foreword and notes by Ezra Pound). London: Stanley Nott, 1936.

FENOLLOSA, Ernest; POUND, Ezra [1919]. *The Chinese Written Character as a Medium for Poetry: A Critical Edition*. Eds. Haun Saussy; Jonathan Stalling; Lucas Klein. New York: Fordham University Press, 2008.

FERRARA, Lucrécia D'Aléssio. *A Estratégia os Signos*. São Paulo: Perspectiva, 1981.

FINLAY, Ian Hamilton. *Selections*. Oakland: University of California Press, 2012.

FINLAY, Ian Hamilton (ed.). *Poor.Old.Tired.Horse*. Edinburgh, n. 10, 1963.

____. *Poor.Old.Tired.Horse*. Edinburgh, n. 21, 1967.

POETA Recria a Peça Nô "Hagoromo". *Folha de S.Paulo*, 8 jul. 1989. Caderno de Letras.

FUX, Jacques. *Literatura e Matemática: Jorge Luis Borges, Georges Perec e o Oulipo*. São Paulo: Perspectiva, 2016.

GADDA, Carlo Emilio. Lingua Letteraria e Lingua dell' uso. *I viaggi e la morte, Opere di Carlo Emilio Gadda III*. Milano: Garzanti, 1991.

GOETHE, J.W. von. *Berliner Ausgabe, Poetische Werke*. Berlin: Weimar Aufbau, 1963. Band 3.

GREIMAS, Algirdas Julien. *Semântica Estrutural: Pesquisa de Método*. São Paulo: Cultrix, 1973.

GUIRAUD, Charles. *La Phrase nominale en grec d'Homère à Euripide*. Paris: Klincksieck, 1962.

HJELMSLEV, Louis. *Prolegômenos a uma Teoria da Linguagem*. São Paulo: Perspectiva, 1975.

HOMEM DE MELLO, Simone. Haroldo de Campos, o Constelizador, *Revista Cult*, n. 180, 18 set. 2013.

HOWER, Alfred. O Mistério da Palavra Noigandres Resolvido? *Discurso Crítico*, São Paulo, n. 8, 1978.

INVENÇÃO: Revista de Arte e Vanguarda, n. 3, jun. 1963.

JACKSON, K. David. Transcriacao/Transcreation: The Brazilian Concrete Poets and Translation. In: TONKIN, Humphrey; FRANK, Maria Esposito (eds.). *The Translator as Mediator of Cultures*. Amsterdam: John Benjamins, 2010.

____. Traveling in Haroldo de Campos's *Galáxias*: A Guide and Notes for the Reader. *Ciberletras*, n. 17, 2007.

____. *Haroldo de Campos: A Dialogue with the Brazilian Concrete Poet*. Oxford: University of Oxford-Centre for Brazilian Studies, 2005.

____. The Ex-Centric's Viewpoint: Tradition, Transcreation, Transculturation. 2005. Trad. espanhol, Tradición, Traducción, Transculturación: El Punto de Vista Delex-Céntrico. *Reflejos: Revista del Departamento de Estudios Españoles y Latinoamericanos*, Jerusalém, n. 3, dez. 1994.

JAKOBSON, Roman. Linguistics and Poetics. In: POMORSKA, Krystyna; RUDY, Stephen. (eds.). *Language in Literature*. Michigan: Belknap, 1987.

____. *Linguística e Comunicação*. 6. ed. São Paulo: Cultrix, 1973.

KENNER, H. *The Poetry of Ezra Pound*. London: Faber and Faber, 1951.

KIRK, Geoffrey Stephen et al. (eds.). *The Iliad: A Commentary*. Cambridge: Cambridge University Press, 1993.

KRAMARZ, Andreas *Effect and Ethos of Music in Greek and Roman Authors*. Florida: Florida University Press, 2013.

LANÉRÈS, Nicole. La Phrase nominale en grec: Nouvelle approche. *Bulletin de la Société Linguistique de Paris*, tome LXXXIX, fasc. 1, 1994.

LEVIN, Harry. *James Joyce: Introduccion Critica*. México: Fondo de Cultura Económica, 1959.

LÉVY-STRAUSS, Claude. *La Pensée sauvage*. Paris: Plon, 1962.

LIDDELL, Henry George; SCOTT, Robert. *Greek-English Lexicon*. 9th ed. Gloucestershire: Clarendon, 1996.

LIU, James J.Y. *The Art of Chinese Poetry*. Chicago: University of Chicago Press, 1966.

____. *The Poetry of Li Shang-yin: Ninth-Century Baroque Chinese Poet*. Chicago: University of Chicago Press, 1969.

LOMBARDI, Andrea. Haroldo de Campos e a Interpretação Luciferina. *Cadernos de Tradução*, out. 2014.

MACHIAVELLI, Niccolò. *Discorso o dialogo intorno alla nostra lingua*. A cura di Bortolo Tommaso Sozzi. Torino: Einaudi, 1976.

MALRAUX, André. *Le Musée imaginaire*. Genève: A. Skira. 1947.

MALTA, André. *A Astúcia de Ninguém: Ser e Não Ser na Odisseia*. Belo Horizonte: Impressões de Minas, 2018.

MAN, Paul de. *A Resistência à Teoria*. Lisboa: Edições 70, 1989.

MCGONIGAL, James. *Beyond the Last Dragon: A Life of Edwin Morgan*. Dingwall: Sandstone, 2012.

MEILLET, Antoine. La Phrase nominale en indo-européen. *Mémoires de la Société de Linguistique*, n. 14, 2006.

MELO E CASTRO, Ernesto Manuel Geraldes. Letter to the Editor. *The Times Literary Supplement*, London, 25 May 1965.

MELO NETO, João Cabral de. *Museu de Tudo*. Rio de Janeiro: José Olympio, 1975.

MILÁN, Eduardo. El Odiseo Brasileño: Haroldo de Campos. *Justificación Material: Ensayos de Poesía Latinoamericana*. México: Universidad del Distrito Federal, 2004.

MORGAN, Edwin. *The Midnight Letterbox: Selected Correspondence (1950-2010)*. Edited by James McGonigal and John Coyle. Manchester: Carcanet, 2015.

____ [1967]. *Collected Translations*. Manchester: Carcanet, 1996.

____. Bhite & Wlack. *The Times Literary Supplement*, n. 3262, 3 Sept. 1964.

MORGENSTERN, Christian. *Das ästhetische Wiesel*. Zürich: Diogenes, 1981.

MOTTA, Leda Tenorio da. *Céu Acima: Para um "Tombeau" de Haroldo de Campos*. São Paulo: Perspectiva, 2005.

NÓBREGA, Thelma Médici. Transcriação e Hiperfidelidade. *Cadernos de Literatura em Tradução*. São Paulo, n. 7, 2006.

NORTH, Michael. *The Dialect of Modernism: Race Language and Twentieth Century Literature*. Oxford: Oxford University Press, 1998.

NÜNLIST, René. *Poetologische Bildersprache in der frühgriechischen Dichtung*. Leipzig: De Gruyter, 1998.

ORTEGA, Julio; CAMPBELL, Edwin (eds.). *Plaza of Encounters*, Austin: Latitudes, 1981.

PARRY, Milman. The Distinctive Character of Enjambement in Greek and Southslavic Heroic Song. *TAPA*, v. 60, 1929.

PERLOFF, Marjorie. Writing as Re-Writing: Concrete Poetry as Arrière-Garde. *Ciberletras: Revista de Crítica Literaria y de Cultura*, New York, n. 17, 2007.

PERLOFF, Marjorie; DWORKIN, Craig Douglas (eds.). *The Sound of Poetry/The Poetry of Sound*. Chicago: University of Chicago Press, 2009.

PERRONE, Charles A. Laudas, Lances, Lendas e Lembranças: Haroldo na Austineia Desvairada. *Transluminura*, São Paulo, n. 1, 2013.

PICCHIO, Luciana. *História da Literatura Brasileira*. 2. ed. Rio de Janeiro: Nova Aguilar, 2004.

PIGNATARI, Décio. *O Que É Comunicação Poética*. 8. ed. São Paulo: Ateliê, 2005.

_____. "*Vida Nova*" de Dante Alighieri. *Retrato do Amor Quando Jovem*. São Paulo: Companhia das Letras, 1990.

PIGNATARI, Décio; CAMPOS, Haroldo de; GRÜNEWALD, José Lino; FAUSTINO Mário. *Ezra Pound: Poesia*. Org., intr. e notas de Augusto de Campos. São Paulo: Hucitec, 1983.

POUND, Ezra. [1934] *ABC of Reading*. New York: New Directions, 2010.

_____. La Vida, Texto. *Plural: Critica, Arte, Literatura*, México, n. 50, 1975.

_____. *ABC da Literatura*. Trad. Augusto de Campos e José Paulo Paes. São Paulo: Cultrix, 1970.

_____. *Translations*. New York: New Directions, 1963.

_____. [1927] *ABC of Economics*. Norfolk: New Directions, 1939.

_____. *Cathay*. London: Elkin Mathews, 1915.

_____. A Few Don'ts of an Imagiste. *Poetry. A Magazine of Verse*, Chicago, v. 1, n. 6, 1913.

_____. Il miglior fabbro. *The Spirit of Romance: An Attempt to Define Somewhat the Charm of the Pre-Renaissance Literature of Latin Europe*. London: Dent, 1910.

QIAN, Zhaoming. Ezra Pound's Encounter with Wang Wei: Toward the "Ideogrammic Method" of The Cantos. *Twentieth Century Literature*, New Orleans, v. 39, n. 3, Aut. 1993.

QUEIROZ, Sônia (org.). *Da Transcriação: Poética e Semiótica da Operação Tradutora*. Belo Horizonte: FALE/UFMG, 2011.

RAMEY, Joshua; HAAR FARRIS, Mathew S. (eds.). *Speculation, Heresy, and Gnosis in Contemporary Philosophy of Religion*. London: Rowman and Littlefield, 2016.

REICHARDT, Jasia. *Between Painting and Poetry*. London: The Institute of Contemporary Arts, 1965. (Catalogue.)

RIMER, J. Thomas; MASAKAZU, Yamazaki. *On the Art of the Nô Drama: The Major Treatises of Zeami*. Princeton: Princeton University Press, 1984.

RISÉRIO, Antonio. *Cores Vivas*. Salvador: Fundação Casa de Jorge Amado, 1989.

RONCAGLIA, Aurelio. Sul divorzio tra musica e poesia nel Duecento italiano In: ZIINO, A. (org.). *L'Ars nova italiana del Trecento, v. IV*. (Certaldo, Atti del

3° Congresso internazionale sul tema "La musica al tempo del Boccaccio e i suoi rapporti con la letteratura". Siena/Certaldo 19-22 luglio 1975), 1978.

SANTIAGO, Silviano. Anatomia da Formação: Literatura Brasileira à Luz do Pós--Colonialismo, *Folha de S.Paulo*, 8 set. 2014.

SARTRE, Jean-Paul. *Qu'est-ce que la littérature?* Paris: Gallimard, 1948.

SELIGMANN-SILVA, Márcio. Haroldo de Campos: Tradução Como Formação e "Abandono" da Identidade. *Revista* USP, n. 36, dez.-fev., 1997-1998.

SENA, Jorge de. *Poesia de 26 séculos.* Porto: Inova, 1971.

SHEELER, Jessie; LAWSON, Andrew. *Little Sparta: The Garden of Ian Hamilton Finlay*. London: Frances Lincoln, 2003.

SILVA, Luciana de Mesquita. Olhares em Trânsito Pela Tradução: Os Irmãos Campos Tradutores. *Revista Gatilho*, Juiz de Fora, v. 1, n. 2, nov. 2005.

SILVA GUIMARÃES, Geovanna Marcela da. A Transcriação de Haroldo de Campos e a Identidade Nacional. *Zunái-Revista de Poesia & Debates*, 1997. Disponível em: <http://www.revistazunai.com/>. Acessado em: 29 jul. 2019.

SOLT, Mary Ellen. *Concrete Poetry: A World View*. Indiana: Hispanic Arts/Indiana University, 1968.

SPINA, Segismundo. *A Lírica Trovadoresca.* Rio de Janeiro: Livraria Acadêmica, 1956.

STERZI, Eduardo. Da Voz à Letra. *Alea*. Rio de Janeiro, v. 14, n. 2, 2012.

TÁPIA, Marcelo; NÓBREGA, Thelma Médici (orgs.). *Haroldo de Campos: Transcriação*. São Paulo: Perspectiva, 2013.

TÁPIA, Marcelo. *Diferentes Percursos de Tradução Épica Homérica Como Paradigmas Metodológicos de Recriação Poética*. Tese (Doutorado em Letras). USP, São Paulo, 2012.

THURSTON, Luke. *James Joyce and the Problem of Psychoanalysis*. Cambridge: Cambridge University Press, 2004.

VIEIRA, Bruno V.G. Contribuições de Haroldo de Campos Para um Programa Tradutório Latino-Português. *Terra Roxa e Outras Terras – Revista de Estudos Literários*, Londrina, v. 7, 2006.

VIEIRA, Else Ribeiro Pires. Liberating Calibans: Readings of Antropofagia and Haroldo de Campos Poetics on Transcreation. BASSNETT, Susan; TRIVEDI, Harry (eds.). *Post-Colonial Translation: Theory and Practice*. New York: Routledge, 2005.

WAKISAKA, Katsunori. *Dicionário Prático Japonês-Português*. São Paulo: Melhoramentos, 2012.

WALEY, Arthur. *One Hundred and Seventy Chinese Poems*. London: Constable and Company, 1918.

WANG, Yuhen. The Ethical Power of Music: Ancient Greek and Chinese Thoughts. *The Journal of Aesthetic Education*, University of Illinois Press, v. 38, n. 1, 2004.

WEBER, Max. *Os Fundamentos Racionais e Sociológicos da Música*. Trad. Leopoldo Waizbort. São Paulo, Edusp, 1995.

WEINBERGER, Eliot. Anonymous Sources. In: BALDERSTON, Daniel; SCHWARTZ, Marcy E. (eds.). *Voice-Overs: Translation and Latin American Literature*. Albany: State University of New York, 2002.

WILLIAMS, Emmett. *An Anthology of Concrete Poetry*. New York: Something Else, 1967.

XIE, Ming. *Ezra Pound and the Appropriation of Chinese Poetry: Cathay, Translation, and Imagism*. London: Routledge, 1999.

YEE, Cordell DK. Discourse on Ideogrammic Method: Epistemology and Pound's Poetics. *American Literature*, Durham, v. 59, n. 2, 1987.

YIP, Wai-lim. *Ezra Pound's Cathay*. Princeton: Princeton University Press, 1969.

YÛGEN, cahier japonais. Trad. Inês Oseki-Dépré. La Souterraine: La Main courante, 2000.

YÛGEN, Cuaderno Japonêés. Trad. Andrés Sánchez Robayna. Tenerife: Syntaxis, 1993.

ZONG-QI, Cai. Poundian and Chinese Aesthetics of Dynamic Force: A Re-Discovery of Fenollosa and Pound's Theory of the Chinese Written Character. *Comparative Literature Studies*, Pennsylvania: Pennsylvania State University Press, v. 30, n. 2, 1993.

ZONG-QI, Cai (ed.). *How To read Chinese Poetry: A Guided Anthology*. New York: Columbia University Press, 2008.

ZORNETTA, Katia. Entrevista Com Daniela Ferioli. *Cadernos de Tradução*, Florianopolis, v. 36, n. 3, set.-dez. 2016.

Internet

AA.VV. Enciclopedia Treccani, [verbete música]. Disponível em: <http://www.treccani.it/>. Acesso em: 20 fev. 2018.

ALIGHIERI, Dante. *A Cangrande dela Scala*. In: GARAVAGLIA, Adele. <http://www.classicitaliani.it/>. Acesso em: 10 mar. 2018.

AMODIO, Davide. Disponível em: <https://www.biblio.univ-evry.fr/>. Acesso em: 29 jul. 2019.

CAMPOS, André Malta. Resenha Sobre "Mênis: A Ira de Aquiles: Canto I da 'Ilíada' de Homero". *Letras Clássicas*, n. 2, 1998. Disponível em <www.revistas.usp.br/letrasclássicas>.

DANIEL, Arnaut em Notação Gregoriana. Disponível em: <https://www.youtube.com/>.

DUKAT, Zdeslav. Enjambement as a Criterion for Orality in Homeric and South Slavic Epic Poetry. *Journal Oral Tradition*, Columbia, v. 6, n. 2-3, 1991. Disponível em: <http://journal.oraltradition.org/>.

GROSSETESTE, Roberto. *De luce*. Trad. bras. Carlos Arthur Ribeiro do Nascimento. *Trans/Form/Ação*, v. 1, Marília, 1974. Disponível em: <http://dx.doi.org/>. Acesso em: 20 fev. 2018.

ISHIHARA, Takeshi [2010]. A Tradução de Bashô por Haroldo de Campos. *Sibila*. Disponível em:<http://sibila.com.br/>. Acesso em: 30 jul. 2019.

KRASZKIEWICZ, C.E. The Catalysts: Beat Poets, Experimental Poetry and Edwin Morgan. *Ecloga*, Glasgow: University of Strathclyde, n. 3, Aut. 2003. Disponível em: <http://www.strath.ac.uk/>. Acesso em: 29 jul. 2019.

MONTEIRO DE CASTRO PEREIRA, Cristina. Transcriação: a Tradução em Jogo. VII Congresso Nacional de Filologia e Linguística. Rio de Janeiro, abr.-ago. 2004. Disponível em <http://www.filologia.org.br/>. Acesso em 27 ago 2018.

NAGY, Gregory. *Pindar's Homer*. Baltimore: The Johns Hopkins University Press, 1990. Disponível em: <http://www.press.jhu.edu/ >. Acesso em: 29 jul. 2019.

SAINT-POL-ROUX. Idéoplastie. *Paradis des Albatros*. Disponível em: <http://www.paradis-des-albatros.fr.>. Acesso em: 29 jul. 2019.

SCHÜLER, Donald. Um Lance de Nadas na Épica de Haroldo. 1998. Disponível em: <http://www.schulers.com/donaldo/haroldo >. Acesso em: 29 jul. 2018.

SIEBURTH, Richard. The Sound of Pound. Disponível em: <http://writing.upenn.edu/>. Acesso em: 20 jul. 2019.

TEMPERLY David; TAN, Daphne. Emotional Connotations of Diatonic Modes. *Music Perception: An Interdisciplinary Journal*, v. 30, n. 3, Dec. 2012. Disponível em: <http://davidtemperley.com/>. Acesso em: 20 fev. 2018.

WANG, Yuhen. The Ethical Power of Music: Ancient Greek and Chinese Thoughts. *The Journal of Aesthetic Education*, v. 38, n. 1, 2004. Disponível em: <https://muse.jhu.edu/article/52253>. Acesso em: 20 fev. 2018.

Zeami and the Transition of the of Yûgen Concept. Disponível em: <http://kuscholarworks.ku.edu/ >. Acesso em: 29 jul. 2018.

DVD

OHTAKE, Tomie. Entrevista filmada, relembra suas primeiras sensações brasileiras: "Havia Tanta Claridade Que Tudo icava da Cor do Sol", DVD *Documenta*, Instituto Tomie Ohtake.

Este livro foi impresso na cidade Cotia,
nas oficinas da Meta Brasil,
para a Editora Perspectiva